A

Ann Friedman • Aminatou Sow

Echte Freundschaft

**Wie wir es schaffen,
einander nah zu bleiben**

Aus dem amerikanischen Englisch
von Yasemin Dinçer

Atlantik

Die Originalausgabe erschien unter dem Titel *Big Friendship.*
How We Keep Each Other Close bei Simon & Schuster, New York, 2020.

Atlantik ist ein Imprint des Hoffmann und Campe Verlags, Hamburg.

1. Auflage 2021
Copyright © Deliberate And Not Afraid LLC; Ladyswagger, Inc.
Für die deutschsprachige Ausgabe:
Copyright © 2021 Hoffmann und Campe Verlag, Hamburg
www.hoffmann-und-campe.de
Umschlaggestaltung: FAVORITBÜRO, München
Umschlagabbildung: © Milan Zrnic
Satz: Pinkuin Satz und Datentechnik, Berlin
Gesetzt aus der Apollo
Druck und Bindung: GGP Media GmbH, Pößneck
Printed in Germany
ISBN 978-3-455-01242-2

HOFFMANN
UND CAMPE

Ein Unternehmen der
GANSKE VERLAGSGRUPPE

Für Amina.
Ich danke dir für die Risiken, die du immer
wieder für mich eingegangen bist.

Für Ann.
Du bist es wert. Ich hoffe, wir werden
einander in jedem Leben finden.

Echte Freundschaft ist eine Verbindung von enormer Stärke, Macht und Wichtigkeit, die unterschiedliche Lebensphasen, räumliche Distanz und emotionale Veränderungen überwindet. Sie ist von großer Dimension und beeinflusst die meisten Aspekte im Leben der Beteiligten. Sie ist voller Bedeutung und Resonanz. Echte Freundschaft beruht auf Gegenseitigkeit, beide Parteien empfinden Wertschätzung füreinander und sind von sich aus gewillt, großzügig zu geben. Echte Freundschaft ist aktiv. Herzlich. Und Echte Freundschaft ist so gut wie immer erwachsen. Ihr fortgeschrittenes Alter verlangt Respekt und ist ein Zeichen dafür, dass sie auch noch bis weit in die Zukunft andauern kann.

Inhalt

Prolog 11

1 Der Funke 19

2 Besessen 45

3 Wahlfamilie 71

4 Ich kann nicht glänzen,
   wenn du nicht glänzt 87

5 Die Dehnung 115

6 Das Freundesnetz 135

7 Die Falltür 155

8 Wir sehen uns im Internet 181

9 Zu groß zum Scheitern 209

10 Die Langstrecke 237

   Danksagung 261

   Anmerkungen 269

Prolog

Es hätte ein perfektes Wochenende werden sollen. Der Eingang zum Spa war ein weißes Gebäude im Missionsstil mit einem breiten Torbogen, über dem in Relief die Worte »Natural Baths« standen. Dahinter befand sich die eigentliche Attraktion, ein Mineralbecken von olympischen Ausmaßen, von dem gemächlich Dampfschwaden aufstiegen. Die Kulisse war umringt von Hügeln und Palmen. Und während die nordkalifornische Sonne hinter den Kiefern verschwand, saßen wir dort: zwei Frauen auf nebeneinanderstehenden Betten in einem der malerischen Cottages auf dem Gelände. Jede von uns in einen flauschig weißen Bademantel gehüllt. Ann bestellte am Telefon eine Pizza und einen Caesar Salad, Aminatou wählte einen Film aus. Für die nächsten achtundvierzig Stunden hatten wir nichts anderes geplant als eine Reihe von Wellness-Behandlungen Seite an Seite – mit genügend Zeit, um uns zwischendurch im Pool treiben zu lassen.

Die E-Mails, die wir einander vor dem Ausflug geschickt hatten, bestanden nur aus Ausrufezeichen und Versprechungen: »Ich mache auf jeden Fall ein Schlammbad, weiß aber noch nicht, ob auch ein Körperpeeling. Vielleicht eine Gesichtsbehandlung??« »Oooh, das Schlammbad ist inklusive!« »JA zum kostenlosen Schlammbad! Und zu diesem Kurztrip.« Sobald wir angekommen waren, schickten wir fröhliche Updates an gemeinsame Freundinnen, die nicht mit dabei waren: »Hi aus dem Spa in Napa!« In den Social Media posteten wir hübsche Fotos von unseren aufeinander abgestimmten Animal-Print-Schuhen und umwerfende Aufnahmen vom Glitzern der Sonne auf dem dreiunddreißig Grad warmen natürlichen Thermalbecken.

Allem äußeren Anschein nach waren wir zwei gesunde, wohlhabende Frauen, die einen phantastischen Kurzurlaub machten. Es war der Stoff, aus dem stereotype »Mädelswochenenden« gemacht sind, jene extravaganten Ausflüge, von denen wir nur geträumt hatten, als wir uns in unseren Zwanzigern pleite kennenlernten. Nach jahrelanger Freundschaft und zu einem Zeitpunkt, als so viele unserer beruflichen Träume sich langsam verwirklichten und große Teile unseres Lebens sich zu fügen begannen, hätten unsere stressfreien Stunden im Spa genauso idyllisch sein sollen, wie die Fotos den Anschein erweckten.

Aber wir waren unglücklich.

Wir waren auf die Weise unglücklich, bei der man vorgibt, man wäre es nicht, einsam hinter unseren jeweiligen emotionalen Schutzmauern. Nach nur wenigen Stunden fühlte sich der Ausflug an wie ein unangenehmes Familientreffen oder ein trauriges Paar-Retreat, jene Sorte allzu bemühter Kurztrips, die eine verblassende Beziehung wiederbeleben sollen. Wir waren weder ein romantisches Paar noch entfremdete Familienmitglieder, aber für uns stand ebenso viel auf dem Spiel.

Wir hatten uns fünf Jahre zuvor kennengelernt und waren füreinander schnell unentbehrlich geworden. Kennt ihr diesen Clip, in dem Oprah über Gayle redet? (»Sie ist die Mutter, die ich nie hatte. Sie ist die Schwester, die sich jede*r wünscht. Sie ist die Freundin, die jede*r verdient. Ich kenne keinen besseren Menschen.«) Das war der Grad der Wertschätzung, die wir mit feuchten Augen füreinander empfanden. Wir kannten die Geheimnisse und Lieblingssnacks der anderen wie unsere eigenen. Die meisten unserer Freund*innen hielten uns für ein untrennbares Duo. Außerdem hatten wir einen gemeinsamen Podcast gestartet, daher sahen uns mittlerweile auch viele Fremde auf diese Weise. In der Vergangenheit hatte sich nichts an unserer Freundschaft je erzwungen angefühlt. Wir fanden es großartig, die wichtigste Person im Leben der anderen – und auch als solche bekannt – zu sein. Im Laufe des vorangegangenen Jahres hatte sich jedoch ein Spalt zwischen uns aufgetan. Diese Reise war das Eingeständnis, dass unsere Freundschaft im Begriff war zu scheitern. Wir hofften, ein wenig gemeinsame Zeit und oberflächlicher Luxus könnten sie noch retten.

Am nächsten Tag beim Brunch gingen uns die Gesprächsthemen aus. Am Abend zuvor hatten wir rasch entschieden, auf dem Zimmer zu bleiben und einen Film zu schauen, da das bedeutete, dass wir ein paar Stunden lang nicht sorgfältig abwägen mussten, welche Anekdoten aus unserem Leben wir miteinander teilen sollten, während wir all jene Themen aussparten, die uns emotional zu stark aufgeladen erschienen. Doch hier saßen wir uns nun bei Tageslicht gegenüber. Wir sprachen über das Wetter. Das Essen. Unsere babyzarte Haut nach dem Spa. Unsere Scherze wirkten gekünstelt, und wir wussten beide, dass wir uns nicht wohl genug fühlten für tiefgründigere Themen.

Später, als es Zeit für unsere Gratis-Schlammbäder war, hatten wir Hemmungen, uns voreinander auszuziehen. Das war neu. Wir waren schon unzählige Male gemeinsam in Spa-Umgebungen und Umkleidekabinen von Secondhand-Läden gewesen. Als wir schließlich in unsere jeweiligen Wannen sanken, seufzte Aminatou entspannt auf. Dann warf sie einen Blick zur Seite und sah, dass Ann mit der Hitze zu kämpfen hatte. (Ann ist praktisch eine Eidechse. Entweder sie friert oder schwitzt gerade.) Wie ihr nun bewusst wurde, hatte Aminatou als erfahrenere Spa-Besucherin vergessen, Ann davor zu warnen, dass ein Schlammbad extrem heiß und klaustrophobisch war. Es war nicht Aminatous Absicht gewesen, aber sie war sich sicher, in einer früheren, besseren Phase ihrer Freundschaft hätte sie daran gedacht, Ann darauf hinzuweisen. Plötzlich fühlte auch Aminatou sich nicht mehr so entspannt.

Es erschien wie eine Metapher für unsere dysfunktionale Dynamik.

Später beim Abendessen räumten wir ein, dass unsere Beziehung sich verschlechtert hatte und wir sie wieder besser machen wollten. Es entstanden lange, peinliche Pausen. Normalerweise bauten unsere Gespräche darauf, dass wir alles voneinander wussten, aber wir hatten bereits vor vielen Monaten aufgehört, einander Einzelheiten aus unserem Leben zu berichten. Ann erzählte weder von ihren finanziellen Sorgen noch von ihrem Gefühlschaos beim Gedanken an das Zusammenziehen mit ihrem Freund, mit dem sie bis dahin eine Fernbeziehung geführt hatte. Und Aminatou erwähnte Ann gegenüber erst auf der Fahrt zurück in die Stadt, dass sie mit jemandem zusammen war, den sie wirklich mochte – und zwar schon seit Monaten. Ann hörte seinen Namen nun zum ersten Mal.

Auf dem Heimweg versicherten wir uns selbst, dass es sich nun besser anfühle als vorher. Dass es ein Fortschritt sei, der Beginn einer Rückkehr zu jener Zeit, als unsere Freundschaft uns noch wie ein gleichmäßiger Atem vorkam, so natürlich wie elementar, essenziell und automatisch. *Immerhin haben wir voreinander zugegeben, dass unsere Freundschaft Arbeit erfordert*, dachten wir beide. *Das ist ein Anfang.* Wir sprachen diese Dinge jedoch nicht laut aus. Eingeklemmt in unserem Brustkorb saß die Wahrheit: Wir hatten uns beide vor diesem Ausflug gefürchtet, da wir ahnten, ein bezauberndes Setting ohne Ablenkungen würde nur hervorheben, wie groß der Spalt zwischen uns mittlerweile geworden war. Und wir hatten recht gehabt.

Wir hatten keine Worte für das, was gerade mit uns geschah oder was mit unserer Freundschaft passiert war.

Wenn ihr unseren Podcast hört, schreit ihr wahrscheinlich gerade laut auf. Nicht nur, weil wir Frauen sind, die für alles andere stets sehr viele Worte zu haben scheinen, sondern auch, weil unsere Sendung darauf basiert, dass wir ein Herz und eine Seele sind. (Bleibt sexy und spielt eure Freundschaft nicht vor, nur um euren Podcast am Leben zu halten!) Vielleicht fühlt ihr euch von uns betrogen. Aber die Wahrheit ist, dass eine Freundschaft wie unsere, wie jede enge Langzeitbeziehung, kompliziert ist. Viel zutreffender könnte man sagen, dass wir uns selbst betrogen haben, indem wir über so viele Monate hinweg so taten, als wäre alles in Ordnung, obwohl das ganz eindeutig nicht der Fall war.

Es war nicht das erste Mal, dass uns das Vokabular für die Dynamiken und Meilensteine und die Höhen und Tiefen unserer Beziehung fehlte. Aber wenn die Welt uns in der Vergangenheit keine Bezeichnung für etwas bieten konnte, das wir als Freundinnen erlebten, dachten wir uns oft eigene Wörter aus. Wir erfanden einen Begriff für die machtvolle Entscheidung, genauso in unsere Freundinnen zu investieren, wie wir in uns selbst investieren. (Er lautet »Shine Theory«! Ein dermaßen großartiges Konzept, dass von Victoria's Secret bis zu Reese Witherspoon alle versucht haben, es zu vereinnahmen.) Wir bezeichnen unsere chaotischen, wunderschönen, untereinander verbundenen sozialen Gruppen als »Freundesnetz«. Die guten Dinge im Leben? Wir waren schon immer meisterhaft darin, diese zu beschreiben.

Viel schwerer ist es uns jedoch gefallen, eine Sprache für die komplizierteren Dinge zu finden: Die Frustration darüber, einer Freundin mehr zu geben, als man von ihr zurückbekommt. Die unüberbrückbaren Gräben selbst in den engsten *interracial friendships*. Die Dynamik, einander wegzustoßen, sogar während man versucht, sich wieder anzunähern. Die Anstrengung, wahren Frieden mit einer langjährigen Freundschaft zu machen, die sich verändert. Uns fehlte sogar ein Wort für die Art von Freundschaft, die wir führen. Begriffe wie »beste Freundin« oder »BFF« erfassen nicht die erwachsene emotionale Arbeit, die wir in diese Beziehung gesteckt haben.

Mittlerweile bezeichnen wir sie als Echte Freundschaft, da es eine der bestätigendsten – und kompliziertesten – Beziehungen ist, die ein menschliches Leben zu bieten hat.

Wir würden euch gern erzählen, dass wir uns nach unserer Rückkehr von unserem traurigen Wellness-Wochenende rasch wieder zusammengerauft und unsere legendäre Freundschaft fortgesetzt hätten. Aber in Wahrheit benötigten wir dafür lange Zeit und mehrere Fehlstarts. Fünf Jahre später sind wir noch immer dabei herauszufinden, wie wir im Leben der anderen zentral bleiben können. Wir suchen noch immer nach den richtigen Worten. Und ehrlich gesagt empfinden wir reichlich Mitgefühl für unsere früheren Ichs, die in jenen separaten Schlammbädern schmorten. Wir können nachvollziehen, weshalb es uns so schwerfiel, zu begreifen, was gerade mit uns geschah. Auf kultureller Ebene gibt es viele Lippenbekenntnisse dazu, wie wundervoll und wichtig Freundschaft sei, aber nur wenig gesellschaftliche Unterstützung dabei, zu beschützen, was daran kostbar ist. Selbst tiefe, andauernde Freundschaften wie unsere benötigen Schutz – und manchmal eine Reparatur.

Wie sind wir also von den wichtigsten Menschen im Leben der anderen zu nahezu Fremden geworden und haben dann wieder zurückgefunden? Und warum sollte sich überhaupt irgendjemand der Tortur aussetzen, zu versuchen, eine komplizierte Freundschaft auf Dauer zu erhalten?

Das ist die Geschichte, die wir euch nun erzählen möchten.

Wir erzählen sie mit einer Stimme und in einem Erzählstrang, da wir euch stets das sichere Gefühl vermitteln wollen: Hey, wir sind immer noch Freundinnen. (Und das sind wir!) Uns darüber klar zu werden, wie wir unsere Geschichte mit einer »Wir«-Stimme teilen können, half uns auch dabei, die Überschneidungen in unseren Erfahrungen zu finden. Natürlich gibt es einige deutliche Unterschiede zwischen uns sowie Stellen, an denen unsere Geschichten auseinandergehen. An diesen Stellen verweisen wir auf uns daher separat als »Aminatou« und »Ann«.

Wir teilen unsere Geschichte nicht, weil wir sie für außergewöhnlich halten. Ganz im Gegenteil. Wir haben so viel Zeit damit verbracht, unsere Freundschaft zu ergründen, weil wir glauben, dass viele ihrer Freuden und Fallstricke ziemlich allgemeingültig sind. Wir hoffen, ihr haltet uns nicht für Expertinnen (ihr werdet bald herausfinden, weshalb wir das nicht sind), sondern stattdessen für zwei Menschen, die einander sehr lieben. Zwei Freundinnen, die auch nach zehn Jahren noch so viel Glück und Geheimnis im Kern ihrer Beziehung finden. Die gemeinsam nach Worten suchen, um sowohl die zahllosen Möglichkeiten als auch die schmerzhaften Herausforderungen einer Freundschaft zu beschreiben. Die obsessiv über die Frage nachdenken, wie sie für immer im Leben der anderen bleiben können.

Uns diese Geschichte gegenseitig zu erzählen, hat uns Erleuchtung und Demut gebracht. Und nun ist es uns eine Ehre, sie euch zu erzählen.

EINS

Der Funke

Wie jede große amerikanische Liebesgeschichte begann auch unsere auf dem Abschlussball. Okay, eigentlich war es die Abschlussballfolge von *Gossip Girl*. 2009 verfolgten wir, wie alle Popkultur-Fans, passioniert diese trashige Teenie-Seifenoper, die in der Welt der wohlhabenden Privatschulen Manhattans spielt. Unsere gemeinsame Freundin Dayo beschloss, einen Serienabend zu veranstalten, und wir wurden beide eingeladen, von einem Halbkreis aus schäbigen Sofas in dem alten Reihenhaus in Washington, DC, das sie sich mit mehreren Mitbewohnerinnen teilte, dabei zuzusehen, wie die melodramatischen Szenen sich entfalteten.

Aminatou erkannte ein paar der Namen in der Einladungs-E-Mail wieder, hatte die anderen Gäste aber noch nie gesehen. Sie fühlte sich ein bisschen eingeschüchtert davon, sich mit dieser längst etablierten Gruppe zu treffen, aber sie wusste, wenn sie neue Freundschaften schließen wollte, musste sie aus dem Haus gehen, die Initiative ergreifen und zu solchen Anlässen auftauchen. Außerdem besaß sie das perfekte Kleidungsstück für den Abend: ein T-Shirt mit dem Aufdruck »CHUCK+BLAIR«, das verzogenste Teenie-Pärchen der Serie. Ihre beste Freundin aus dem College, Brittany, hatte es für sie gemacht.

An jenem Abend fiel Ann Aminatous T-Shirt sofort auf, und sie war beeindruckt, wie ernst diese das Motto der

Party genommen hatte. Während Ann an ihrem Manhattan nippte – eine Anspielung auf den Schauplatz der Serie und ein bewusst »schicker« Cocktail, den Dayo passend zur Ästhetik von *Gossip Girl* ausgewählt hatte –, bemerkte sie, dass die bissigsten Kommentare zur Handlung auf dem Bildschirm stets von Aminatou zu kommen schienen. Ann war es gewohnt, ihre Zeit mit Menschen zu verbringen, die an der Schnittstelle von Medien und Politik arbeiteten, daher flossen die Kommentare und Scherze in ihrem Freundeskreis immerzu mühelos. Aber an jenem Abend hing Ann Aminatou an den Lippen und lachte extralaut über all ihre Witze.

»Wie habt ihr beide euch kennengelernt?« Auf Partys ist es unser Lieblings-Eisbrecher, ein Freund*innenpaar zu fragen, woher es sich kennt. Meistens wird diese Frage wohl eher romantischen Paaren gestellt. Aber die Entstehungsgeschichten von Freundschaften sind nicht weniger machtvoll. Wenn ihnen die eigene Version dieser Geschichte besonders gut gefällt, nehmen die Gesichter der Freund*innen sofort einen begeisterten Ausdruck an. Und selbst wenn sie sich nur zögerlich öffnen, geben die Leute nach einem leichten Anstoß üblicherweise preis, was sie von der anderen Person dachten, ehe sie sich mit ihr anfreundeten. Wir lieben es, wenn Freund*innen gemeinsam Bericht erstatten und dabei die Sätze der anderen beenden oder Fehlendes ergänzen, sich aufeinander abstimmen, während sie ihre vertraute Geschichte in rasantem Tempo wiedergeben. Und beinahe genauso sehr lieben wir es, wenn offensichtlich wird, dass diese Freund*innen noch nie zuvor aufgefordert wurden, darüber nachzudenken, und wir ihrer Geschichte lauschen können, während sie sie zum ersten Mal erzählen.

Aus der Art und Weise, wie sie über ihre Freund*innen redet, können wir so viel über eine Person erfahren. Und aus einer gemeinsamen Nacherzählung ihrer Anfänge können wir vieles über eine Freundschaft erfahren. Sind die beiden brandneue Freund*innen, die gerade besessen voneinander sind? Kennen sie einander schon seit Jahrzehnten? Waren sie mal zusammen? Gibt es eine Unausgeglichenheit in ihren Erzählungen, als würde eine Person mehr investieren als die andere? All das wird beim Erzählen ihrer Geschichte enthüllt.

Wir haben unsere eigene Kennenlerngeschichte Dutzende Male erzählt, und oft sprechen wir von unserer ersten Begegnung, als wäre sie ein glücklicher Zufall gewesen. In Wahrheit war sie womöglich unausweichlich. Aminatous Wohnung lag fünfzehn Gehminuten von Anns entfernt. Auch zwischen unseren Arbeitsplätzen befanden sich nur ein paar Blocks. Altersmäßig liegen wir zwar drei Jahre auseinander, aber wir waren beide gerade Mitte zwanzig und bewegten uns in sich überschneidenden sozialen Kreisen. Wir waren an jenem Abend auf derselben Party, weil wir eine Menge gemeinsamer Bekanntschaften hatten – unsere Freundin Dayo eingeschlossen.

Ann hatte Dayo im Jahr zuvor kennengelernt, und ihr waren rasch deren feste Meinungen, ihr ungezwungenes Lachen und ihre phantastische Handtasche aufgefallen. Es hört sich albern an, die Handtasche zu erwähnen, aber an ihresgleichen – allesamt unterbezahlte politische Journalist*innen – sah man normalerweise ausschließlich Jutebeutel und Rucksäcke. *Niemand* hatte eine hübsche Ledertasche. Wohin auch immer diese Frau ging, Ann wollte mitkommen. Sie und Dayo sahen einander bald regelmäßig bei Gruppen-Dinners und Fernsehabenden, wenn sie sich im Wohnzimmer einer Freundin mit Kabel-TV stapelten. Dayo war eine Small-Talk-Königin mit unbändiger Energie, die es irgendwie fertigbrachte, langweilige »Wie läuft's auf der Arbeit?«-Fragen in intensive philosophische Debatten zu verwandeln. Vor Hauspartys an Samstagabenden, die am Ende jedes Mal enttäuschend verliefen, brach Ann oft früh zu Dayo auf, um auf einem Haufen verworfener Outfits Platz zu nehmen und an einem Whiskey zu nippen, während Dayo sich fertig machte. »Kein Rock ist zu kurz, wenn man Strumpfhosen trägt«, trillerte Dayo einmal, während sie mitten im Winter in einen Minirock schlüpfte. Bei Dayo hatte Ann stets das Gefühl, sie sollte sich Notizen machen und die urkomischen Aphorismen festhalten, die diese andauernd fallenließ.

Aminatou kannte Dayo wiederum von der Arbeit. Oder besser gesagt, sie hatte von Dayo gehört. Aminatou arbeitete bei einem Thinktank, oftmals am Empfang, wo sie Besucher*innen begrüßte. Dayo hatte dort ein Stipendium, was bedeutete, dass sie nur gelegentlich im Büro vorbeischaute. Sie waren sich noch nicht über den Weg gelaufen, aber Aminatou war bereits mehr als einmal »Dayo« genannt worden. Aminatou ärgerte sich über diesen Fehler, aber sie wollte diese mysteriöse andere Schwarze Frau mit dem nigerianischen Namen unbedingt kennenlernen. Als sie dann endlich einmal über Schüsseln mit Ramen zusammensaßen, lachten sie gemeinsam wissend über ihre Doppelgängerinnensituation – sie sahen sich kein bisschen ähnlich. Sie unterhielten sich über Themen der afrikanischen Diaspora. Sie stellten fest, dass sie dieselben ausländischen Filme und dieselbe Musik mochten. Die zwei hatten eindeutig Zukunft.

O mein Gott, du musst unbedingt meine Freundin Ann kennenlernen, dachte Dayo. Ein paar Wochen später schickte sie Ann eine Nachricht darüber, dass sie einen *Gossip Girl*-Serienabend veranstalten wollte.

Dayo: Es gibt da diese Aminatou, die ich total mag.

Ann: Ich würde Aminatou Sow wahnsinnig gern kennenlernen. Die Frau kennt alle, die ich kenne, trotzdem bin ich ihr noch nie begegnet.

Dayo: Oh, sie ist großartig. Was ist mit *Gossip Girl*? Sie ist ein Riesen-Fan.

Ein Plan wurde ausgeheckt: Dayo würde die Gastgeberin sein und Aminatou einladen. »Ich würde gern behaupten, ich hätte hinterher gedacht: ›Oh, wie nett, dass das geklappt hat‹«, sagte Dayo viele Jahre später zu uns. »Aber wenn ich jetzt darüber nachdenke, steckte viel mehr Absicht dahinter.« Sie wusste, dass wir im Leben der anderen sein sollten, noch bevor wir selbst es wussten.

Es fällt uns schwer, uns daran zu erinnern, wer wir vor jenem Abend in Dayos Haus waren, bevor wir Freundinnen wurden. Nicht nur, weil es so lange her ist, sondern auch, weil wir einander seither auf unzählige Weisen verändert haben, von tiefgreifenden Dingen bis zu kaum wahrnehmbaren. Wir lernten uns an jenem Abend nicht nur kennen. Wir begannen den Prozess, uns gegenseitig zu jenen Menschen zu machen, die wir heute sind. Auch wenn wir selbstbewusst genug sind, um zu wissen, dass wir auch super geworden wären, wenn unsere Wege sich niemals gekreuzt hätten, können wir uns doch nicht vorstellen, wie diese alternative Wirklichkeit aussehen würde. Es ist unmöglich, uns beide aufzudröseln.

Dieses Gefühl der Untrennbarkeit ist ein Kennzeichen einer Echten Freundschaft. Als Menschen werden wir alle intensiv geprägt durch die Personen, die wir kennen und lieben. Tag für Tag beeinflussen unsere Freund*innen unseren Geschmack und unsere Laune. Langfristig können sie sich auch darauf auswirken, wie wir zu unserem Körper stehen, wie wir unser Geld ausgeben und welche politischen Ansichten wir teilen. Wir wachsen als Reaktion aufeinander, sowohl auf absichtliche als auch auf unbewusste Weise.

Hinter jedem Kennenlernen steckt eine emotionale Entstehungsgeschichte, die eine tiefere Frage beantwortet. Nicht: »Wie habt ihr beide euch kennengelernt?«, sondern: »Warum seid ihr beide mittlerweile so tief im Leben der anderen verwurzelt?«

»Wir haben uns über eine Freundin kennengelernt«, ist die oberflächliche Antwort, die wir Fremden geben. Unsere wahre Entstehungsgeschichte erzählt jedoch davon, wie wir uns zu einer Zeit in unserem Leben begegneten, als wir beide gerade ein wenig verloren waren. Wir versuchten, Kurs auf ein Ziel zu nehmen, das wir zu erreichen hofften. Und ineinander fanden wir jeweils eine Person, die bereits verstand, wer wir sein wollten.

Vier Jahre bevor sie Aminatou begegnete, zog Ann für ihren ersten Job bei einer Zeitschrift nach San Francisco. Es war eine befristete Stelle als Fakten-Checkerin bei einer linken Publikation, die für ihre investigativen Reportagen bekannt war. (Im Grunde war es ein Praktikum mit einem kleinen Gehalt, das Ann mit den Ersparnissen aufstockte, die sie im Jahr zuvor mit einem nichtjournalistischen Job angehäuft hatte.) Sie hatte sofort das Gefühl, am richtigen Ort zu sein. Sie liebte es, im Konferenzraum am Rand zu sitzen und den Redakteur*innen am Tisch zuzuhören, wie sie darüber debattierten, welche Themen der Zeitschrift würdig waren, und sich für Geschichten einsetzten, die sie in Auftrag geben wollten. Sie freundete sich mit ein paar der anderen Fakten-Checkerinnen an, außerdem mit mehreren Frauen, die in den Abteilungen für Fundraising und

Marketing arbeiteten, und ging manchmal mit ihnen etwas trinken und tanzen. Sie verliebte sich sogar in einen der Journalisten auf der Arbeit und begann, mit ihm auszugehen. Ann und ihr Freund verbrachten die Wochenenden damit, Pizza mit selbstgemachtem Teig zu backen und Tagesausflüge den Highway 1 hinauf zu unternehmen. Nachts lief sie häufig über die Achterbahnhügel der Stadt nach Hause zu dem kleinen Zimmer in einem viktorianischen Haus in der Nähe des Alamo Square Park, in dem sie zur Untermiete wohnte, betrunken von Whiskey Ginger und dem Gefühl, dass sie aus ihrem Leben etwas machte, das ihr gefiel. Allerdings wusste sie, dass es nicht von Dauer sein konnte – sie ernährte sich von Bohnen aus der Dose und war sich im Unklaren über ihren nächsten Karriereschritt. San Francisco glitzerte mit einem Knapp-außer-Reichweite-Charme.

Als dieses verherrlichte Praktikum dem Ende zuging, gelang es Ann, eine Kaffeeverabredung für eine Vollzeitstelle bei einem Onlinemagazin in der Bay Area zu ergattern. Es fühlte sich an wie ein kleines Wunder, da es in Kalifornien kaum Medienjobs gab. Sie hatte ein paar junge Frauen flüstern hören, dieser potenzielle neue Chef sei ein Monster, aber sie befand sich nicht in der Position, um eine Chance auszuschlagen. Als sie das Café erreichte, bestätigte der Chef die Gerüchte, indem er augenblicklich einen bizarren Kommentar zu ihrem Körper abgab. (»Mmmmm … wirklich große Frauen stehen auf große Sonnenbrillen, was?«) Das Treffen war so zwanglos, dass Ann überhaupt nicht begriff, dass es sich um ein Vorstellungsgespräch gehandelt hatte, bis sie das Angebot bekam. Aber sie ignorierte die blinkende Neonleuchtschrift mit den Worten: »Das wird total schrecklich.« Sie sagte rasch zu, da das Jahresgehalt mehr war, als sie sich vorstellen konnte – 40 000 Dollar –, und es in professioneller Hinsicht einen großen Schritt nach vorn bedeutete: Sie würde selbst Überschriften verfassen und kurze Artikel redigieren. Wie schlimm konnte dieser Chef schon sein?

Wichtiger Tipp: Wenn ihr bei einem Treffen, das derart zwanglos ist, dass euch nicht in den Sinn käme, es könnte sich um ein Vorstellungsgespräch handeln, das Gruseln bekommt, *dann lauft weg, so schnell ihr könnt.*

Für einen lüsternen Tyrannen zu arbeiten war schlimmer, als Ann sich vorgestellt hatte. Bei ihrem Mitarbeiter*innengespräch nach einem Monat wollte der Chef wissen, weshalb sie ihr Privatleben nicht mit ihm besprach, und fügte in einem unmissverständlich drohenden Tonfall hinzu: »Weißt du, die meisten Angestellten versuchen, dem Chef zu gefallen.« (Er erhielt seine verdiente Strafe viele Jahre später, als sich eine ganze Folge der Radiosendung *This American Life* seinem Fehlverhalten widmete.) Ann konnte sich nicht vorstellen, noch viel länger für ihn zu arbeiten, wusste jedoch nicht, wo sie sich sonst überhaupt bewerben sollte.

Dann zog Anns Freund für eine prestigeträchtige, wenn auch unterbezahlte Stelle bei einer politischen Zeitschrift nach Washington, DC. Aus einer anderen Untermietwohnung in einem anderen viktorianischen Haus (Ann zog in jenem Jahr dreimal um) sprach sie mit gegen das Fenster gehaltenem Telefon mit ihm, da ihr Schlafzimmer sich in einem Funkloch befand. Er gab die Gespräche und Insider-Witze weiter, die er mit seinem neuen Freundeskreis teilte, allesamt junge Journalist*innen. Ann musste sich zum Mitlachen zwingen.

Während sie in San Francisco nach einem neuen Job suchte, schaltete sich ihr Freund mit einem Plan ein: Er würde eine Einstiegsposition als Redakteur ablehnen, für den er von einer anderen Zeitschrift in DC angeworben worden war, und er könnte Ann für diese Stelle vorschlagen. In mancherlei Hinsicht war es für sie eine Erleichterung: Die Jobsuche in Kalifornien war ein Albtraum. Außerdem vermisste sie es, dieselbe Postleitzahl zu haben wie ihr Freund. Und wenn sie ehrlich war, hungerte sie danach, sich beruflich zu beweisen.

Gleichzeitig hatte Ann Sorgen, sie wisse nicht genug über Politik, um in der Welt des politischen Journalismus zu bestehen, und dass diese Zeitschrift sie nur aus Gefälligkeit gegenüber ihrem Freund einladen würde. (Ihr Ego ist bei dem Gedanken daran immer noch empfindlich.) Bekäme sie den Job, würde dies ein um beinahe 10 000 Dollar geringeres Gehalt bedeuten. Und dann war da noch ihre tiefe Traurigkeit bei dem Gedanken daran, sich von Kalifornien und ihren Freund*innen dort zu verabschieden, die ihr so schnell ans Herz gewachsen waren. Aber sie entschied, es könnte schließlich nicht schaden, sich zu bewerben. Als sie den Job bekam, schien es einfach sinnvoll zuzusagen. Sie hasste jedoch die Tatsache, dass diese Lebensentscheidung die Überschrift tragen könnte: »Mein Freund hat mir einen Job beschafft, und ich habe meine Freund*innen verlassen, um bei ihm zu sein.« Zwei Wochen im Voraus kündigte sie ihrem tyrannischen Chef, der ihr seine Bürotür vor der Nase zuknallte, und sie versicherte ihren Freund*innen in Kalifornien, sie werde allerhöchstens für ein Jahr nach DC gehen. So laufen Karrieren natürlich nicht! Allerdings konnte Ann selbst sich nur auf diese Weise von dem Umzug überzeugen.

Als Ann quer über das Land gen Osten fuhr, war ihr verbeulter grüner Honda schwer beladen mit der Last all ihrer irdischen Besitztümer sowie eines wachsenden Gefühls von Angst. Sie hatte wiederholt versucht und war daran gescheitert, sich diesen Umzug auszureden. Auf beruflicher Ebene war sie überzeugt davon, dass es eine gute Entscheidung war. Sie war sich ebenfalls sicher, dass es das Richtige für ihre Fernbeziehung war. Es ergab in jeder Hinsicht Sinn, abgesehen davon, dass sie eigentlich nicht in einem Sumpf voller statusbesessener ehemaliger Debattiermeister*innen leben wollte. Ann, die Politik stets verfolgt hatte und ein paar Jahre lang selbst Mitglied des Debattierclubs ihrer Highschool gewesen war, hielt sich Washington, DC, gegenüber für überlegen, noch ehe sie dort ankam. Der Umzug war ihre eigene Entscheidung gewesen, aber sie hatte sie nur widerwillig getroffen. Und so tauchte sie mit der Energie einer schmollenden Vorschülerin auf, die beim Spielen in eine Auszeit geschickt wurde: gefügig, aber mit einer herablassenden Haltung.

Bei Anns neuem Job waren die Gründer und leitenden Redakteure der Zeitschrift ältere Männer, die ihre männlichen Kollegen eifrig mit Lob und Chancen überschütteten. Sie hatte das Gefühl, darum kämpfen zu müssen, selbst Gehör zu finden. An mehreren Abenden in der Woche gingen die Mitarbeiter*innen in ihren Zwanzigern (plus gelegentlich ein älterer Redakteur) für Happy-Hour-Biere und Hähnchensticks in eine Spelunke auf der anderen Straßenseite. Auf Ann wirkte es wie die Erweiterung des Büros und nicht wie eine Erholung davon. Es war ihre Entscheidung mitzukommen, aber nach diesen Abenden fühlte sie sich erschöpft und oft auch einsam. Dennoch war es leichter, ihrem Arbeitsplatz, der Stadt selbst und allem Möglichen die Schuld zu geben, als ihrer eigenen beschissenen Einstellung gegenüber dieser Veränderung in ihrem Leben. Sie schrieb einer ihrer besten Freundinnen aus dem College: »Ich fühle mich unwohl und frage mich, ob dieses Überholspur-Journalismus-Ding das Richtige für mich ist (und wenn nicht, was dann?). Ich glaube langsam, ich muss mich von der Ostküste insgesamt fernhalten.« Wie konnte es sein, dass es sich anfühlte, als würde ihre Karriere sich zu schnell und zu langsam zugleich bewegen?

Aber angesichts der apokalyptischen Prophezeiungen für ihre Branche war sie dankbar, überhaupt einen Job zu haben. Ann hielt durch und arbeitete sich hoch bis zum Redigieren langer Artikel für die Printausgabe – was ein kleines Wunder war, da das Land sich gerade inmitten einer historischen Rezession befand. Sie verbrachte ihre Tage damit, die Zähne zusammenzubeißen, während sie Meinungsartikel darüber redigierte, weshalb dieser Wirtschaftskollaps tatsächlich eine »einmalige politische Gelegenheit« sei. Trost fand Ann in ihrem Nebenprojekt, für einen feministischen Blog zu schreiben, wo sie sich über den Lohnunterschied aufregte und sich fragte, wie dem Papst wohl Vorschriften für den Umgang mit *seinem* Körper gefallen würden. Außerdem verbrachte sie viel Zeit damit, sich durch einen Ordner mit Kalifornienbildern zu klicken, den sie auf ihrem Arbeitsrechner gespeichert hatte.

Die Stelle fühlte sich weiterhin nicht recht passend an. Aber Ann hatte Kolleg*innen, die sie wirklich mochte und respektierte. Nach ein paar Jahren war sie besser darin, Grenzen zu ziehen und jene Veranstaltungen nach der Arbeit zu meiden, die sich häufig in durch Bier angeheizte politische Debatten verwandelten. Sie zog mit ihrem Freund in eine kleine Zweizimmerwohnung, die trotz ihres schäbigen Teppichbodens und des übelkeiterregenden Ginkgo-Geruchs, der jeden Herbst durch die Fenster wehte, ziemlich gemütlich war.

Nun, da sie nicht mehr ganz neu in der Stadt war, hatte Ann sich auch außerhalb der Arbeit mit ein paar exzellenten Leuten angefreundet, die sich gern mit ihr auf Konzerten in die Menge begaben und sie auf Secondhand-Shoppingtouren in die Vororte von Virginia begleiteten, die eine Goldmine für Vintage-Seidentücher und Lederröcke waren. Ein paar Menschen, wie Dayo, waren von beruflichen Bekanntschaften zu wahren Freund*innen geworden. Und sogar eine von Anns besten Freundinnen aus dem College, Lara, war in die Stadt gezogen. Lara hatte ein unnachgiebig neugieriges Naturell, was Ann dabei half, ihren eigenen Blick auf DC zu korrigieren. Lara wollte nie über die Arbeit sprechen, ging mit Vorliebe tanzen und war eine verlässliche Museumsbegleiterin. Und das Beste war, dass sie so nah wohnte, dass Ann eines Tages, als sie sich ohne Schuhe aus ihrer Wohnung ausschloss, in Socken zu Lara laufen konnte.

Als Ann also mit Dayo über die Planung eines *Gossip Girl*-Serienabends textete, ging es ihr besser als unmittelbar nach ihrem Umzug in die Stadt drei Jahre zuvor. Aber sie vermisste ihre Freund*innen in San Francisco noch immer und hatte außerdem das Gefühl eines bevorstehenden Verlusts: Lara stand kurz davor, ihren Job zu kündigen und die Stadt zu verlassen. Sicher, Washington, DC, war der Ort, an dem Ann lebte, aber er fühlte sich nicht wie ihr Zuhause an. In gewisser Hinsicht würde er das auch nie tun. Ihre schönen Erinnerungen handeln nicht davon, wie sie über die breiten diagonalen Straßen der Stadt läuft oder aus dem Fenster ihres Büros blickt, und auch nicht einmal von verschwitzten Tanznächten im Black Cat. Ihre Verbundenheit mit der Stadt hängt mit den Menschen zusammen, die sie dort kennenlernte. Insbesondere mit einer ganz bestimmten Person.

Zwei Jahre bevor sie Ann kennenlernte, kam Aminatou, die gerade erst als Auslandsstudentin an der University of Texas ihren Abschluss gemacht hatte, mit großen Träumen und gerade genügend Geld für eine Monatsmiete und ein paar billige Biere in DC an. Am Tag ihrer Abschlussfeier hatte eine Freundin bemerkt: »Mit der Wirtschaft stimmt irgendwas nicht. Normalerweise haben die Leute vor dem Abschluss schon eine ganze Reihe von Jobangeboten.« Aber Aminatou machte sich nicht allzu viele Sorgen darüber, dass sie noch keinen einzigen Job in Aussicht hatte. Der Plan war von vornherein gewesen, nach DC zu ziehen, ob mit oder ohne Job. Aminatou hatte stets geglaubt, sie würde in die Fußstapfen ihres Vaters treten und in der internationalen Politik arbeiten. Auf dem College hatte sie Politikwissenschaften und Orientalistik studiert, und ihr gefiel, dass Washington, DC, sich wie eine internationale Stadt anfühlte. Ihre Architektur hatte sie schon immer angezogen, da sie die einzige amerikanische Stadt war, die aussah, als wäre sie von Europäer*innen aus dem 19. Jahrhundert erbaut worden. Bei einem Solo-Trip während ihrer Highschool-Zeit hatte Aminatou sich in die Vorstellung verliebt, einmal dort zu leben, und sie hatte sich selbst versprochen, als Erwachsene zurückzukehren.

Sie fand rasch eine WG in Dupont Circle, einem malerischen Viertel im Nordwesten von DC, in dem wunderschöne Botschaftsgebäude standen, und zog in ein winziges Zimmer in dem hübschen gelben Reihenhaus. Sie beharrte darauf, in einem Queen-Size-Bett zu schlafen, das das gesamte Zimmer einnahm und kaum genügend Platz ließ, um noch einen Ganzkörperspiegel aufzustellen. Man musste schließlich Prioritäten setzen! Jeden Zentimeter Wand, sogar über dem Bett, nutzte sie für Bücherregale. Ihre Mitbewohnerinnen waren bei ihrem Einzug bereits eng miteinander befreundet, und Aminatou wurde definitiv die *dritte Mitbewohnerin*. Sie gingen oft zusammen in Bars und manchmal ins Restaurant, aber Aminatou fühlte sich ihnen nicht nah. Sie kannte nur wenige Menschen in DC: ein paar junge Frauen aus dem College und einen Typen, der im Internat in einer höheren Klasse gewesen war und mittlerweile für einen comicartig bösen Kongressabgeordneten arbeitete. Aminatou konnte nicht recht begreifen, weshalb ihr nun etwas unmöglich erschien, das ihr nie zuvor Schwierigkeiten bereitet hatte: dazuzugehören. Aber um ihr Sozialleben würde sie sich später kümmern. Als Erstes war sie damit beschäftigt, einen Job zu finden.

Ihre College-Freundin hatte recht gehabt: Mit der Wirtschaft stimmte tatsächlich etwas nicht. Aminatou schickte Hunderte, buchstäblich Hunderte Bewerbungen ab. Sie bekam ein Praktikum im Büro von Senator John Kerry angeboten, musste es jedoch ablehnen, als sie herausfand, dass es unbezahlt war. »Wovon leben die anderen alle, während sie Vollzeit-Praktika machen?«, fragte sie sich immer wieder.

Sie stand bei ihrer Arbeitssuche mehr unter Druck als die meisten anderen Leute. Aminatou war zu Beginn ihrer Collegezeit mit einem Studierendenvisum in die Vereinigten Staaten gekommen, und nach ihrem Abschluss würde sie nun bald eine*n Arbeitgeber*in benötigen, um für ihren weiteren Aufenthalt im Land zu bürgen. Studierende aus dem Ausland haben Anspruch auf eine zwölfmonatige Aufenthaltserlaubnis namens »Optionale praktische Ausbildung«, die beginnt, sobald ihre Unterlagen anerkannt sind. Um darüber hinaus im Land zu bleiben, würde Aminatou ein H-1B-Arbeitsvisum benötigen. Dies bedeutete einen Wettlauf gegen die Einwanderungsuhr, um eine*n Arbeitgeber*in zu finden, die oder der sich davon überzeugen ließ, sie einzustellen und dann bei der Regierung zu beantragen, dass sie bleiben durfte. Eine schwierige Aufgabe, zumal die meisten Amerikaner*innen ihre eigenen Einwanderungsgesetze nicht verstehen.

Wenn Aminatou einmal das Glück hatte, zu einem Vorstellungsgespräch eingeladen zu werden, geriet die Sache mit dem Visum zum Hindernis. Langsam wurde ihr bewusst, dass ihr Zeitdruck nicht das einzige Problem war. Sie war in eine Stadt gezogen, die auf Geld und Beziehungen aufgebaut war, und sie hatte keins von beidem.

Sie gab sich jedoch nicht geschlagen. Sie fand einen befristeten Arbeitsplatz in einem schicken Spielzeugladen, der zwar das Problem mit dem Visum nicht löste, aber zumindest ihre Miete bezahlte. Damals befand sich gerade eine Rückrufaktion für chinesische Spielzeuge mit Bleifarbe auf dem Höhepunkt, und amerikanische Eltern waren misstrauisch gegenüber allem mit einem »Made in China«-Aufkleber. Die Besitzerin des Spielzeugladens importierte also all die minimalistischen französischen Holzspielzeuge, mit denen Aminatou aufgewachsen war, und fügte dem Preisschild ein paar Nullen hinzu. Ein großartiger Schwindel.

Die Tage im Spielzeugladen waren langweilig. Aminatou war (und ist es immer noch) absolut schlecht darin, Geschenke einzupacken, und die Kund*innen konnten furchtbar herablassend sein. Der Job bezahlte zwar ihre Rechnungen, aber häufig lief Aminatou die knapp drei Kilometer zur Arbeit, weil sie kein Geld mehr für den Bus hatte. Sie machte sich Sorgen, bewarb sich jedoch weiter auf andere Stellen, optimistisch, dass sie doch noch Glück haben könnte.

Nachdem fast die Hälfte ihrer zwölfmonatigen Arbeitserlaubnis verstrichen war, bekam sie einen ausgesprochen unglamourösen Bürojob bei einem Thinktank angeboten. Das Gehalt wurde mit 28 000 Dollar pro Jahr angegeben, und sie war stolz auf sich, als sie ihren Arbeitgeber auf 32 000 Dollar hochhandelte – gerade genug, um Miete und Rechnungen zu bezahlen und am Wochenende eine Flasche Tequila zu kaufen. Morgens lief sie zur Arbeit vorbei an gepflegten Parks und wunderschönen Botschaftsgebäuden. Sie fühlte sich reich! Aminatou kalkulierte, sie würde sich vom Empfang zu einer politischen Position hocharbeiten – ihr war versichert worden, dass diese Möglichkeit bestand – und von dort aus ihre Karriere starten. (Es wird euch nicht überraschen, dass dieser Plan zur Übernahme der Weltherrschaft, ausgeheckt von einem naiven Millennial, nicht aufgehen sollte.)

Ihre Aufgaben bestanden größtenteils darin, Post zu verschicken und Daten einzugeben, und sie war frustriert darüber, dass, wen auch immer sie fragte, niemand je etwas Substanzielles für sie zu tun hatte. Am Empfang zu arbeiten bedeutete auch, dass die anderen stets versuchten, ihre Besorgungen und niederen Tätigkeiten auf sie abzuwälzen. Sie weigerte sich und erinnerte sie daran, dass Kaffee zu holen nicht zu ihrem Job gehörte. Die Kolleg*innen, die ungefähr in ihrem Alter waren, schienen kollektiv entschieden zu haben, dass sie keine von ihnen war, und machten es sich zum Prinzip, zu »vergessen«, sie zur Happy Hour einzuladen. Es machte ihr jedoch nichts aus. Sie waren allesamt langweilig, und es schien ihr eine gute Idee zu sein, zwischen ihrer Arbeit und ihrem Privatleben Grenzen zu ziehen.

Bis sie Cecille kennenlernte.

Auch wenn Aminatou bei einem der »cooleren« Thinktanks in der Stadt arbeitete, gab es dort immer noch eine endlose Parade von Männern in schlechtsitzenden Anzügen und Frauen in Twinsets. Die Mode war aber nicht das eigentliche Problem. In DC gab es auch eine Menge aufregender und interessanter Menschen, die sich sehr gut kleideten. Aminatou hatte bloß auf der Arbeit noch keine Person gefunden, die lachte, wenn sie darüber scherzte, wie die gegenwärtigen Finanzregulierungen Trends in der Indie-Musik widerspiegelten. Zumindest bis sie im Kopierraum einer Frau mit einem pinken Zopf über den Weg lief. Aminatou war Feuer und Flamme, sobald Cecille ihren eigenen Look als »Sarajevo-Schick« bezeichnete. Sie wurden untrennbar, nannten sich gegenseitig »Boo Boo« und begründeten den ersten kulturell relevanten Politik-Nerd-Blog, Orszagasm.com. Jawohl, ein ganzer Blog, der sich dem attraktiven Peter Orszag widmete, der von 2009 bis 2010 Direktor des Office of Management and Budget war. Der Slogan lautete: »Wir bringen OMG zurück ins OMB.«

Cecille war beängstigend schlau und ebenso lustig. Sie hatte einfach den Durchblick. Sie gab Aminatou nie ein schlechtes Gefühl, weil sie pleite war oder weil sie am Empfang arbeitete. Als sie sich kaum ein Jahr kannten, zogen die beiden zusammen. (Das Stereotyp, dass Lesben direkt nach dem zweiten Date zusammenziehen, ist nichts gegen Cecilles und Aminatous Freundschaft. Wenn man es weiß, dann weiß man es eben, okay?) Cecille verdiente auch nicht gerade üppig, aber die beiden legten ihr Geld zusammen, um einen Lebensstil zu verwirklichen, den sie angenehm fanden. Jahre später erklärten sie voller Stolz: »Wir waren total pleite, aber wir hatten immer Kabelfernsehen!« (Hinweis: Das ist ein eindrückliches Beispiel für eine furchtbar schlechte persönliche Finanzplanung! Streicht das Kabelfernsehen und esst richtiges Essen, statt euch in jeder Mittagspause Fritten von Five Guys zu teilen.)

Sie hatten eine Gruppe Freund*innen, mit denen sie nahezu pausenlos Zeit verbrachten. Aminatou verschickte regelmäßig E-Mails, in denen sie die anderen meist von Donnerstag bis Sonntag einlud, gemeinsam Unsinn zu machen. (Montag bis Mittwoch waren zum Kater-Auskurieren und Ausruhen.) Sie hatten eine Menge Spaß dabei, ihren eigenen Alkohol zu Jazz im Garten der National Gallery zu schmuggeln, nachts die Denkmäler zu erkunden und so gut wie alle Bands zu sehen, die im 9:30 Club spielten. Aminatou und Cecille kamen meist gemeinsam und gingen auch gemeinsam wieder. Sie waren eine Einheit. Sie hatten sehr schnell eine Bindung aufgebaut, da keine von ihnen sich für immer in DC sah, also machte Aminatou sich auf den Tag gefasst, an dem Cecille ihr mitteilen würde, dass sie die Stadt verließe. Diese Angst motivierte Aminatou auch, neue Menschen kennenzulernen.

Als sie die E-Mail-Einladung zum *Gossip Girl*-Abend bei Dayo öffnete, sagte sie daher sofort zu.

Sie landete neben Ann auf dem Sofa.

Wir hatten Glück. Wir waren beide innerhalb von wenigen Jahren in dieselbe Stadt gezogen. Alle Voraussetzungen waren da.

Es ist kein Zufall, dass wir uns zu einer Zeit begegneten, als wir im Grunde noch im besten Alter waren, um neue Freund*innen zu finden: in unseren Zwanzigern. Bis dahin waren die meisten unserer Freundschaften im Rahmen von Institutionen – Familie, Schule, Arbeit – entstanden, was für uns beide ziemlich gut funktioniert hatte. (Das trifft natürlich nicht auf alle Menschen zu. Manche tun sich etwa als Kinder und Teenager schwer, andere haben strikte Regeln gegen Freundschaften am Arbeitsplatz.) Aber wir sehnten uns auch danach, neue Freund*innen zu finden, mit denen wir nicht schon immer im selben Boot gesessen hatten. Getrennt voneinander und auf einer tieferen Ebene wollten wir beide unser eigenes Dorf am Ufer gründen.

Es gibt den weitverbreiteten Glauben, dass Menschen aus dieser Sehnsucht, Freundschaften zu schließen, irgendwann hinauswachsen. Sie heiraten oder bekommen Kinder oder haben einen fordernden Job und müssen dabei zusehen, wie ihre freie Zeit schwindet. Sie beschließen, sich auf jene Menschen zu konzentrieren, die sie bereits kennen, statt zu versuchen, neue Freund*innen dazuzugewinnen. Aber selbst nach einem großen Lebensereignis kommt es vor, dass Menschen sich umsehen und wünschten, sie hätten mehr Freundschaften, die in einer tiefen Verbundenheit wurzeln.

Und unserer Erfahrung nach sind Zeiten des Umbruchs – in jedem Alter – Gelegenheiten, um neue Freundschaften zu schließen. Wir haben beide dazu tendiert, unsere tiefsten neuen Verbindungen immer dann einzugehen, nachdem wir Veränderungen in unserem Leben vorgenommen hatten: Jobwechsel, Trennungen, Umzüge in eine neue Stadt. Das Vorhaben, uns mit Menschen anzufreunden, die ebenfalls gerade auf der Suche nach irgendetwas sind, hat sich für uns als erfolgreicher erwiesen als der Versuch, uns in eine bereits eng verbundene Gruppe oder in den Kalender einer Person zu zwängen, die fest etablierte soziale Beziehungen vor Ort hat. Bei unserem Kennenlernen hatten wir eine allgemeine Rastlosigkeit gemeinsam, die Angst, eine enge Freundin zu verlieren, und eine tiefe Unsicherheit, was die Zukunft betraf.

Natürlich sind wir auch manchmal so schockverliebt in eine neue Freundin gewesen, dass Raum und Zeit und Umstände keine große Rolle spielten. Wir haben Platz in unseren Terminkalendern (und in unseren Herzen – *hach*) gefunden, von dem wir vorher gar nichts gewusst hatten, meist weil die Chemie zwischen uns sofort stimmte.

Wir sprechen hier von dem Funken, der ganz am Anfang überspringt. Dieses Gefühl ist so magisch, weil es sich nicht erzwingen lässt. Man kann jahrelang neben jemandem arbeiten oder während der gesamten Schulzeit jemandes Klassenkameradin sein oder sich jedes Mal freuen, einer bestimmten Person auf einer Feier zu begegnen, aber wenn man gemeinsam nicht dieses *Je ne sais quoi* hat, wird es nirgendwohin führen.

Wir beide spürten den Funken augenblicklich. Ann war sofort begeistert von Aminatous Weltgewandtheit und Zugänglichkeit. Aminatou konnte spüren, dass Ann brillant war und hart arbeitete – wohl zwei der attraktivsten Eigenschaften bei Freund*innen. Als Aminatou Ann von Orszagasm erzählte, heulte diese vor Lachen. Wir erkannten, dass wir beide Nerds waren, aber wir teilten auch popkulturelles Wissen und ästhetisches Empfinden.

Dieser Funke hatte keinerlei romantische oder sexuelle Implikationen für uns. Unser Gefühl war platonisch, deshalb aber nicht weniger aufregend. Bereits bei unserem kurzen Gespräch bei einem Fernsehabend war absehbar, dass wir uns gut verstehen würden. Wir wollten mehr erfahren. Wir wollten einander beeindrucken. Es war eine machtvolle Anziehungskraft.

»All die Forschung zu Anziehung lässt sich im Allgemeinen auch auf Freundschaften anwenden«, sagt Emily Langan, eine Dozentin für Kommunikationswissenschaften am Wheaton College, die alle möglichen engen Beziehungen untersucht. »Es ist die Attraktivität des Stils. Es ist die Attraktivität der Ästhetik, welche Ausstrahlung jemand hat. Es ist auch die Attraktivität der Persönlichkeit.« Das meiste davon, fügt sie hinzu, geschieht auf unbewusster Ebene.

Es ist oftmals schwer zu artikulieren, *warum* genau man sich von jemandem angezogen fühlt. Man fühlt es einfach. Und manchmal ist es sogar schwer zu sagen, wie sich diese Anziehung manifestieren soll. Möchte man die Liebhaberin dieser Person sein? Ihre beste Freundin? Ihre Ehepartnerin? Mit ihr kreativ zusammenarbeiten?

Zu dem Zeitpunkt, wenn der Funke überspringt, ist dies nicht immer klar. Und es kommt häufig vor, dass zwei Personen den Funken auf unterschiedliche Weise interpretieren, die eine versteht ihn platonisch, die andere erlebt ihn als romantisch oder auf noch ganz andere Weise. Viele von uns definieren das Gefühl vorschnell basierend auf dem jeweiligen Kontext. Wenn die andere Person eine kompatible sexuelle Ausrichtung hat, mögen wir den Funken als sexuell interpretieren. Wenn wir ihr im beruflichen Kontext begegnen, stellen wir uns vor, möglicherweise mit ihr zusammenzuarbeiten. Wenn wir uns in einer monogamen Liebesbeziehung befinden, beschließen wir vielleicht, alle neuen Funken als platonisch zu verstehen.

Dieselbe Kombination aus Gefühlen kann auf verschiedene Weise eingeordnet werden, von platonisch über romantisch bis zu etwas ganz anderem, schreibt Angela Chen in ihrem Buch *Ace: What Asexuality Reveals About Desire, Society, and the Meaning of Sex*. Für Chen, die sich als asexuell identifiziert und für die daher die Frage »Will ich Sex mit dieser Person haben oder nicht?« nicht vorrangig ist, um ganz frische Beziehungen in die Kategorien »platonisch« oder »romantisch« einzuordnen, vermittelt ein Funke das Gefühl einer unbestimmten Möglichkeit. »Wenn ich jemanden kennenlerne, weiß ich nicht, ob wir dasselbe wollen«, erklärte sie uns in einem Interview. »Und ich denke, das macht es für mich sowohl aufregend als auch verwirrend. Die Unsicherheit nicht nur von: ›Wird diese Person mich mögen?‹, sondern auch von: ›Wird sie mich genauso mögen, wie ich es möchte?‹ Also, werden wir dasselbe wollen?« Die meisten von uns verspüren etwas Ähnliches, wenn es funkt: Wir wollen, dass diese andere Person uns auf dieselbe Weise und im selben Ausmaß mag, wie wir sie mögen, selbst wenn wir diese Bedingungen für uns selbst noch gar nicht vollständig definiert haben. Und wir sind gespannt herauszufinden, ob es so kommen wird.

In unserem Fall passte es gut. Natürlich war das nichts, was wir während unseres ersten Gesprächs besprochen hätten. In den Tagen und Wochen, die auf den Augenblick folgten, in dem der Funke übersprang, lebten wir uns beide in dem Wissen ein, dass wir dasselbe wollten, und das wollen wir seither. An dieser Stelle sollte festgehalten werden, dass das, was Menschen von einer Beziehung möchten, sich im Laufe der Zeit auch entwickeln kann, über den Augenblick, in dem es gefunkt hat, hinaus. Eine oder beide Parteien können entscheiden, dass ihr Gefühl nun mehr romantischer oder sexueller Natur ist – oder auch weniger. So kommt man zu Freund*innen, die einmal ein Liebespaar waren, und zu Liebespaaren, die einmal Freund*innen waren. So kommt man zu einer Person, die behauptet, in die »Friendzone« abgeschoben worden zu sein von einer anderen, deren Interesse von Anfang an rein platonisch war. Die Grenzen sind nicht für alle so deutlich gezogen, wie sie es in unserer speziellen Freundschaft stets gewesen sind.

Selbst in einer unzweideutigen Freundschaft wie unserer kann sich die stürmische Anfangszeit wie ein Verlieben anfühlen. In den berauschenden Wochen nach unserer ersten Begegnung versuchten wir nicht, einander an die Wäsche zu gehen, sondern uns im Kopf der anderen zu verankern. In den Augen der anderen verfügten wir beide über eine undefinierbare emotionale Anziehungskraft, die abenteuerlich, geheimnisvoll und idealisiert zugleich war. Mit anderen Worten, die Aufregung war als Kribbeln in der Magengrube zu spüren. Diese Art von sofortiger Verbundenheit ist selten, und wenn sie vorkommt, ist sie daher unglaublich – im Sinne von: *nicht glaubhaft* oder so magisch, dass es nur schwer zu glauben ist.

Was unsere anfängliche Verbindung so besonders machte, war das Gefühl von Mühelosigkeit. Wir waren beide auch schon in gesellschaftliche Situationen geraten, in denen Small Talk sich wie harte Arbeit anfühlte und keiner unserer Scherze zu zünden schien. Im Gegensatz dazu fühlte sich die Dynamik zwischen uns beiden überhaupt nicht nach Arbeit an. Sicher versuchten wir einander wohl auch ein bisschen zu beeindrucken – okay, sehr sogar. Aber hauptsächlich fühlte es sich an, als würde unser Kennenlernen einfach so passieren. Als hätten wir in dieser Angelegenheit überhaupt kein Mitspracherecht.

Hätte man uns an jenem ersten Abend nach dem Thema Freundschaft gefragt, hätten wir geantwortet, dass wir darin schon ziemlich gut seien. Wir dachten, wir wüssten, wie wir jene großartigen Freundschaften bewahren konnten, die wir bereits pflegten, während zugleich neue dazukamen … und dass wir mit minimalem Aufwand all diese wichtigen Menschen auch um uns behalten würden, bis wir uns eines Tages glücklich zur Ruhe setzten wie die *Golden Girls*. Wir glaubten, wir würden einfach stabile Freundschaften fürs Leben haben. Man müsse sie nur finden und brauche sich dann nicht mehr um sie zu kümmern.

Aber tief in unserem Inneren wussten wir ebenfalls, dass wir unsere Freundschaften schleifen lassen konnten, um andere Bereiche in unserem Leben zu stärken. Von Freund*innen erwartet man, dass sie diese Art von Vernachlässigung verzeihen. Ihr strebt eine Beförderung an? Dann müsst ihr lange arbeiten und habt keine Zeit, euch abends zu verabreden. Ihr habt gerade jemanden kennengelernt, mit dem ihr den Rest eures Lebens verbringen möchtet? Kein Problem, eure Freund*innen werden verstehen, warum ihr ihnen absagen musstet.

In dieser Lebensphase hatten wir viel Zeit für unsere Freund*innen, also war es nicht wichtig, genau festzulegen, an welcher Stelle unserer Prioritätenliste sie standen. Sie befanden sich mangels Alternative von vornherein ganz oben, und wir dachten, dort würden sie auch bleiben. Wir waren nie davon ausgegangen, dass die harten Zeiten in unseren Freundschaften sich schwieriger anfühlen würden als jedes Karrierehindernis und schmerzhafter als die schlimmste Trennung. Angesichts dessen, was wir im Verlauf der nächsten zehn Jahre durchleben sollten, erscheint unsere Vorstellung von Freundschaft als eine Ruhepause von den »wirklich schweren Dingen« im Leben geradezu lächerlich. Wir hatten keine Ahnung, worauf wir uns da einließen.

Wir waren nur glücklich, einander kennengelernt zu haben.

Als der Abspann der *Gossip Girl*-Episode lief, setzte vor Dayos Reihenhaus ein heftiger Frühlingsregen ein. Aminatou ging die Vordertreppe hinunter und spannte ihren Regenschirm auf in der Hoffnung, Ann würde denselben Nachhauseweg haben wie sie. Aber Ann ging in die andere Richtung. Aminatou winkte zum Abschied, vielleicht ein wenig zu enthusiastisch. Es wurden keine Telefonnummern ausgetauscht, keine Versprechen gemacht, einander auf Social Media ausfindig zu machen, nicht einmal ein »Ich hoffe, man sieht sich bald mal wieder«.

Aber Aminatou hätte sich nicht zu sorgen brauchen. Als

sie zu Hause war und sich bei Facebook einloggte, um Ann zu suchen, wartete bereits eine Freundschaftsanfrage auf sie.

Und selbstverständlich klickte sie auf »Annehmen«.

ZWEI

Besessen

Am nächsten Tag war Ann zu einem Networking Dinner in einem schicken indischen Restaurant eingeladen. Sie sah dem Abend mit Unbehagen entgegen. Es war genau die Art von Arbeitsveranstaltung nach Feierabend, die sie hasste, und ihr fielen Millionen Dinge ein, die sie an einem Donnerstag nach der Arbeit lieber tun würde. Auf der Gästeliste stand auch eine konservative Autorin, deren Ansichten Ann zuwider waren, also scherzte sie einer Freundin gegenüber, sie plane, zu spät zu kommen und dann munter zu verkünden: »Sorry, ich hatte noch eine Abtreibung um sechs und dachte, ich wäre schneller fertig!« Aber sie hatte zugesagt, und sie wusste, dass auch Dayo dort sein würde. Also kam Ann pünktlich.

Als sie das Restaurant betrat, war sie hocherfreut, Aminatou bereits am Tisch sitzen zu sehen. Ann sicherte sich rasch den Platz neben ihr.

Wir verfielen in ein rasantes Gespräch über alles *außer* unserer Arbeit. Unsere erste und größte Meinungsverschiedenheit hatten wir zum Thema Jeansröcke. (Aminatous Position: Sie sehen niemals gut aus. Anns Position: Kommt drauf an. Aminatous Urteil ist seither etwas milder geworden.) Statt uns nach dem Essen auf den Heimweg zu machen, gingen wir in ein nahe gelegenes Kino, wo wir uns eine Spätvorstellung von Beyoncés Glanzleistung in dem Camp-Klassiker *Obsessed* anschauten. Aminatou hatte den

Film bereits zweimal gesehen, doch sie wollte noch mehr Zeit mit Ann verbringen, die ihn hatte sehen wollen, aber bisher nicht dazu gekommen war. Nachdem wir so eine Networking-Veranstaltung in eine Gelegenheit verwandelt hatten, gemeinsam ein Stück trashige Popkultur zu genießen, verspürten wir beide eine Art verschwörerischen Nervenkitzel, als würden wir lange aufbleiben, obwohl am nächsten Tag Schule war.

Nach diesem Abend fing unsere digitale Beziehung an, ernst zu werden. Wir fügten einander auf Gchat hinzu, damals das erste große Commitment in jeder neuen Freundschaft. Unser erster aufgezeichneter E-Mail-Austausch stammt von weniger als einer Woche nach unserer ersten Begegnung, als Aminatou – die Ann inzwischen Amina nannte, wie es andere enge Freund*innen auch taten – Ann einen Artikel über den »Must-have-Jeansrock des Frühlings« weiterleitete. Ein paar Tage später lud Ann Aminatou zu einer Grillparty ein und kreuzte dort im Jeansrock auf, nur um sie zu ärgern. Aber vergesst den Rock, Aminatou war vielmehr beeindruckt davon, dass Ann selbstgemachte Russische Eier mitgebracht hatte.

Bald nach unseren ersten ungeplanten Freundschafts-Dates schickte Aminatou Ann einen weiteren Modeblog-Post. (Die Rolle, die Modeblogs in jenen Tagen vor Instagram innerhalb unseres kulturellen Konsums spielten, kann man gar nicht zu stark betonen.) »Bäh, Jeansrock«, kommentierte sie. Ann erwiderte: »Mir gefällt er! Können wir trotzdem Freundinnen sein?«

»Nur wenn wir uns bald treffen«, antwortete Aminatou.

Der Jeansrock war zum ersten privaten Meme in unserer Freundschaft geworden – ein Nicht-ganz-Witz, auf den wir immer wieder zurückkamen, um einander zu signalisieren, dass wir aufmerksam waren. Diese relativ unbedeutenden Gesprächsthemen waren eine Weise, auf die wir anfingen, unseren gemeinsamen Humor und Geschmack auszubilden.

Im nächsten Monat erfuhr Ann, dass es eine Reality Show über das Leben reicher Teenager in Manhattan nach dem Vorbild von *Gossip Girl* geben sollte. Selbstverständlich schickte sie Aminatou sofort einen Link und löste damit eine ganze Flut von Nachrichten aus.

Ann: Können wir uns bitte verabreden und diesen Scheiß gucken? Damit wir die *Gossip Girl*-Auszeit überstehen?
Aminatou: OMG, ja!! Und können wir uns auch dieses WE treffen?

Die Gmail-Beweise lügen nicht: Wir blieben digital in Kontakt, schlugen aber auch stets schnell Gelegenheiten vor, um im echten Leben Zeit miteinander zu verbringen. Wir wussten instinktiv, dass wir uns noch immer in jener fragilen frühen Freundschaftsphase befanden, in der »aus den Augen« schnell zu »aus dem Sinn« wird. Noch waren wir nicht eng miteinander vertraut, wenn wir uns also nicht mehr regelmäßig trafen, würden wir wieder aus dem Leben der anderen verschwinden. Bei einer langjährigen Freundin ist es möglich, sich monatelang nicht zu sehen und sich einander trotzdem nah zu fühlen, aber neue Freundschaften erfordern kontinuierlichen Einsatz.

In unserem Fall war es von Vorteil, dass wir beide etwas sind, das wir gern als »soziale Initiatorinnen« bezeichnen: diejenigen, die die chaotischen Kleidertauschpartys veranstalten (»Freundinnen aller Körpergrößen willkommen!«), diejenigen, die sofort eine Kalendereinladung schicken, wenn jemand sagt: »In das Museum wollte ich auch immer schon mal gehen.« Unsere gemeinsame Sprache der Liebe ist das Schmieden und Einhalten von Plänen. Wir hatten beide schon Momente, in denen wir traurig allein zu Hause saßen, aber wir wissen auch, wie wir diese Energie kanalisieren können, um uns bei einer Freundin zu melden. Man kann uns in jedem Fall als proaktive Frauen bezeichnen.

Folglich sind wir beide frustriert von Freundschaftsschmarotzern. Das sind jene Menschen, die sich ständig beschweren, dass niemand sich mit ihnen treffen will, selbst jedoch niemals eine Kinokarte mehr kaufen und jemanden einladen mitzukommen, oder eine E-Mail schreiben, um Termine für eine lange versprochene Verabredung vorzuschlagen. Schmarotzer überlassen es passiv anderen Leuten, ihren Kalender mit Freizeitaktivitäten zu füllen. Wir hatten jedoch in den frühen Tagen unserer Freundschaft rasch das Gefühl, mit unseren Annäherungsversuchen nicht allein dazustehen. Keine von uns lehnte sich zurück und wartete darauf, dass die andere sich zuerst meldete.

Nicht nur Extrovertierte können Initiator*innen sein. Als introvertierte Person gibt es Aminatou nicht immer Energie, wenn sie unter Menschen ist. Sie lernte früh genug, dass sie für ihr Sozialleben einen Plan benötigte. Regelmäßige Aktivitäten zu zweit zu planen ist eine Möglichkeit für sie, ihre Freundinnen und Freunde zu sehen und zugleich weitgehend die Kontrolle über das soziale Umfeld, in dem sie sich bewegt, zu behalten.

In dieser Phase der freundschaftlichen Annäherung ist eine Struktur für viele Menschen hilfreich: sich gemeinsam für einen Kurs anmelden, einem Verein beitreten oder jeden Freitagabend ins Kino gehen. (Manche Forscher*innen werden euch erzählen, Männer seien so sozialisiert, dass sie Freundschaften um gemeinsame Unternehmungen herum bilden, während für viele Frauen Unternehmungen weniger wichtig seien. Unsinn! Wir kennen auch Frauen, die auf Unternehmungen stehen, und Männer, die sich gern tiefgründig unterhalten.) Was ihr euch auch aussucht, kann zu eurem Ding werden, bis die Freundschaft so stark ist, dass sie auch ohne eine externe Motivation für ein Treffen überleben kann. Ihr wisst, dass es so weit ist, wenn es euch leichtfällt, andere Kontexte vorzuschlagen, in denen ihr euch sehen könnt, und wenn sich eure Freundschaft auf andere Settings ausweitet.

Wären wir nicht bewusst drangeblieben, wären wir wohl zu Menschen geworden, die bloß ab und zu wegen irgendeines besonderen Lebensereignisses im Social-Media-Feed der anderen auftauchen und Fragen aufkommen lassen wie: »Moment mal, wer ist diese Person, die da ihren Verlobungsring präsentiert? Sind wir uns mal bei einer Party begegnet, wo alle etwas mitbringen sollten?« Aber wir machten beinahe augenblicklich etwas miteinander aus – und noch wichtiger, wir hielten unsere Verabredungen dann auch ein. Wir widerstanden der Versuchung, in letzter Minute abzusagen, weil wir den Abend lieber damit verbringen wollten, allein in Unterwäsche Snacks zu futtern.

Irgendwann waren wir uns dann vertraut genug, um unsere Zeit *gemeinsam* damit zu verbringen, in Unterwäsche Snacks zu futtern.

»Wir müssen uns Zeit nehmen, uns zu sehen«, wurde in einer späteren Phase unserer Freundschaft, in der wir weit voneinander entfernt lebten, zu einem Refrain von Aminatou. Aber diese Maxime lässt sich auch auf die Anfangszeit übertragen. Alle bedeutenden Freundschaften gründen sich auf eine beträchtliche Menge an gemeinsam verbrachter Zeit.

Ihr habt wahrscheinlich schon mal von der 10 000-Stunden-Regel gehört. Dem Journalisten Malcolm Gladwell zufolge ist das die Anzahl an Stunden, die benötigt wird, um sich eine Fähigkeit anzueignen. Die Zahl basiert auf der Forschung von K. Anders Ericsson, einem Psychologieprofessor an der Florida State University, der später behauptet hat – überraschende Wendung! –, Gladwell habe seine Arbeit missverstanden. Die 10 000-Stunden-Idee wurde dennoch populär, da wir alle gern wissen möchten, wie sich ambitionierte, schwierige Aufgaben in ihre einzelnen Komponenten zerlegen lassen. »In kognitiv anspruchsvollen Bereichen«, schrieb Gladwell, »gibt es keine Naturtalente.«

Für die Freundschaft, *unseren* kognitiv anspruchsvollen Bereich, werden ebenfalls magische Zahlen genannt: 30 Stunden, 50 Stunden, 140 Stunden und 300 Stunden. Jeffrey A. Hall, ein Wissenschaftler an der University of Kansas, der sich einer Vereinnahmung durch Gladwell bislang entziehen konnte, hat die Anfangsstadien von Freundschaften tatsächlich bemessen. Hall fand heraus, dass Menschen sich nach 30 miteinander verbrachten Stunden als »gute Bekannte« verstehen. Nach 50 Stunden beginnen sie dann, die andere Person als »Freund*in« zu bezeichnen.

Aber erst nach 140 Stunden halten zwei Menschen sich für »gute Freund*innen«. Und »beste Freund*in« ist ein Etikett, das Menschen erst nach 300 miteinander verbrachten Stunden verwenden. Das mag sich nach viel anhören, sind aber tatsächlich nur 12,5 Tage, also gerade einmal etwas länger als eine typische Hochzeitsreise. In etwa entspricht das auch der Zeit, die man benötigt, um gemeinsam eine komplette Fernsehserie zu schauen. In unserem Fall waren es ungefähr ein Dutzend Filme von fragwürdiger Qualität – von denen wir einige nur ertrugen, weil Aminatou gern eine Trinkflasche voll mit Wein ins Kino schmuggelte. Es waren unzählige Folgen *NYC Prep* und *Entourage* und

RuPaul's Drag Race. Es waren mehr als nur ein paar Hauspartys und Barnächte.

Unsere gemeinsamen Freundeskreise machten es uns leicht, so viel Zeit miteinander zu verbringen. Die latente »Habe ich vergessen, jemanden einzuladen?«-Angst war ein vorherrschendes Gefühl in unseren Jahren in DC. Wie viele, die in ihren Zwanzigern nach dem College in Städten mit reichlich Job-Chancen leben, hatten wir umfangreiche, untereinander vernetzte Freundeskreise. Die Gruppendynamik konnte großartig sein. Nachdem Ann ein feierliches Essen für »Qualitätszeit unter Freundinnen« in einem Restaurant in einer extravaganten Villa organisiert hatte, verbrachten wir Stunden damit, einander im ganzen Gebäude in dramatischen Posen zu fotografieren. Später fanden wir uns in einer japanischen Bar in der Nähe wieder, wo wir zu T. I. und Rihannas »Live Your Life« Karaoke sangen. Auch auf Partys kreuzten wir im Rudel auf, und wo wir auch hingingen, hatten wir garantiert eine gute Zeit, da wir so viele waren. Wenn man noch auf der Suche nach seinem Platz in der Welt ist oder Dampf ablassen muss, weil man ihn noch nicht gefunden hat, fühlt man sich in einer Gruppe auch in Gesellschaft sicher.

Meistens jedoch konnte man uns antreffen, wie wir in einer unserer Wohnungen beisammensaßen und so gut wie gar nichts taten, über Stunden. Und zwar definitiv mehr als dreihundert.

Im ersten Jahr war Sofazeit ein wesentliches Element unserer Freundschaft. Nach einem kurzen Austausch von »Hey, was machst du gerade?«-Nachrichten stand Aminatou vor Anns Tür. Kaum war sie drinnen, zog sie ihren BH durch den Ärmel ihres T-Shirts aus – selbstverständlich lief Ann bereits mit befreiten Brüsten und in Jogginghose herum. Eine DVD von fragwürdiger Qualität lag bereit. Ann kam mit Snacks aus ihrer winzigen Küche. Sie machte gern selbst Pizza und passte viele der käsebasierten Vorspeisen aus ihrer Heimat im Mittleren Westen an ihren erwachsenen vegetarischen Geschmack an. (Lasst euch von Aminatou gesagt sein: Wenn ihr keine Diva aus dem Mittleren Westen in eurem Leben habt, verpasst ihr eine Menge cremiger, herzhafter und super-streichfähiger Dips.) Wir öffneten eine Flasche Wein oder schenkten uns zwei Gläser Whiskey ein, worauf wir uns in das luxuriöse Gefühl eines urteilsfreien Raums sinken ließen. An anderen Abenden tauchte Ann vor Aminatous Tür auf, schleuderte ihre Schuhe von sich und rollte sich auf einem Ende des Sofas zusammen. Aminatou hatte ihr eigenes Repertoire an Käsedips. Sie hatte im Herzen von Texas gelernt, wie man Queso zubereitete, und kannte jeden Laden in der Stadt, in dem man Ro-Tel-Dosentomaten bekam, die wichtigste Zutat. Ihre Margaritas waren legendär, und selbst wenn sich vor der Tür Schneewehen auftürmten, gaben sie Ann das Gefühl, im Urlaub an einem wärmeren Ort zu sein.

Es hatte etwas ungemein Befriedigendes, sich mit diesen kleinen Gesten umeinander zu kümmern. Für zwei Frauen, die von Müttern großgezogen worden waren, die zu Hause all das Kochen erledigt und sich stets um die Unterhaltung gekümmert hatten, fühlte es sich falsch an, allein füreinander Gerichte zuzubereiten und Filme auszuwählen – ohne dabei an einen Ehemann oder Kinder zu denken. Dieses simple Ritual, das meistens nur uns beide oder noch ein paar andere enge Freundinnen umfasste, wurde zu einem Fundament unserer Freundschaft. Unsere privaten Räume boten uns einen Rückzugsort von den Männern, die unsere Berufswelt dominierten. In unseren Büros und bei den Netzwerktreffen nach Feierabend legten diese fest, was wichtig, was schlau, was lustig und was nützlich war. Es hatte etwas Befreiendes, Zeit allein mit anderen Frauen zu verbringen und dabei unsere Maßstäbe und Definitionen gelten zu lassen. Warum sollten wir überhaupt ausgehen, wenn die Menschen, mit denen wir uns am liebsten unterhielten, bereit waren, sich in Leggings auf den Weg zu uns zu machen und noch eine Flasche Syrah für 6,99 Dollar und eine Tüte Tostitos vom Eckladen mitzubringen?

Auf einer tieferen Ebene signalisierte all diese gemeinsam verbrachte Zeit zu Hause auch, dass wir uns selbst genug waren. Seite an Seite die Sonntagszeitung zu lesen war eine unserer liebsten gemeinsamen Beschäftigungen. Wir brauchten nicht mit einem wechselnden Cast an Bekanntschaften Small Talk zu führen, um ein Gespräch in Gang zu halten. Ebenso wenig war der potenzielle Nervenkitzel eines Flirts an der Bar nötig, damit wir Lust hatten, uns zu treffen. Es hatte etwas unbeschreiblich Beruhigendes, das Nichtstun als eine eigenständige Aktivität zu begreifen.

Wenn wir gerade einmal nicht beisammen waren, schrieben wir uns während des Arbeitstages andauernd Nachrichten. Wir beklagten uns in Echtzeit über Bürostreitigkeiten, schickten einander Links zu Artikeln, die wir gelesen hatten, und schmiedeten Pläne für die Stunden, nachdem wir unsere Computer heruntergefahren hatten, in denen wir das Gespräch von Angesicht zu Angesicht fortführen wollten.

Nicht jede Echte Freundschaft durchläuft eine Phase der intensiven Bindung, die genauso aussieht wie unsere, mit konstantem Kontakt, sowohl online als auch persönlich. Wir kennen beide auch enge Freundschaften, die ihre Stunden der Nähe langsam, über mehrere Jahre angesammelt haben, ohne eine Phase konzentrierter gemeinsamer Zeit, oder auch solche, die ihre Tiefe im digitalen Kontakt fanden. Und in Wahrheit war nicht jede Person, mit der wir

Hunderte von Stunden verbracht haben, dazu bestimmt, ein*e Freund*in fürs Leben zu werden. Keine Freundschaft gleicht der anderen genau.

Aber während wir unsere Freundschaft und die Gründe für unseren Wunsch nach deren Dauerhaftigkeit untersuchen, kehren wir immer wieder zu dieser Zeit zurück. Als es später kompliziert wurde zwischen uns, erinnerten wir uns daran, wie wir in all den gemeinsamen Stunden auf dem Sofa in der Lage gewesen waren, Vertrauen und Nähe aufzubauen. Es lag etwas Besonderes darin, wie wir einander unsere Lebensgeschichten erzählten. Die Details, die wir herauspickten. Die Hoffnungen, die wir bis dahin nur andeuten konnten, ohne ihre genauen Konturen zu erkennen, und die Träume, die wir mit Hilfe der anderen in Ziele und schließlich Realitäten verwandelten. Damals war es uns nicht bewusst, aber mit dem Aufbau dieser Freundschaft gaben wir unserem Leben eine Richtung.

Seltsamerweise gelten sowohl die Schulzeit als auch das Studium und die ersten Erwachsenenjahre als prägende Zeit. Dabei bedeuteten für uns auch unsere späten Zwanziger und frühen Dreißiger noch ein ziemlich radikales Wachstum hinein in unsere Erwachsenen-Ichs. Wir hatten die nötige Fluchtgeschwindigkeit erreicht, um das Gravitationsfeld unserer Herkunft zu verlassen, hatten in unseren beruflichen Karrieren bereits Fuß gefasst und fingen langsam an, unser Erwachsenenleben auf die Reihe zu bekommen. *Wie möchtest du leben? Wer möchtest du sein?* Diese Fragen beantworteten wir gemeinsam.

Auf unseren jeweiligen Sofas erzählten wir einander unsere Geschichten davon, wo wir herkamen, wem wir auf unserem Weg begegnet waren, wen wir geliebt hatten, wovor wir Angst hatten und was wir bereuten. Während wir redeten, fingen wir an zu erkennen, wo wir hinwollten.

Aminatou erzählte Ann, dass sie als ältestes von drei Geschwistern in eine Familie aus Guinea hineingeboren wurde. Sie verbrachte ihre Kindheit in Nigeria, und in den neunziger Jahren in Lagos zu leben bedeutete, politisches Chaos und alle möglichen Dysfunktionen aushalten zu können. Aminatou brachte sich früh selbst Lesen bei, indem sie jeden Papierfetzen entzifferte, den ihre Eltern im Haus herumliegen ließen: internationale Zeitungen, die langweiligen Berichte aus dem Büro ihres Vaters, die Modezeitschriften und Kreuzworträtsel ihrer Mutter. Sich in Büchern und Zeitungen zu verlieren war für sie ein Bewältigungsmechanismus, ein Mittel, um zu vergessen, dass es wochenlang kein fließendes Wasser oder keinen Strom gab. Alle Menschen passen sich irgendwann an, und Aminatous Eltern stellten keine Ausnahme dar. Sie schufen ein Gefühl von Normalität, das Aminatou in späteren Jahren noch viel mehr zu schätzen wissen würde.

Aminatou und ihre Mutter standen sich sehr nah – sie hatten beide die gleiche Unbefangenheit im Umgang mit anderen Menschen und das gleiche laute Lachen –, aber zu ihrem Vater baute sie nur eine Verbindung auf, wenn sie sich in seine sehr ernste Welt hineinbegab. Manche Väter bringen ihren Kindern bei, wie man einen Ball wirft; Aminatous Vater brachte ihr bei, wie man eine großformatige Zeitung faltet. Über alles Bescheid zu wissen war ihr Versuch, Dinge zu finden, über die sie mit ihm diskutieren konnte. Jeden Abend bei Tisch fragte ihr Vater sie und ihre Geschwister aus nach aktuellen Ereignissen, Sport und den Feinheiten des Wirtschaftspartnerschaftsabkommens zwischen der Europäischen Union und Westafrika (»Europas Falle für Afrika!«). Es ergab Sinn, dass ihre Eltern von Informationen besessen waren. Sie lebten im Ausland und saugten jede noch so kleine Neuigkeit von zu Hause auf und wollten beständig mehr, eine Gewohnheit, die sie an Aminatou und ihre Geschwister weitergaben.

Aminatou besuchte vom Kindergarten bis zur neunten Klasse französische internationale Schulen, die in einem beinahe grotesken Ausmaß Wert auf Teamwork, gegenseitigen Respekt und Phantasie legten. Obgleich es ihre Lieblingspausenaktivität war, sich mit der Schulbibliothekarin zu unterhalten und um neue Bücher zu bitten, kam sie mit nahezu allen gut zurecht. Sogar ihre Mobberin aus der Grundschule wurde in der Mittelschule zu einer besten Freundin, mit der sie noch heute in Kontakt steht.

Während sie aufwuchs, bekam Aminatou mit, wie ihre Eltern alle möglichen Menschen in ihrem Haus versammelten, wodurch sie lernte, ihre Schüchternheit zu überwinden und zu einer sozialen Initiatorin zu werden. In Kriegs- und Friedenszeiten über Kontinente hinweg Freundschaften aufrechtzuerhalten, war schlicht ein Lebensstil. An den Wochenenden fuhr die gesamte Familie ins Büro ihres Vaters oder in ein Telekom-Zentrum, um gefühlt jede einzelne Person in der guineischen Diaspora anzurufen. 1996 bekam ihre Familie dann einen Festnetzanschluss, was ein dermaßen wichtiger Meilenstein war, dass Aminatou noch immer jede einzelne Taste auf diesem Telefon beschreiben kann. Aminatous Eltern blieben stundenlang – im Ernst, stundenlang – wach, um so lange Nummern im Ausland zu wählen, bis sie jemanden erreichten. Beide Elternteile schrieben eifrig Briefe an Familie und Freund*innen in der Heimat, und häufig diktierte ihre Mutter Aminatou den Text. In ihrem Teil von Westafrika gab es keine verlässliche Post, also wurden die Briefe Freund*innen auf der Durchreise mitgegeben. Bei Aminatous Eltern wirkte die Zeit und Mühe nie wie eine lästige Pflicht, und sie zeigten Aminatou, dass es möglich war, bedeutende Beziehungen auch über weite Entfernungen hinweg zu führen. Sie erlebte direkt mit, dass das In-Verbindung-Bleiben eine Kunst ist. Und ihre Eltern waren darin Meisterin und Meister.

Als Aminatous Freund Antoine in der Mittelschule nach Madagaskar zog, fanden die beiden heraus, wie sie den diplomatischen Postdienst zu ihrem Vorteil nutzen konnten. Wenn das nicht möglich war, vertrauten sie ihre Korrespondenz allen Erwachsenen an, die irgendwo zwischen Antananarivo und Lagos unterwegs waren. Es war ein Glücksspiel. Briefe gingen verloren. Päckchen tauchten Jahre später auf. Irgendwann wurden Telefonanrufe schließlich einfacher. Sie konnten monatelang nicht miteinander kommunizieren und dann wieder direkt da weitermachen, wo sie aufgehört hatten. Antoine war Aminatous erste wichtige Fernfreundschaft und sollte definitiv nicht ihre letzte bleiben. Auch wenn Aminatou sich für ihre schreckliche Handschrift schämt – nach der französischen Schule ging es mit ihrer Schönschrift steil bergab –, legt sie Wert darauf, von ihren Reisen stets Postkarten zu verschicken (man lernt am besten, sich in einer Stadt zurechtzufinden, wenn man sich auf die Suche nach einer Postfiliale begeben muss), da sie selbst weiß, wie aufregend es ist, den Briefkasten zu öffnen und nicht nur Rechnungen und Werbung, sondern auch ein Schreiben von einer Freundin darin zu finden.

In einem frühen Anflug von Ehrgeiz überzeugte Aminatou ihre Eltern davon, sie auf ein Internat zu schicken. Sie schlossen den Kompromiss, dass dieses nahe genug gelegen sein müsse, damit sie sie leicht besuchen konnten. Sie entschieden sich für eine christliche Schule mit amerikanischem Lehrplan in Zentralnigeria. Aminatou belegte über den Sommer einen Intensivsprachkurs für Englisch und bestand die Zulassungsprüfung mit Leichtigkeit. Die meisten ihrer Klassenkamerad*innen waren Kinder von Missio-

nar*innen, weshalb die Schule sich sehr von der säkularen
französischen Erziehung, die sie bis dahin kennengelernt
hatte, und von dem in ihrer Familie praktizierten Islam
unterschied. Ihre Eltern spielten den Kulturschock herun-
ter, den sie unausweichlich verspüren würde: »Die Christen
haben großartige Schulen!«, sagten sie stets. »Respektiere
ihren Glauben, und nicke mit, wenn sie beten, dann wird
das schon.« Ein unglaublich höflicher Optimismus ist schon
immer die Grundhaltung der Familie Sow gewesen.

In dem amerikanisch geführten Internat musste sie sich
an einige Dinge anpassen, zum Beispiel daran, ihren geliebten Füllfederhalter durch Bleistifte und vierfarbige BIC-
Kugelschreiber zu ersetzen. Ohne die tintenbeschmierten
Finger erkannte sie sich selbst kaum wieder. Sie tauschte
ihre Lederschultasche gegen einen altersgerechteren Leder-
schulranzen ein, weigerte sich jedoch, der Rucksackkul-
tur nachzugeben. Sie gehörte zu den Early Adoptern von
Athleisure und trug ihre Latschen überall, kombiniert mit
ihren geliebten Grobstrick-Cardigans und bedruckten Naf-
Naf-Sweatern, wenn es kalt war. Allerdings war nicht alles
an der neuen Schule anders. Aminatou war noch immer
umgeben von anderen Third-Culture-Kids. In dieser Gruppe war es nichts Besonderes, in einer anderen Kultur aufzuwachsen als die eigenen Eltern oder nicht in dem Land
zu leben, das im eigenen Pass stand. Die Vorstellung, ein
Leben lang in derselben Straße zu wohnen oder nur auf
eine einzige Schule zu gehen, war jemandem wie ihr vollkommen fremd.

Sie schrieb Briefe für Amnesty International, arbeitete
ehrenamtlich in der Fistelklinik der Stadt und brachte
Frauen im örtlichen Gefängnis Lesen und Schreiben bei,
obwohl die Behörden ihnen lediglich Bibelstunden und
Häkelkurse erlaubten. Aminatou half den Frauen, Briefe an

ihre Familien und ihre Anwält*innen hinauszuschmuggeln. Als ihr Internat seine drakonische Kleiderordnung wiederbelebte, verstand Aminatou nicht, weshalb alle dies für akzeptabel hielten. Sie wollte wissen, wieso es dabei nur um die Kleidung für Mädchen ging, und sie war erzürnt, wenn männliche Lehrer die Mädchen aufforderten, sich vorzubeugen oder hinzuknien, um zu überprüfen, ob deren Kleidung ihren sexistischen Standards genügte. Aminatou kann bis heute nicht häkeln, aber die Amnesty-Briefe, die Fistelklinik und der Widerstand gegen die Schulleitung legten den Grundstein für ihre feministischen Überzeugungen. Zu dem von ihr organisierten Protest gegen den Irakkrieg tauchte zwar niemand auf, aber das brachte sie nicht aus der Fassung. Es amüsierte sie, als eine ehemalige Klassenkameradin, die sie seit über zehn Jahren nicht gesehen hatte, sie kürzlich fragte, wie sie in so jungen Jahren schon so gefestigt in ihren politischen Ansichten gewesen sein konnte. Ohne Zögern antwortete sie: »Meine Welt war größer als die Highschool.«

Das College erschien am Horizont als eine Utopie, in der sie von verwandten Seelen umgeben wäre und die Art von erwachsenen Freundschaften schließen könnte, die sie stets idealisiert hatte. Aminatou zählte die Tage. Von begabten Kindern in ihrer Familie wurde erwartet, dass sie auf eine prestigeträchtige europäische Universität gingen, aber sie wollte an einem Ort Fuß fassen, der noch weiter von alldem entfernt war, was sie kannte. Sie wollte nach Amerika.

Von allen Colleges, an denen sie sich beworben hatte, kamen Zulassungsbescheide, darunter auch von Elite-Unis, zu denen ihr die Beratungslehrerin und ihre Eltern rieten. Aminatou entschied sich jedoch für die University of Texas in Austin, weil in der Broschüre stand, es gebe dort 50 000 Studierende. In ihrer Abschlussklasse an der Highschool waren sie zu neunundzwanzigst gewesen, und alle kannten die Familien von allen anderen. Sie wollte anonym sein, eine Nummer auf einem Studierendenausweis.

Aminatou kam allein an der University of Texas an und fand es komisch, dass alle anderen, die neu auf dem Campus waren, am ersten Tag ihre gesamte Familie im Schlepptau hatten. Sie und ihre Eltern hatten sich tränenreich am Flughafen verabschiedet, ehe sie in den Flieger nach Austin gestiegen war, aber sie war nie auf die Idee gekommen, sie könnten sie tatsächlich auf der Reise begleiten. Ihre Eltern hatten sie bis zu diesem Punkt gebracht, und nun war es an ihr, ein neues Leben in einem neuen Land zu beginnen. Zum ersten Mal hatte sie eine leise Ahnung, dass sich ihr Leben stark von dem einer durchschnittlichen texanischen Collegestudentin unterschied, und es war die erste Gelegenheit von vielen, bei denen ihr das Gefühl vermittelt wurde, dass an ihrer Herkunft etwas ungewöhnlich sein könnte.

Sie begann ihr Studium im Frühjahrssemester, und es schien, als hätten alle anderen bereits ihre Zimmergenossinnen für das folgende Jahr ausgewählt und einen stabilen Freundeskreis etabliert. Aber sie war fest entschlossen, ihre Leute zu finden. Ein paar Wochen später kam Aminatou am Infotisch einer Campus-Organisation vorbei, deren Motto sie neugierig machte: »Geist, Liebe, Dienst und Freundschaft«. Okay, wieso nicht? Sie recherchierte und fand heraus, dass Texas Spirits im Grunde eine Studentinnenverbindung für Nerds war, die Gleichberechtigung von Frauen und Männern erreichen wollten, wo sie auch hinkamen. Sie sammelten Geld für wohltätige Zwecke, trugen tieforangefarbene Schals zu UT-Football- und Basketballspielen und giggelten sich durch Verbindungs- und Pyjamapartys. Der Auswahlprozess war furchteinflößend, aber natürlich wurde sie angenommen. Bis heute hat Aminatou eine Vorliebe für exklusive Gruppen und stets das Gefühl, sie könnte sich mit Leichtigkeit in jeden Club einschleusen, um interessante Menschen kennenzulernen. Zu dieser Selbstsicherheit verhilft einem Weltgewandtheit.

Bald dominierten die Spirits ihren Terminkalender. Austin war die perfekte Kulisse für die herrlichen Schwimmnachmittage, Tanzpartys und Margarita-getränkten Nächte, von denen Aminatou sich nicht hätte vorstellen können, wie glücklich sie sie machen würden. Durch die Spirits erfuhr sie die Magie, Zeit mit einer großen Gruppe Frauen zu verbringen, die ihr zuvor im Grunde unbekannt gewesen waren. Auch wenn die Mitgliedschaftsregeln vorgaben, dass sie in ihrem zweiten Jahr wieder aus der Organisation austraten, war das Band zwischen ihnen nun gefestigt und würde sie bis zum Abschluss und darüber hinaus tragen. Dies waren die Freundinnen, die Aminatou sich immer vorgestellt hatte, als sie sich in der Highschool Tagträumen über das Collegeleben hingab. Sie waren an ihrer Seite, als sie ihre ersten wackligen Schritte ins Erwachsenenleben unternahm.

Als eine andere Erstsemesterstudentin sie zu einem »spirituellen Retreat« ihrer Kirche einlud, wusste Aminatou nicht recht, was sie dort erwarten würde, kam aber trotzdem mit. Als sie den Hobbyraum des Hauses im Süden von Austin betrat, sah sie eine umwerfende Blondine, die den Text von »Mr. Jones« schmetterte und dazu auf dem Klavier spielte: »Starin' at this yellow-haired girl«. Aminatou wollte sie unbedingt kennenlernen.

Sie erfuhr, dass der Name der jungen Frau Brittany war, und auch wenn sie sich auf einer von der Kirche gebilligten Veranstaltung kennengelernt hatten, unterhielten sie sich bei ihrer ersten Verabredung zu ungefähr null Prozent über Jesus und zu hundert Prozent über Musik und Fernsehen.

Als Aminatou nicht mehr in die Kirche zurückkehrte, hegte sie keinen Zweifel daran, dass ihre Freundschaft trotzdem halten würde. Und so war es auch. Meistens war es Brittany, die sie vom Flughafen abholte, wenn sie zum Semesterbeginn zurückkehrte. Als zwei Jahre darauf Aminatous Mutter starb, war es Brittany, die »Let Go« von Frou Frou sang, um sie zu trösten, wenn sie weinte. Brittany war nie genervt, egal wie oft Aminatou im Auto »Don't Panic« von Coldplay oder »Such Great Heights« in der Version von Iron & Wine spielte. Gute Freundinnen lassen ihre trauernden Freundinnen trübe Indie-Songs vom *Garden State*-Soundtrack hören, ohne sie dafür zu verurteilen. Brittany war in die Sphäre einer Echten Freundschaft vorgedrungen.

Diese College-Freundschaften hatten Aminatou zu der Person gemacht, die Ann schließlich kennenlernen würde. Ann liebte es, Aminatou zuzuhören, wie sie ihre Lebensgeschichte in nichtchronologischen Einzelheiten und urkomischen Anekdoten nacherzählte, während sie sich auf dem Sofa gegenübersaßen. Jedes Mal, wenn Aminatou einen überraschenden Teil ihrer Vergangenheit preisgab, war Ann begeistert. »Du hast ehrenamtlich in einer Fistelklinik gearbeitet?« »Du sprichst fünf Sprachen?« »Du hattest eine *christliche Phase*?!«

Ann begann, sich eine Geschichte über Aminatou zusammenzubasteln: Ihre neue Freundin war eine Frau mit internationalen Erfahrungen, die in jeder Situation aufblühen und jede Menschenmenge beeindrucken konnte, die emotional widerstandsfähig war und eine feste, unverrückbare Meinung über nahezu alles hatte. Ann erkannte in Aminatou viele Wesenszüge, die sie an sich selbst gern mochte, und viele weitere Eigenschaften, die sie stets hatte erlangen wollen, es aber nie ganz geschafft hatte. Auf einer tieferen Ebene war sie begeistert davon, was Aminatous Eintritt in ihr Leben für sie bedeutete. Auf eine Weise wie noch keine Freundin, die sie je zuvor gehabt hatte, erschien Aminatou Ann wie das Tor zu einer größeren Welt.

Ein Grund dafür, weshalb Ann Aminatou so an den Lippen hing, wenn diese ihre Geschichte erzählte, war ihre Faszination darüber, wie sehr sie sich von ihrer eigenen Geschichte unterschied. Ann war ebenfalls die Älteste von drei Geschwistern, allerdings in Iowa als Tochter von Eltern geboren worden, die niemals mehr als ein paar Autostunden entfernt von dem Ort gelebt hatten, an dem sie selbst aufgewachsen waren. Ihre katholische Familie versuchte ihr viele religiöse Werte zu vermitteln, die bei ihr jedoch nie richtig verfingen (Sorry, aber das ist einfach nur eine Oblate!). Sie hörte früh auf, zur Beichte zu gehen, da sie das Gefühl hatte, von der Sünde der Frechheit gegenüber ihren Eltern nicht durch den Segen eines Priesters und ein paar Rosenkränze freigesprochen werden zu können. Andere Werte ihrer Erziehung sind jedoch nach wie vor tief in ihr verwurzelt, etwa der Respekt vor einer ernsthaften Arbeitsmoral und eine loyale Haltung gegenüber den eigenen Leuten. Ihre Eltern hatten beide ein paar Freund*innen vom College, zu denen sie den Kontakt hielten, außerdem war ihre Mutter eine passionierte Briefeschreiberin. Anns Familie besuchte häufig die Resurrection Church oder aß gemeinsam Aufläufe mit anderen Familien, deren Kinder Anns Klassenkamerad*innen in der Resurrection School waren. Es war alles recht abgeschottet, und bis heute fühlt Ann sich in formellen Gruppen eingesperrt.

Als Ann zwölf war, zog ihre Familie in ein neues Backsteinhaus im Ranchstil, das nur ein paar Straßen entfernt war von ihrem alten Backsteinhaus im Ranchstil. Die Welt außerhalb ihrer kleinen Stadt lernte sie hauptsächlich durch die Fernsehsendungen kennen, die sie schaute, und durch die vielen an so exotischen Schauplätzen wie den Vororten New York Citys oder kanadischen Internaten spielenden Bücher, die sie las. Oftmals borgte sie den Büchereiausweis für Erwachsene von ihrer Mutter, mit dem sie zwanzig Bücher gleichzeitig ausleihen konnte. (Der Kinderausweis erlaubte einem nur zehn.) Einmal im Jahr nahm ihre Großmutter sie mit auf einen Tagesausflug nach Chicago, wo sie sich ein Theaterstück oder ein Musical ansahen. Diese Fahrten wurden von einer örtlichen Bank als Unternehmung für Rentner*innen angeboten, weshalb Ann das einzige Kind in einem Bus voller grauhaariger Damen war. Sie fand es großartig. Es war ihre Eintrittskarte in die große Stadt – von der sie in Büchern wie *Harriet, die kleine Detektivin* gelesen hatte – und bot ihr die ersten flüchtigen Blicke auf jene Art von Leben, das sie als Erwachsene führen wollte und das sich stark von dem unterschied, das ihre Eltern gewählt hatten.

Wenn ihr wissen möchtet, wie Ann als Teenager aussah, stellt euch die klassische Neunziger-Jahre-Zeichentrickheldin *Daria* vor, bloß mit ihren schlaksigen ein Meter neunundachtzig noch viel ungelenker. Ihren Eltern missfiel ihre selbst zusammengestellte Secondhand-Garderobe, weshalb sie ihre zerrissenen Vintage-Cordhosen, die den Dresscode-Anforderungen formal noch entsprachen, heimlich mitnahm und sich dann auf der Schultoilette umzog. Ihre beste Freundin Bridget, die sie im Matheunterricht auf der Junior High kennengelernt hatte, lebte direkt neben ihrer Highschool, fuhr aber morgens den ganzen Weg bis zu Anns Haus, um sie abzuholen, wobei aus ihrem in zwei Beigetönen lackierten Nissan meist laut Prince schallte. Wie Ann interessierte sich auch Bridget weder für Schulsport noch für Religion, und die beiden starteten einen extrem verfrühten Countdown bis zu ihrem Abschluss. Sie verbrachten Stunden in Bridgets Keller, wo sie LaCroix tranken und sich alte Hitchcock-Filme und Wiederholungen von *Absolutely Fabulous* anschauten. Wenn sie nicht bei Bridget war, war sie mit ihrem anderen besten Freund Josh zusammen. Mit ihm arbeitete sie gemeinsam an der Schulzeitung, und die beiden waren zuverlässig dabei anzutreffen, wie sie im örtlichen Plattenladen CDs bestellten oder in einem Einkaufsstraßencafé die *New York Times* lasen, zuckrigen Latte tranken und Pläne für die Zeit schmiedeten, wenn sie ihre erstickende Stadt verlassen konnten und das Leben endlich wirklich anfinge. Diese beiden Freundschaften bestehen noch immer, womöglich weil sie von Anfang an ebenso sehr in der Zukunft wie in der Gegenwart verankert schienen.

Vielleicht lag es an all den Büchern. Oder vielleicht lag es daran, dass Katholik*innen, die sich für soziale Gerechtigkeit einsetzten, die einzigen Vorbilder aus Anns religiöser Erziehung waren, die sie tatsächlich respektierte. (Ein Dank an Óscar Romero und Dorothy Day.) Was auch immer der genaue Grund gewesen sein mochte, Ann entwickelte ziemlich früh ein soziales Gewissen. Als Teenager leitete sie die Amnesty-International-Gruppe an ihrer Schule, was hieß, dass sie morgens noch vor dem Unterricht erschien, um Briefe für politische Gefangene in Russland und im Tschad zu schreiben. Sie plante ein jährliches Benefizkonzert mit dem unglücklich gewählten Namen Jamnesty, und einmal war sie die einzige Person bei einem Protest gegen die Todesstrafe, den sie auch selbst organisiert hatte. Sie wollte unbedingt an der Welt jenseits ihrer Heimatstadt teilhaben.

Der Tag, an dem Anns Eltern sie zum College brachten, zählt noch immer zu den glücklichsten in ihrem Leben. Endlich war sie frei, ihre eigene Geschichte zu schreiben, frei von den Beschränkungen ihrer Erziehung. Sie hatte schon immer schreiben wollen, aus diesem Grund wählte sie die University of Missouri aus, wegen ihres Journalismus-Bachelors. Hier war sie nun definitiv nicht mehr die einzige Person, die gegen die Todesstrafe protestierte. Und genau wie sie wollten hier alle unbedingt für die College-Zeitungen (ja, es gab gleich mehrere) schreiben und waren darauf gefasst, am Ende um die unmöglich winzige Anzahl an Einstiegsjobs für Reporter*innen zu konkurrieren. Auf einmal war Ann die Norm.

Sie freundete sich mit zwei Fotojournalismusstudentinnen namens Lara und Gracy an, die im selben Betonwohnheim lebten und Anns Musik- und Filmgeschmack teilten. Einmal pro Woche leisteten sie sich ein Abendessen außerhalb des Campus im vegetarischen Restaurant Main Squeeze um die Ecke. Im Jahr darauf wurden diese Frauen zu Anns ersten selbst ausgewählten Mitbewohnerinnen, und gemeinsam erlebten sie die Freuden und Frustrationen des Zusammenlebens. Sie schmissen eine wilde Cocktailparty, bei der eine Gästin aus Versehen einen Rückwärtssalto über das Treppengeländer machte (sie hat es überlebt), und ließen tourende Indie-Rockbands auf ihrem Fußboden und ihrem durchgesessenen Sofa übernachten – das später in Brand gesetzt wurde, als Gracys Freund darauf mit brennender Zigarette einschlief. Unzählige nächtliche Gespräche über aufgewärmte Burritos und Ramen-Nudeln in der seltsamen Küche im oberen Teil des Hauses schweißten sie zusammen. Ann genoss das Gefühl, dass sie einander aus Tausenden Leuten auf dem Campus ausfindig gemacht hatten.

In ihrem letzten Studienjahr wurde Ann aufgefordert, sich einer Spendenkampagne anzuschließen, die mehrere Busladungen von Feministinnen aus Missouri zu einem Protestmarsch gegen die Bush-Regierung in Washington, DC, schicken wollte. Diese Frauen zeigten Ann durch ihr Beispiel, was es bedeutete, sich Feministin zu nennen. Dank ihnen las sie endlich die ikonische Autorin bell hooks! Diese Freundschaften fühlten sich augenblicklich tief an, da sie von gemeinsamen Werten untermauert wurden. Und auch wenn Ann nun verzweifelt darüber nachdachte, wie sie sich eine Karriere als »objektive« Journalistin aufbauen sollte, die zugleich eine leidenschaftliche Feministin war, war sie ihren neuen Freundinnen doch dankbar, diese Schwierigkeit überhaupt erst in ihr Leben gebracht zu haben.

Geschichten wie diese erklärten Aminatou nicht nur, wo Ann herkam. Beim Zuhören spürte Aminatou auch das große Potenzial dieser aufkeimenden Freundschaft. Sie war begeistert, dass sie so viel emotionale und kulturelle DNA mit einer Person teilen konnte, der sie gerade erst begegnet war. Aminatou fand es toll, dass Ann nie voreingenommen und extrem aufgeschlossen war. Sie scheute nicht davor zurück, ihre Bedürfnisse und Wünsche offen auszusprechen, und sie hatte klare Erwartungen daran, wo ihr Platz in der Welt sein sollte. Damit vermittelte Ann Aminatou das Gefühl, sich selbst an erste Stelle setzen zu dürfen.

Wir hingen einander an den Lippen. Dabei bemerkten wir jedoch nicht, dass wir mehr taten, als uns nur unsere jeweils eigenen Geschichten zu erzählen. Wir begannen auch damit, eine gemeinsame Geschichte darüber zu erzählen, wer wir waren.

Bei allen offensichtlichen Unterschieden zwischen uns waren die großen Gemeinsamkeiten kaum zu übersehen.

Wir waren Tausende Meilen voneinander entfernt aufgewachsen, aber wir stammten beide aus relativ konservativen Kulturen, in denen die ersten Fragen an junge Frauen häufig lauteten: »Wie heißt dein Vater? Was macht er beruflich?« Wir hatten uns beide schon immer vom Leben gewünscht, es möge uns weit von zu Hause fortbringen. Für gewöhnlich lasen wir stets ein bis drei verschiedene Bücher gleichzeitig. Wir waren daran gewöhnt, dass die Leute unverschämte Kommentare zu unserer Größe oder unserem Gewicht abgaben. Und auch wenn wir uns darüber beschwerten, wie schwierig es war, coole Kleidung zu finden, die uns passte, oder zugaben, wie unbeholfen wir uns manchmal in unserer eigenen Haut fühlten, wurde doch stets deutlich, dass wir unsere Körper nicht hassten. Wir versuchten nicht, sie zu verändern. Wir teilten den Wunsch, Frauen zu sein, die viel Platz einnahmen und sich weigerten, sich dafür zu entschuldigen. Wir aßen gern allein im Restaurant, am liebsten an der Bar. Unsere Herzen klopften jedes Mal vor Freude, wenn wir eine Gemeinsamkeit zwischen uns entdeckten. *Wo ist sie mein ganzes Leben lang nur gewesen?*, fragten wir uns. *Wie kann ich so viel Glück haben, diese Person zu finden?*

Wir erschufen unsere »Geschichte der Gleichheit«, wie es die Linguistin Deborah Tannen nennt. In ihrem Buch *You're the Only One I Can Tell* stellt sie fest, dass Menschen, die als Frauen sozialisiert wurden, dazu neigen, Phrasen wie »Dasselbe ist mir auch passiert« und »Ich weiß, so geht es mir auch« in ihre Konversationen einfließen zu lassen. Manchmal kann dieser Prozess laut Tannens Beobachtung auf eine subtile Weise wetteifernd sein – eine Art, einander auszustechen oder die Erfahrung der anderen Person kleinzureden, indem man rasch betont, man habe dasselbe auch schon getan. Allerdings muss es nicht so sein, und wir können ehrlich behaupten, dass wir in jenen Anfangstagen nichts als Bewunderung und Neugier füreinander verspürten.

Wir empfanden uns als so glücklich, eine Person gefunden zu haben, mit der wir genau auf einer Wellenlänge waren. Wir übersahen dabei jedoch, dass wir diese Wellenlänge tatsächlich selbst erzeugten. Unsere Ansichten über das Zeigen von Gefühlen, die Beziehung zu anderen Freund*innen, das Ausdrücken von Verletzlichkeiten und den Umgang mit Konflikten formten sich in Bezug aufeinander. Wir waren beide geschickt darin, unsere Unsicherheiten zu verbergen oder sie rasch mit einem Scherz oder einem bissigen Kommentar abzutun oder herunterzuspielen. Bekannte und Leute aus dem weiteren Freundeskreis sahen uns beide meist als »starke« Persönlichkeiten, die ihr Leben im Griff haben. Es war uns möglich, unsere harten Schalen zu knacken und einander etwas von unserer weichen Unterseite zu zeigen, weil wir in dem Wissen, wie ungewohnt es für uns beide war, gemeinsam darüber lachen konnten. Unserer Selbstbeschreibung zufolge waren wir »Low-Drama-Mamas« – ein Begriff, der in unserem Freundeskreis für Frauen verwendet wurde, die es vermieden, über andere Frauen zu lästern oder einen Streit mit ihnen anzuzetteln. Auf diese Weise distanzierten wir uns von dem Stereotyp, alle Frauen seien dramatisch und wollten andauernd aus einer Mücke einen Elefanten machen. Unsere gemeinsame Erzählung besagte, dass wir beide leidenschaftlich für unsere Ideale einstanden, aber zugleich locker im Umgang waren. Wir strebten danach, die Lieblingsfrauen eurer Lieblingsfrauen zu werden. Wir verbrachten nicht nur eine Menge Zeit miteinander und erkannten unsere Überschneidungspunkte. Wir verstärkten diese auch und verwendeten noch mehr Mühe auf sie.

Mit der Selbsterkenntnis, zu der einem nur Rückschau und Therapie verhelfen können, ist uns jedoch bewusst geworden, dass wir tatsächlich sehr unterschiedliche Menschen sind – insbesondere auf emotionaler Ebene. Wir bemerkten es nicht sofort, da wir so sehr auf unsere Geschichte der Gleichheit fokussiert waren. Später, als andere Teile unserer Beziehung kompliziert wurden, trafen uns diese grundlegenden Unterschiede völlig unvorbereitet.

Uns war nicht klar gewesen, dass wir uns einander in jenen Anfangstagen *trotz* unserer Unterschiede öffnen konnten. Aminatou erzählt intime Details über ihr Leben nur Menschen, von denen sie denkt, dass sie ihr auch in Zukunft nahestehen werden. Ann geht meist davon aus, dass die Probleme aller anderen Menschen größer sind als ihre eigenen, was sie davon abhalten kann, im Detail über diese zu sprechen. Aber wir kamen uns trotzdem nahe. Wir hielten es damals nicht für ein Risiko und hatten auch nicht das Gefühl, große Schwierigkeiten überwinden zu müssen, wenn wir uns einander mitteilten.

Dieses Gefühl von Sicherheit lag im Kern dessen, was unsere Freundschaft funktionieren ließ.

DREI

Wahlfamilie

Schon nach wenigen Monaten fühlten wir uns einander extrem verbunden. Wir haben keine Ahnung, ob das besonders schnell ging oder dem durchschnittlichen Zeitrahmen entsprach, da Freundschaft als intime Verbindung nur so selten Gegenstand von Studien ist. Die Forschung zu engen Beziehungen konzentriert sich meistens auf Eltern und Kinder oder auf Liebespaare.

Die Kommunikationswissenschaftlerin Emily Langan allerdings untersuchte in ihrer Dissertation über beste Freundschaften, ob sich die Bindungstheorie – die beschreibt, wie Kinder eine Beziehung zu ihren Eltern aufbauen – auch auf intime platonische Beziehungen anwenden ließe. Sie erfuhr »massiven Gegenwind« von ihren Kolleg*innen, die argumentierten, diese Art von Bindung gebe es ausschließlich in Familien. Langan sagt jedoch, enge Freundschaften wiesen einige Eigenschaften auf, die sich nicht sehr von denen intakter Familien unterschieden. Erstens verspüren Freund*innen mit einer Bindung zueinander den Wunsch, einander oft zu sehen und zu wissen, was im Leben der oder des anderen los ist. Zweitens bieten Freund*innen einander eine stabile Basis – was bedeutet, dass diese Freundschaft es ihnen erlaubt, in die Welt hinauszuziehen und andere Freundschaften, romantische Beziehungen, neue Jobs und noch vieles mehr auszuprobieren, das vielleicht beängstigend, aber letztendlich positiv ist, da sie wissen, dass ihr*e Freund*in immer hinter ihnen steht. Und drittens stellen sie auch einen sicheren Hafen füreinander dar. Wenn es für eine oder einen der beiden schlecht läuft, dann ist der oder die andere loyal und verlässlich zur Stelle und bietet Unterstützung.

Als wir uns kennenlernten, hatten wir noch nie etwas von der Bindungstheorie gehört, aber Langans Dissertation hätte von uns handeln können. Selbstverständlich sahen wir einander häufig und waren in Bezug auf das Leben der anderen auf dem neuesten Stand. Aber besonders treffend klingt für uns in Langans Theorie der Aspekt einer »stabilen Basis«.

Wir hatten zwar kein Papier unterschrieben, auf dem wir uns dazu verpflichteten, einander zu lieben und zu unterstützen, aber wir fühlten uns unserer Verbundenheit und deren Zukunft sicher. Mühelos füllten wir jene Lücken im Leben der anderen, die Ex-Partner, weit entfernt lebende Freund*innen und Mitglieder der biologischen Familie, zu denen nur noch wenig Kontakt bestand, hinterlassen hatten. Wir waren fest entschlossen, füreinander da zu sein.

In den Anfangstagen unserer Freundschaft lebte Ann mit ihrem Freund zusammen, den sie damals in San Francisco kennengelernt hatte und für den sie nach DC gezogen war. Sie war nicht der Typ dafür, jedem kleinen Ärgernis über ihre Beziehung Luft zu machen, aber sie hatte Aminatou von den Mühen des Zusammenlebens berichtet: die Angewohnheit ihres Freundes, den Kühlschrank leer zu futtern, ohne hinterher Nachschub zu besorgen, die fehlende Übereinstimmung zwischen seinen Nachteulentendenzen und ihrem soliden Acht-Stunden-Schlaf-Rhythmus, ihre Pattsituation angesichts der Frage, wer den schmutzigen Badezimmerfußboden wischen und die Seifenreste aus der Badewanne schrubben sollte. Wenn sie mit Aminatou über diese Dinge sprach, fühlten sie sich irgendwie weniger nach Routinebeschwerden an und mehr nach einer wichtigen Diskussion darüber, ihre feministischen Werte zu leben. Die Freundschaft war auch gefestigt genug, dass sie ihre Klagen loswerden konnte, ohne zu befürchten, Aminatou würde sich in Gegenwart ihres Freundes seltsam verhalten oder sie verurteilen, weil sie bei ihm blieb.

Aber es war noch mehr als das. Aminatou hatte eine neue stabile Basis in Anns Leben geschaffen. All die Stunden, die Ann damit verbracht hatte, ihre Hoffnungen und Wünsche mit Aminatou zu teilen, hatten ihr ein neues Verständnis davon verliehen, wie emotionale Intimität sich wirklich anfühlte – und Ann stellte fest, dass ihr diese mit ihrem Freund fehlte. Ihre Freundschaften verliehen ihr ein Gefühl von Sicherheit, das es ihr erlaubte, das Beenden dieser langjährigen romantischen Beziehung in Erwägung zu ziehen.

Ein paar ihrer entfernt lebenden Freund*innen von früher waren schockiert, als Ann schließlich entschied, es sei an der Zeit, Schluss zu machen. Aber Aminatou, die jedes schmutzige Detail des Badezimmerpatts kannte, war kein bisschen überrascht. Sie verstand auch die tieferen Gründe, warum Ann unglücklich war. In Wahrheit hatte Ann den größten Teil ihrer Zwanziger in romantischen Beziehungen verbracht, die sie auf eine Weise prägten, die sie nicht immer glücklich machte. Sie sehnte sich danach, allein zu leben. Mehr als alles andere wollte sie herausfinden, wer sie war und wie sie sich verändern würde, wenn sie Single wäre und nicht mehr in Relation zu einem Partner definiert würde.

Aminatou war also bereits eine stabile Basis, doch bald wurde sie auch zu einem sicheren Hafen. Als Ann ihren Freund schließlich bat, auszuziehen – was einen chao-

tischen, in die Länge gezogenen Prozess mit mehreren
tränenreichen Beziehungsgesprächen in der Öffentlichkeit
lostrat –, war Aminatou ihr Fels in der Brandung. Sie hörte
Ann stundenlang zu, wie sie all die emotionalen Drehun-
gen und Wendungen nacherzählte, und half ihr über ihre
Schuldgefühle hinweg, diejenige gewesen zu sein, die die
Trennung gefordert hatte. Aminatou war mehr als nur eine
Freundin, die ein mitfühlendes Ohr bot. Ann war in jedem
Augenblick sicher, dass Aminatou an ihrer Seite war und
ihren Kummer nachempfinden konnte. Sie konnte ihren
Freund verlassen, ohne sich zu sorgen, danach allein und
ohne Unterstützung dazustehen.

Aber Aminatou log sie auch nie an. Nachdem Ann die
klassische Weiße-Mädchen-Nummer durchgezogen hatte,
sich nach einer Trennung den Pony zu kurz zu schneiden,
beschönigte Aminatou nichts. Als sie Anns unglücklichen
neuen Rockabilly-Look sah, stellte sie nach einer kurzen
Pause lediglich fest: »Na, bis das rausgewachsen ist, tragen
wir wohl besser keine Pünktchenmuster.« So versicherte sie
auf geschickte Weise, dass sie auf Anns Seite war (das »wir«),
während sie zugleich kein Blatt vor den Mund nahm, was
den impulsiven Haarschnitt anging. Ein paar Wochen darauf plante Ann, das Undenkbare zu tun und sich mit ihrem
Ex auf einen Drink zu treffen, um den Status ihrer Trennung
zu besprechen, und wieder war Aminatou für sie da.

Aminatou: FRIEDENSPROZESS IM NAHEN OSTEN.
Ann: Aber echt. Ich weiß auch gar nicht, was ich heute
anziehen soll. Klar will ich super aussehen. Hmm, aber
ist das okay? Sollte man für Drinks mit dem Ex nur
»mittelmäßig« aussehen? So viele Modefragen.
Aminatou: Hahaha, nein. Du musst Bombe aussehen.

Aminatou stand an diesem Abend nicht nur zur Unterstützung parat (»Ich kann anrufen / irgendeinen Quatsch texten, damit du aus der Sache rauskommst«), sie verschanzte sich auch mit ein paar anderen engen Freundinnen in einer Bar in der Nähe, damit Ann sich direkt im Anschluss mit ihnen treffen konnte. Die Verabredung mit dem Ex ging nicht gut aus, und als Ann weinend auftauchte, wartete die Gruppe bereits auf sie. Am nächsten Tag schrieb sie ihnen eine dankbare E-Mail: »Nachdem ich mich von ihm verabschiedet hatte und zu euch Liebsten gestoßen bin, war der Kontrast SO extrem. Ich glaube wirklich, dass ich deshalb so schlimm geheult habe. ... Ich weiß, dass ich es gestern nur mit ein paar Worten gesagt habe, aber heute wollte ich es noch einmal mit mehr Worten sagen: Dankedankedanke, dass ihr so viel Hoffnung und Licht und Liebe und Freude in mein Leben bringt.«

Aminatou brachte es sogar fertig, einen traurigen Post-Trennungs-IKEA-Einkauf in eine schöne Erinnerung zu verwandeln, und setzte ihr Leben aufs Spiel, als Ann ihre Gefühle hinter dem Steuer eines gemieteten Transporters loswurde. »Mein toter Winkel, euer Problem«, erklärte Ann, während sie in einer Geschwindigkeit, die sich nur als »frisch getrennt« beschreiben lässt, über die Freeways von Northern Virginia bretterte. Aminatou überlebte einen von Anns typischen Zusammenbrüchen aufgrund von zu niedrigem Blutzucker, indem sie sie genau im richtigen Augenblick in der Schlange dazu drängte, ein paar Fruchtgummifische zu essen. Und zusammen trugen wir eine riesige Kommode – von Aminatou für Ann von einer gemeinsamen Freundin ergattert, die sie loswerden wollte – durch reine Willenskraft drei Stockwerke hinauf. Nicht schlecht für zwei Frauen, die mit CrossFit nichts am Hut haben. Jahre später hatten drei männliche Freunde beträchtliche Mühe, dieselbe Kommode die Treppe wieder hinunterzutragen. Es war offensichtlich: Wir waren Superwomen, die gemeinsam alles schaffen konnten.

Nach weniger als einem Jahr Freundschaft hatte Aminatou sich Ann gegenüber bezüglich romantischer Dramen, Geld und Gesundheit geöffnet. Das war für sie schneller als gewöhnlich. Aber es fiel ihr noch immer schwer, über die Beziehung zu ihrem Vater zu sprechen. Aminatou hatte ihn seit einer Weile nicht mehr gesehen, und nun würde er aus Belgien, wo ihre Familie die letzten zehn Jahre gelebt hatte, zu Besuch kommen. Bei ihnen, wie in vielen Einwanderer-familien, ging es zwischen Eltern und Kindern häufig um die Leistung. Aminatou hatte weder ein Aufbaustudium noch eine nennenswerte Karriere vorzuweisen. Sie hatte das Gefühl, bei ihr liefe gar nichts und sie hätte in ihrem Leben nichts erreicht. In den Jahren seit dem Tod ihrer Mutter schien die persönliche Beziehung zu ihrem Vater verkümmert zu sein. Die Aussicht auf ihr gemeinsames Mit-tagessen stresste sie in vielerlei Hinsicht.

Sie reservierte einen Tisch in einem schicken Restaurant, und sie weiß noch, dass sie ein kurzes Gebet sprach, ehe sie es betrat: »Lieber Gott, bitte lass es kein Desaster werden.« Reines Wunschdenken. Sie saßen draußen im Innenhof und blickten sich über den Tisch hinweg an. Ihr Gespräch nahm Fahrt auf, wenn sie über die Nachrichten oder das Weltgeschehen sprachen. Aber wann immer es um ihre Ar-beit oder um andere Familienmitglieder ging, fühlte es sich angespannt an. In Momenten wie diesen vermisste Amina-tou die Behutsamkeit ihrer Mutter, und ihrem Vater ging es offensichtlich genauso. Ihre Mutter wäre ein großartiger Stoßdämpfer gewesen und hätte geholfen, den emotionalen Graben zwischen Vater und Tochter zu überbrücken. Sie trauerten beide noch immer um sie, doch ohne sie wussten sie nicht, wie sie über ihre Trauer reden sollten.

Aminatous Vater hatte nichts Unfreundliches gesagt oder sie gar als Versagerin bezeichnet, dennoch empfand sie das Mittagessen als ein totales Desaster. Es war auch nicht gerade hilfreich, dass Aminatou damals mit einer undiagnostizierten Angststörung herumlief. Hinterher landete sie vollkommen fertig auf Anns Sofa.

Als Ann sie fragte, wie es gelaufen sei, bekam Aminatou kaum einen zusammenhängenden Satz heraus und fing an zu hyperventilieren. Sie weinte. Heftig. Damals kam ihr das wie etwas komplett Schockierendes vor. Sie weinte so gut wie nie, nicht einmal vor Menschen, die sie seit Jahrzehnten kannte, und Ann kannte sie erst seit wenigen Monaten. Aus dem Augenwinkel suchte sie Anns Gesicht nach Anzeichen von Genervtheit oder Verurteilung ab. Nichts. Na ja, nicht nichts, aber Ann schien es kein bisschen aus der Fassung zu bringen, dass auf ihrem Sofa eine heulende, hysterische Frau saß. (Um ehrlich zu sein, war es wahrscheinlich eine ganz normale Menge an Tränen in Würde, aber für Aminatou sind alle Gefühle dramatisch.) Ann blieb ruhig und ausgeglichen. Sie musste nicht im Detail erfahren, weshalb das Mittagessen sich so desaströs angefühlt hatte – dass sie ihre Freundin so aufgelöst sah, genügte ihr.

Ann stand auf, ging in ihr Schlafzimmer und rief Aminatou von dort aus zu: »Möchtest du eine Xanax?«

Ja. Aminatou brauchte dringend ein Beruhigungsmittel. Aber noch mehr als alles andere hatte sie es gebraucht, zu erleben, dass diese neue Freundin nicht davonrennen würde, wenn sie übermäßig emotional reagierte. Seit ihrer Jugend hatte sie die Vorstellung verinnerlicht, dass starke Gefühlsausbrüche um jeden Preis zu vermeiden waren – andernfalls würden andere Menschen einen meiden. In jenem Augenblick hatte Ann einen Test bestanden, von dem Aminatou gar nicht bewusst gewesen war, dass sie ihn durchgeführt hatte. Damals musste Aminatou auch die Augen vor der Tatsache öffnen, dass Ann auf eine wahrhaftige Weise für sie da war. Sie verspürte ein neues Maß an Sicherheit in ihrer Freundschaft.

Es lässt sich unmöglich genau bestimmen, wann die Veränderung stattfand, aber irgendwann waren wir füreinander mehr als beste Freundinnen. Gemeinsame Freund*innen fingen an, unsere Namen mit einem Und-Zeichen zu verbinden, ein klarer linguistischer Hinweis darauf, dass man öffentlich an eine andere Person gebunden ist. *Ann & Amina. Amina & Ann.* Wir wurden zu einem wichtigen Teil unseres täglichen Supportsystems und waren in unseren privaten Banalitäten fest verankert.

> **Aminatou**: Habe heute 5 Tüten Fruit Snacks gegessen. Das kann nicht gut sein.
> **Ann**: Hoffe, du hast ein Klo in der Nähe.

Wir hatten die Schlüssel zur Wohnung der anderen. Nach einem langen Arbeitstag kochten wir oft füreinander. Und wann immer Schwierigkeiten mit unseren Herkunftsfamilien aufkamen, erinnerten wir einander daran: »Mann, deshalb ist die Wahlfamilie das Beste.«

Den Begriff Wahlfamilie haben wir uns nicht ausgedacht. Die LGBTQ-Community verwendet ihn seit Jahrzehnten, um Menschen zu beschreiben, die beschließen, dauerhaft eine bedeutende Rolle in ihrer Leben zu spielen. Die meisten Leute denken beim Wort »Familie« noch immer ans Heiraten und Kinderkriegen – zwei Lebensentscheidungen, die LGBTQ-Personen traditionell vorenthalten wurden. Die Verwendung des Begriffs »Wahlfamilie« wurde als Erstes von der Anthropologin Kath Weston studiert, die verwandtschaftliche Verhältnisse in den schwulen und lesbischen Communitys im San Francisco der achtziger Jahre untersuchte. Ihre Erkenntnisse veröffentlichte sie 1991 in dem Buch *Families We Choose*, in dem beschrieben wird, wie diese Wahlfamilien Ressourcen teilten, Kinder gemeinsam großzogen und einander bei Krankheit unterstützten, insbesondere während der Aids-Krise. Damals wiesen manche Kritiker*innen darauf hin, dass viele der Menschen, die als Erste den Begriff »Wahlfamilie« verwendeten, von ihren Herkunftsfamilien verstoßen worden seien und daher in dieser Angelegenheit kaum eine Wahl gehabt hätten. Die Psychologiedozentin Karen Blair bemerkt, dass die Entscheidung, alternative Bindungen außerhalb der eigenen biologischen Familie einzugehen, für queere Menschen Ende des zwanzigsten Jahrhunderts oftmals »aus der Notwendigkeit geboren« sei. Aber für uns – und für viele andere Menschen, die diesen Begriff heute verwenden, um ihre wichtigsten Bindungen zu beschreiben – bezeichnet die »Wahlfamilie« enge Beziehungen, die frei gewählt werden.

Wir gaben einander in den Personalformularen auf der Arbeit als Notfallkontakt an. Wir richteten gemeinsam Partys aus. Wir planten Friendsgiving-Menüs. Wir waren Mitte bis Ende zwanzig, die Hoch-Zeit der Hochzeiten in unseren großen und weit verstreuten Freundeskreisen. Ohne Partner, mit denen wir uns die Ausgaben teilen konnten, spürten wir die finanzielle Belastung. Und da sich unsere Freundeskreise ohnehin mehr und mehr überschnitten, gingen wir immer häufiger gemeinsam auf Hochzeiten. Wir teilten uns Hotelzimmer. Wir stimmten unsere

Outfits aufeinander ab. (Animal-Prints für Kate und Brant. Pinkfarbene Blumenmuster für Phoebe und Eric. Schickes Schwarz für Gabe und Michael.) Wir machten gemeinsame Hochzeitsgeschenke, auf deren Karten wir schrieben: »Alles Liebe, die Sow-Friedmans«. Natürlich kann man einer Freundin auch supernah sein, ohne auf Hochzeiten als Paar aufzutreten oder einander als Notfallkontakt anzugeben. Keine Echte Freundschaft gleicht der anderen. Aber so waren wir Wahlfamilie füreinander. Wir brauchten keine aufwendige Zeremonie, um der Welt zu erklären, dass wir ein Duo waren.

Unsere Entscheidung, als eine Familieneinheit auf Hochzeiten aufzukreuzen, war mehr als nur eine lustige Nummer. Es war die Fortsetzung unserer politischen Überzeugung, dass Freundschaft eine Beziehung ist, deren Bedeutung romantischen und familiären Bindungen in nichts nachsteht.

Laut der Historikerin Stephanie Coontz, die Ehe und Familienstrukturen in Amerika und Westeuropa untersucht, haben sich, während Gesellschaften über die Jahrhunderte ihre Definitionen von und Erwartungen an Familie und romantische Beziehungen veränderten, auch die Erwartungen an Freundschaft gewandelt. (Bis zu unserem Anruf hatte Coontz, die ihr Geld damit verdient, enge Beziehungen zu untersuchen, noch nie jemand danach gefragt, wie Ehe und Familienstrukturen Freundschaften beeinflussen!) Sie gab uns einen kurzen geschichtlichen Abriss darüber, wie mächtige Menschen in den westlichen Gesellschaften die Standards für Freundschaften gesetzt haben und wie Menschen aus anderen Klassen und ethnischen Gruppen oftmals ihre eigenen Variationen dieser Standards entwickelten.

Im 16. und 17. Jahrhundert wurden Ehen meist arrangiert, um politische oder ökonomische Allianzen zu schmieden oder um gemeinschaftliche Solidarität zu schaffen. »Wenn später noch Liebe hinzukam, war das schön, aber sie wurde nicht als ein guter Grund für eine Ehe betrachtet«, sagt Coontz. »Daher waren Freundschaften für die Menschen etwas ganz anderes und womöglich emotional zentraler als heute.«

Im späten 18. und im 19. Jahrhundert, als es üblich wurde, aus Liebe zu heiraten, begannen die Leute aus der Mittelschicht sich zu sorgen, ein Paar würde keinen Grund mehr sehen, verheiratet zu bleiben, sobald ihre Zuneigung sich verflüchtigte. Während immer mehr Männer außerhalb des Hauses arbeiteten, waren die Frauen nun verantwortlich für das häusliche Leben, und die Theorie der separaten Sphären kam auf. Dies war eine frühe Version der These, Männer stammten vom Mars und Frauen von der Venus, mit jeweils unterschiedlichen Fähigkeiten und gesellschaftlichen Rollen. Nun sollten alle Männer ehrgeizig, hartgesotten und interessiert an öffentlichen Angelegenheiten sein. Von Frauen dagegen erwartete man, dass sie sexuell rein, emotional und fürsorglich waren. Wenn Männer und Frauen zwei Seiten einer Medaille sind, so lautete die Theorie, dann mussten sie heiraten und verheiratet bleiben, um auch Zugang zu den angeblich angeborenen Eigenschaften des anderen Geschlechts zu bekommen. *Du vervollständigst mich.* »Das führte also zu dieser intensiven Romantisierung des anderen Geschlechts«, erklärt Coontz, »aber es ebnete auch den Weg für ein wahres Aufblühen von Mann / Mann- und Frau / Frau-Freundschaften, da dies die Personen waren, mit denen man angeblich alles gemeinsam hatte.«

In Briefen aus dem 19. Jahrhundert bezeichnen Frauen untereinander Männer manchmal als »das gröbere Geschlecht«. Freundschaften, nicht romantische Beziehungen, waren der Ort, an dem Frauen sich frei fühlten, sie selbst zu sein und ihre Emotionen zum Ausdruck zu bringen. Und intensive Frauenfreundschaften, selbst solche, die heute erotisch erscheinen mögen, wurden akzeptiert, da Frauen als so rein galten, dass sie niemals Sex miteinander haben würden, selbst wenn sie die ganze Nacht im selben Bett schliefen. Wenn eine Frau bekannte, sich in eine andere Frau verguckt zu haben, wurde das nicht als Kommentar über ihre Sexualität gewertet. »Auch Männer hatten sehr intensive Freundschaften«, sagt Coontz. Sie weist auf Briefe hin, in denen Männer, die sich als heterosexuell verstanden, »schrieben, sie träumten davon, mit dem Kopf friedlich auf die Brust ihres guten Freundes gebettet einzuschlafen«. Diese Vorstellung von Männern und Frauen als Gegensätze hatte jedoch eine abschreckende Wirkung auf Freundschaften zwischen Männern und Frauen.

Gegen Ende des 19. Jahrhunderts begannen Amerikaner*innen der Mittelschicht zu erkennen, dass diese Ideen es Männern und Frauen erschwerten, intime Ehen aufzubauen. Nach und nach übernahmen sie also die Praxis des Datings, die in der Arbeiter*innenklasse bereits zuvor aufgekommen war. Es wurde nun akzeptabler für Frauen, in der Öffentlichkeit aufzutreten, gar arbeiten zu gehen. Dies führte zum Aufstieg der sogenannten »Kameradschaftsehe«. Es war noch nicht die Ära von »Ich habe meinen besten Freund geheiratet«, aber es wurde üblich, dass Frauen und Männer gemeinsam etwas unternahmen – wobei der Schwerpunkt allerdings immer noch darauf gelegt wurde, dass die Frauen sich den Interessen der Männer anpassten – und ein beidseitig erfüllendes Sexualleben anstrebten. Ironischerweise hatte dieser neue Fokus auf die Sexualität zur Folge, dass Verhaltensweisen unter Personen desselben Geschlechts, die zuvor noch als rein freundschaftlich gegolten hatten – wie Händchenhalten oder auf der Brust seines guten Freundes einschlafen –, nun sexuell aufgeladen wurden. Das versetzte engen gleichgeschlechtlichen Freundschaften einen schweren Schlag, die plötzlich weniger akzeptiert waren, da sie als Bedrohung für die romantische Partnerschaft zwischen Mann und Frau angesehen wurden.

»Im frühen 20. Jahrhundert [gab es] eine enorme Kampagne von sogenannten Experten gegen die Vorstellung von mädchenhaften Verknalltheiten, die zuvor als vollkommen akzeptabel und einfach unterhaltsam angesehen worden waren«, so Coontz. »Und Männer sahen sich verdächtigt, wenn sie wie früher gemeinsam die Straße entlangliefen und dabei dem anderen den Arm über die Schulter legten.« Frauen in engen Beziehungen zu anderen Frauen konnten nun als Lesben bezeichnet werden – und einige von ihnen waren zweifellos tatsächlich Lesben. Das Ganze fand statt, bevor die Schwulen- und Lesbenbewegung das Outen sicherer gemacht hatte. Es ist manchmal wirklich schwer zu sagen, welches historische Freundespaar tatsächlich platonische Kumpel, welches eigentlich romantische Partner*innen und welches irgendetwas dazwischen war.

Einige der alten Vorstellungen über die Unterschiede zwischen den Geschlechtern überdauerten, was Frauen auf der Suche nach Freundschaft widersprüchliche Botschaften vermittelte: Bau enge Beziehungen zu anderen Frauen auf (du bist für Freundschaft geschaffen), aber nicht zu enge (du willst nicht als Lesbe gelten), nutze diese Freundschaften als Unterstützung bis zu dem Tag, an dem du einen Mann zum Heiraten findest, und gib sie dann mit deinem Hochzeitstag auf, da von dir fortan erwartet wird, dass du dich ausschließlich Heim und Herd widmest. Coontz befragte viele Frauen, die in den fünfziger und sechziger

Jahren aufwuchsen und ihr berichteten, dass ihre Jugendfreundschaften mit anderen Frauen sich ausschließlich darum gedreht hätten, einen Ehemann zu finden. Diese Frauen brachten ihre Traurigkeit darüber zum Ausdruck, dass sie, sobald alle verheiratet waren, kaum noch Gesprächsthemen mit ihren alten Freundinnen gehabt hätten.

»Das war also der wahre Tiefpunkt in der Geschichte der Frauenfreundschaften«, erklärt Coontz, »und Männerfreundschaften waren bis dahin natürlich praktisch vom Tisch. Von Männern wurde verstärkt erwartet, dass sie sich jegliche emotionale Unterstützung von ihren Ehefrauen holten und nicht von anderen Männern.« Ab den siebziger und achtziger Jahren, als Frauen der Mittelschicht wieder ins Arbeitsleben eintraten und politische und ökonomische Freiheit anstrebten, begannen sie, sich der Vorstellung zu widersetzen, sie sollten ihre Freundschaften fallenlassen, sobald sie verheiratet waren. Und Menschen aller Gender versuchten herauszufinden, wie leidenschaftliche romantische Liebe mit leidenschaftlichen freundschaftlichen Verbindungen koexistieren konnte.

Für uns ist offensichtlich, dass wir als Gesellschaft heute noch immer daran arbeiten. Wir bemühen uns, eine Menge veralteter Vorstellungen darüber zu verwerfen, was es bedeutet, ein Mann oder eine Frau, ein*e Freund*in oder ein*e Ehepartner*in zu sein. Auf persönlicher Ebene wollten wir beide schon immer unabhängige Frauen sein, in deren Gesprächen sich nicht alles um Männer dreht. Wir möchten, dass Menschen aller Gender frei sind, die tiefe Freude enger Freundschaften zu erfahren. Wir wünschen uns ein unterstützendes Netzwerk aus Freund*innen, erfüllende romantische Beziehungen und starke Familienbande – während wir unseren eigenen Kurs in der Welt noch abstecken.

Ganz schnell und einfach waren wir also bald in jeden Bereich des Lebens der anderen verstrickt. Wir hatten das Gefühl, es gebe kein einziges Geheimnis zwischen uns. Dieses Gefühl ließ sich nur in Abwesenheiten begreifen: die Abwesenheit von Missverständnissen, die Abwesenheit von Scham oder Angst, der anderen etwas mitzuteilen, die Abwesenheit von Unsicherheit. Es war nicht so, dass wir uns bewusst schworen, für immer miteinander befreundet zu bleiben. Stattdessen akzeptierten wir eine tief in uns steckende Wahrheit, dass unser Leben von diesem Punkt an die andere für immer umfassen würde. Alles andere war unvorstellbar.

Wie es eine oberflächliche Version unserer Entstehungsgeschichte gibt, so gibt es auch eine oberflächliche Geschichte über die Wahlfamilie. Wenn wir an unsere eigene Wahlfamilie und deren Zukunft dachten, zogen wir nur die guten Teile in Betracht. Wir dachten nie länger darüber nach, was Wahlfamilie bedeuten mochte, falls – oder, realistischer gesehen, *wenn* – es einmal schwierig wurde. Von einer Familie, ob selbst gewählt oder nicht, ohne einen einzigen Streit oder lange schwelenden Groll haben wir bislang noch nie etwas gehört. Familien sind Quellen der Liebe und Unterstützung, aber sie bergen auch Momente, die sich durch Enttäuschung und Unbehagen auszeichnen. Die meisten Familien haben nicht nur wundervolle Rituale, sie haben auch destruktive Muster.

Das kam uns damals noch nicht einmal in den Sinn. Während unserer ersten gemeinsamen Jahre haben wir uns nie – wirklich nicht ein einziges Mal – wegen irgendetwas Trivialem gestritten. Selbst wenn man uns gedrängt hätte, hätten wir keinen einzigen Fehler der anderen benennen können. Wir waren noch nicht auf die Probe gestellt worden. Wir untersuchten nicht, *warum* unsere Freundschaft so gut funktionierte. Wir dachten nicht darüber nach, welche langfristigen Folgen es hatte, wenn wir einander als Familie bezeichneten. Wir genossen es einfach.

Und für den Augenblick war das auch in Ordnung.

VIER

Ich kann nicht glänzen,
wenn du nicht glänzt

Aminatou erinnert sich noch an den Tag, an dem einer ihrer Chefs ihr erklärte, er wolle nicht ihr Mentor sein.

Sie war in seinem Büro des Thinktanks, ein vollgestopftes Zimmer, in dem überall Kisten herumstanden und Kleidung aus der Reinigung an der Tür hing. Aminatou hatte sich auf dieses Gespräch mit ihm gefreut, da sie glaubte, er würde endlich ein Interesse an ihrer Arbeit zeigen und sie zu neuen Zielen ermutigen. Stattdessen sagte er jedoch sinngemäß, sie sei auf die falschen Schulen gegangen, Frauen würden sich in der Politik nicht profilieren, und es würde sich für ihn mehr lohnen, wenn er mit den Männern ihres Jahrgangs zusammenarbeitete. All dies erklärte er in einem solch beiläufigen, selbstverständlichen Tonfall, dass Aminatou eine ganze Weile brauchte, um zu begreifen, wie sexistisch er eigentlich war. Vor allem aber war sie besorgt. Bei ihrer Einstellung hatte man ihr zugesichert, ihren Visumsantrag zu unterstützen. Nun stellte sie diese Zusage jedoch infrage. Warum sollten ihre Chefs sich diese Mühe für eine Angestellte machen, die es noch nicht einmal wert war, einen Mentor zu bekommen?

Sie war auch niedergeschmettert bei dem Gedanken, was dies für ihre Karriere bedeutete. Bald fand sie jedoch heraus, dass sie nicht die Einzige war, der ein*e Mentor*in fehlte.

Ein paar Blocks entfernt war Ann regelmäßig frustriert über ihre eigenen Chefs, die selbst die ranghöchste Mitarbeiterin »Süße« nannten und die jüngeren Frauen im Büro manchmal wie ihre persönlichen Sekretärinnen behandelten. Als Ann den Mut zusammennahm, um einem der Gründer der Zeitschrift nahezulegen, er schenke den von Autorinnen vorgetragenen Ideen nicht genügend Aufmerksamkeit, erklärte er ihr abwehrend: »Meine erste Frau war in der Frauenbewegung!« Ann spuckte beinahe ihren Kaffee aus.

Auch wenn wir in unterschiedlichen Branchen arbeiteten, fühlten sich die frühen Tage unseres Berufslebens erstaunlich ähnlich an. Unsere Eltern hatten uns beigebracht, man gehe zur Schule, arbeite hart und steige dann Schritt für Schritt auf – allerdings stellte sich heraus, dass das weder auf uns noch auf unsere Freundinnen zutraf, als wir mitten in einer Rezession versuchten, unsere Karrieren in Gang zu bringen. Wir waren beide ehrgeizig, hatten jedoch nur wenige Vorbilder, an denen wir uns orientieren konnten.

In einer Studie, die niemanden überraschen wird, der sich jemals in einem Büro eines amerikanischen Unternehmens umgesehen hat, geben 63 Prozent aller Frauen an, sie hätten nie eine*n Mentor*in gehabt. Und das ist nicht nur ein Frauenproblem, es ist ein Generationenproblem. Eine Studie der Harvard Business School besagt: »Jede Person über vierzig, mit der wir sprachen, konnte eine*n Mentor*in in ihrem Berufsleben nennen, während jüngere Menschen dazu häufig nicht in der Lage waren.« Wir waren es leid, darauf zu warten, dass jemand Älteres und Weiseres uns dabei half, unseren Weg zu finden, also fingen wir an, uns an Gleichaltrige zu wenden, um Informationen über Jobs, Gehälter und Hindernisse auszutauschen. Über wässrigen Happy-Hour-Cocktails und Bar-Snacks, die als Abendessen herhalten mussten, begriffen wir langsam, dass alle einfach nur ihr Bestes gaben und etwas vorspielten, wo es nötig war.

Wir wussten, dass die ersten Jahre unserer beruflichen Karrieren gerade für uns als Frauen besonders wichtig sind. In dieser Zeit wird von uns erwartet, Erwerbskraft aufzubauen, da etwa ab dem Alter von fünfunddreißig Jahren – und mit Sicherheit, sobald man Kinder bekommt – der Einkommensunterschied zu den Männern rasant wächst. Wir verspürten die Dringlichkeit, uns eine Gehaltsgrundlage zu schaffen. Wir versicherten einander wieder und wieder, dass es okay sei, mehr zu wollen, mehr zu verlangen und darauf zu beharren, auch wenn wir uns dabei seltsam oder unsicher fühlten.

Wir suchen uns unsere Freundinnen zwar nicht danach aus, ob sie uns dabei helfen könnten, unsere Karrieren voranzubringen, aber die schmutzige kapitalistische Wahrheit ist die: Freundschaft ist der Ausgangspunkt einiger unserer größten beruflichen Sprünge gewesen. Wir sind Frauen, für die Arbeit einen großen Teil ihrer Identität darstellt, auf eine Weise, wie es für unsere beiden Mütter nicht der Fall war. Durch Freundinnen haben wir herausgefunden, welches Gehalt wir verdienen und wie man verhandelt, um es auch zu bekommen. Sie haben uns Trost gespendet, wenn unsere Chefs uns ausnutzten, und sie motivierten uns zum Weitermachen, wenn wir aufstiegen und selbst zur Chefin wurden und uns dabei wie eine Hochstaplerin fühlten.

Aminatou scherzt gern, wir hätten uns gegenseitig zum Erfolg geschoben, aber eigentlich ist es ganz einfach: Wir lieben und bewundern unsere Freundinnen so sehr, dass wir sie von der Welt respektiert und für ihre Anstrengungen belohnt sehen wollen. Wir wollen, dass unsere Freundinnen mehr für sich fordern. Und dass sie es auch bekommen.

Ein paar Monate nach jenem furchtbaren Gespräch über das Mentoring wurde Aminatou mitgeteilt, der Thinktank könne es sich nicht mehr leisten, sie weiter zu beschäftigen. Das war aus mehreren Gründen alarmierend, aber besonders, weil sie nun niemanden mehr hatte, der ihr Visum beantragen würde, was bedeutete, dass sie ihren legalen Aufenthaltsstatus im Land verlieren würde. Von ihrer Arbeitserlaubnis war nur noch ein Monat übrig, und sie hatte gerade erst einen Mietvertrag für ein Jahr unterzeichnet. Amerika war mittlerweile ihr Zuhause. Sollte sie abgeschoben werden, dann nach Guinea, ein Land, in dem sie noch nie gelebt hatte und von dem sie wusste, dass sie dort nicht sicher wäre. Sie war verzweifelt.

Zum Glück hatte sie sich im Laufe des vorangegangenen Jahres in Washington, DC, ein stabiles Netzwerk an Freund*innen aufgebaut. Sie schickte ihnen allen eine E-Mail, in der sie ihre Situation darlegte:»Es hätte zu keinem schlimmeren Zeitpunkt passieren können«, schrieb sie.»Die beste Möglichkeit für mich, im Land bleiben zu können, wäre eine feste Stelle. Wenn ihr irgendetwas wisst, sagt Bescheid. Wenn ihr Empfehlungen für eine Migrationsberatung oder eine*n Anwält*in habt, nehme ich diese auch gern entgegen, da ich meine Optionen im Detail mit irgendjemandem besprechen muss. Worst-Case-Szenario: Ich fliege irgendwann im November zurück nach Belgien und letztendlich weiter nach Guinea, bis ich von einer Grad School angenommen werde, was wahrscheinlich in Europa sein wird, da der amerikanische Traum allem Anschein nach zu viele $$$ kostet.«

Alle meldeten sich, um zu helfen. Selbstverständlich taten sie das. Innerhalb von Tagen hatte Aminatou einige vielversprechende Jobvorschläge. Während die Einwanderungsuhr tickte, grübelte sie darüber nach, wo genau sie hingehen sollte, falls Amerika sie ausschlösse. Eine weitere

Freundin stellte den Kontakt zu einem Anwalt her, der ihr mitteilte, sie habe einen glaubhaften Anspruch auf Asyl, und er erklärte sich bereit, ihren Fall ehrenamtlich zu übernehmen. Er erklärte, der Prozess werde sich lange hinauszögern, aber es sei möglich, dass sie am Ende Asyl bewilligt bekomme und im Land bleiben könne.

Wenn die erste Frage, die einem in Los Angeles gestellt wird, »Wie geht es dir?« ist und sie in New York »Wer bist du?« lautet, dann ist die erste Frage in Washington, DC, definitiv: »Was machst du?« Aminatou war arbeitslos, und sie war häufig umgeben von Menschen, die über ihre Schulter hinwegschauten, um nachzusehen, ob jemand Wichtigeres im Raum war. Es fiel ihr schwer, mit dem Urteil Fremder über ihre neue Lebenssituation umzugehen, allerdings hatte sie geglaubt, es würde sie noch viel schlimmer treffen. Vor allen Dingen verstärkte es ihr Gefühl, sie müsse sich mit Menschen umgeben, die sie nicht nur wegen ihres Lebenslaufs schätzten.

Selbst in jenen ungewissen Tagen war Aminatou nicht eifersüchtig auf ihre Freund*innen mit sicheren Jobs, da sie sich von ihnen so unterstützt fühlte. Klar, sie verdiente gerade kein Geld und tat auch nichts, was sie erfüllte, aber zumindest hatte sie ein starkes Team um sich. Sie wusste, dass sich die Kluft zwischen dem, wozu sie fähig war, und den ihr angebotenen Möglichkeiten eines Tages schließen würde. Es dauerte eben nur viel länger, als sie gedacht hatte. Und es war ja auch nicht so, als hätten ihre Freund*innen ihre eigenen Traumjobs schon gefunden.

Ann war es egal, ob Aminatou einen einflussreichen DC-Job hatte – oder überhaupt einen Job. Sie fand Aminatou brillant und beeindruckend! Um die Stimmung aufzulockern, witzelten wir, sie sei nicht »unemployed«, sondern »funemployed«, dennoch musste Aminatou gegen düstere

Vorahnungen ankämpfen. Mit Ann konnte Aminatou all ihre Ideen durchspielen, welchen beruflichen Pfad sie einschlagen sollte, sobald diese Visumsangelegenheit geklärt wäre, aber viel mehr konnte eine Freundin nicht ausrichten. Ihre Einwanderungssituation schwebte über ihr wie eine dunkle Wolke, und trotz des unermüdlichen Einsatzes und Optimismus ihres Anwalts war Aminatou überzeugt davon, das Land verlassen zu müssen.

Während ihr Antrag auf Asyl durch das Justizsystem gereicht wurde, bekam Aminatou eine neue Arbeitserlaubnis – zumindest ein kleiner Schritt –, und durch die Vermittlung einer Freundin, die bei einer Marketing-Firma arbeitete, wurde sie als Online-Analystin eingestellt.

Aminatou hatte sich immer einen Job gewünscht, in dem sie große Veränderungen bewirken und viele Menschen erreichen konnte. Sie hatte gedacht, sie würde sich bei Bankenrettungen einschalten und das Land vor dem wirtschaftlichen Zusammenbruch bewahren, aber nun sollte sie stattdessen Online-Trends für Domino's Pizza zusammenfassen, in Beautyforen herumhängen und einen Wettbewerb ausrichten, um das nächste Baby für die Anzeigenkampagne der Marke Gerber zu finden. Und die ganze Zeit betete sie, bloß nicht für den zwielichtigen republikanischen Klienten arbeiten zu müssen, der für den Kongress kandidierte. Es war nicht ihr Traumjob, und sie musste an ihrer Einstellung dazu arbeiten. Sie versuchte, das Gefühl abzuschütteln, dass die Stelle für sie einen Rückschritt bedeutete, und sich auf die Tatsache zu konzentrieren, dass sie dort einen neuen Bereich kennenlernen würde. Heute mag es altertümlich und lächerlich klingen, aber in den späten Nullerjahren stellten die Social Media bestimmte Berufe gerade komplett auf den Kopf. Manche etablierten Leute rümpften darüber die Nase, aber Aminatou erkannte rasch, dass es von Vorteil war, gut in etwas zu sein, das ihre Chefs vor ein Rätsel stellte und das sie sich selbst nicht aneignen wollten. Es bedeutete, dass *sie* die Expertin sein konnte.

Ein weiterer großer Vorteil war, dass sie nun mehr als doppelt so viel Geld verdiente wie bei dem Thinktank – wieder hatte sie verhandelt, und sie fragte auch bei jeder weiteren Gelegenheit nach einer Gehaltserhöhung. Aminatou lernte, wenn das Gegenüber einem das Geforderte, ohne mit der Wimper zu zucken, gab, hatte man wahrscheinlich nicht genug verlangt. Sie begann auch, die Männer in ihrem Leben zu fragen, was sie verdienten, und war schockiert, als ihr bewusst wurde, dass die meisten ihrer Freundinnen extrem unterbezahlt waren. Diese Männer waren nicht schlauer oder talentierter. Sie hatten lediglich mehr verlangt. Und meistens bekamen sie es auch. Aminatou wusste, dass dies ein Muskel war, den sie trainieren musste.

Auch Anns Arbeitssituation befand sich im Fluss. Sie war zur stellvertretenden Chefredakteurin aufgestiegen und begeistert, als die Zeitschrift einen neuen Chefredakteur anheuerte – einen, der Anns Fähigkeiten und Meinungen als seine Stellvertreterin wirklich respektierte. Eine Zeit lang sahen die Dinge ziemlich rosig aus. Aber als jener Chefredakteur seinen Weggang ankündigte, erklärten die Gründer der Zeitschrift Ann, sie werde nicht befördert, um seine Stelle zu besetzen. Ihr war bewusst, dass sie erst neunundzwanzig war, aber sie hatte bereits gesehen, wie junge Männer mit vergleichbarer Erfahrung die Chance bekamen, eine Zeitschrift zu leiten. Sie konnte sich nicht vorstellen, zu bleiben – weder bei der Zeitschrift noch in dieser Stadt –, wenn es kaum eine Chance für sie gab aufzusteigen.

Diese Erkenntnis war der Auslöser einer Phase, die von 2010 bis 2016 andauerte, in der beinahe jedes Jahr mindestens eine von uns umzog, kreuz und quer durch das ganze Land auf der Suche nach besseren Berufsaussichten. Wir zerstreuten uns in alle Himmelsrichtungen. Wenn wir gegen ein Hindernis stießen, das sich nicht überwinden ließ, schauten wir uns nach einem anderen Weg um. Manchmal wollten wir den Fokus unserer Arbeit verändern. Manchmal wollten wir eine Gehaltserhöhung oder eine bessere Position und mussten einsehen, dass wir diese bei unserem derzeitigen Arbeitgeber niemals bekommen würden. Die Hindernisse bestanden nicht nur in unseren Köpfen. Jahre später lasen wir einen Bericht, der auf Daten aus mehr als 600 Unternehmen basierte und offenlegte, dass Frauen mit geringerer Wahrscheinlichkeit intern befördert werden als Männer. Kein Wunder, dass wir beide das Gefühl hatten, hin und her springen zu müssen, um nach oben zu kommen.

In Anns Fall wusste diese, dass sie eine Veränderung brauchte – oder gleich mehrere große auf einmal. Sie war zwar gern Redakteurin, hatte aber seit ihrer Kindheit behauptet, sie wolle Autorin werden. Und auch wenn sie sich für Politik interessierte, war sie es leid, die trockensten Artikel über Meinungsverschiedenheiten innerhalb der Arbeiter*innenbewegung und die Feinheiten der Außenpolitik zu redigieren. Sie war nicht zuversichtlich, jemals einen Job als fest angestellte Journalistin zu ergattern. (Obwohl wir das nie erfahren werden! Sie hat sich um keinen einzigen beworben.) Also war es ihr trotz ihrer regelmäßigen Tiraden über Sexismus und Altersdiskriminierung am Ende ganz recht, die Beförderung zur Chefredakteurin nicht zu erhalten. Wenn sie ehrlich zu sich selbst war, wollte Ann ihre Dreißiger nicht mit einem Job beginnen, der nirgendwohin führte, in einer Stadt, die sie nie geliebt hatte.

Also kündigte sie.

Ihr Erspartes reichte zwar kaum, um bei Whole Foods

Snacks zu kaufen, aber es schien für sie an der Zeit, sich selbstständig zu machen. »Self-employed« klingt sogar noch besser als »funemployed«, oder? Sie hatte noch einen kleinen Redaktionsjob von ihrem vorherigen Arbeitgeber, der ihr für eine Weile die Miete sichern würde. Nun, da sie von überall aus arbeiten konnte, packte sie ihren verlässlichen Honda voll und brach in Richtung Austin, Texas auf – ein Umzug, der ihre Miete halbierte und sie aus DC herausbrachte.

Man könnte denken, dies hätte ein riesiges Problem für unsere Freundschaft dargestellt. Immerhin würde Ann nicht nur der Stadt den Rücken kehren, sondern auch ihrer Wahlfamilie. Aminatou hätte bestürzt darüber sein können, dass Ann beschloss fortzuziehen. Stattdessen unterstützte Aminatou den Umzug aus vollem Herzen, da sie verstand, was er für ihre Freundin bedeutete. Ann war mit DC nie richtig warm geworden, und Aminatou wollte, dass sie glücklich war. Sie wusste, dass Ann sich dasselbe für sie wünschen würde, dennoch weinte sie, als sie Ann davonfahren sah.

Nach nur ein paar Wochen Selbstständigkeit kämpfte Ann bereits gegen ihre Existenzangst an. Sie versuchte, sich auf das Positive zu konzentrieren – keine Chefs! Arbeiten ohne BH! –, aber sie konnte sich nicht vorstellen, wie sie es langfristig ohne einen Angestelltenjob schaffen sollte. Ihr Kontoauszug bestand ausschließlich aus Belastungen, ohne Gutschriften.

Dann erschien ein Deus ex Gmail. Die Nachricht kam von dem Gründer einer Zeitschrift in Los Angeles. Ob Ann daran interessiert sei, sich um den Posten der Chefredakteurin zu bewerben? Als Ann das las, schrie sie womöglich auf. Vielleicht schnappte sie auch nach Luft. Sie weiß es nicht mehr. Sicher ist nur, dass sie auf der Stelle Aminatou anrief. Das war eine Riesensache. Es handelte sich um eine Stelle in Kalifornien, dem Teil des Landes, in den sie schon immer hatte zurückkehren wollen – auch wenn sie damit Austin und ihr Freiberuflichkeitsexperiment nach nur einem Monat wieder aufgeben musste. Chefredakteurin zu sein war ein wichtiger Karrieresprung. Und noch mehr als das: Es war Anns Gelegenheit, zu beweisen, dass sie diesen Job auf Führungsebene besser erledigen konnte als all die Leute, für die sie in der Vergangenheit gearbeitet hatte. Sie war in gleichem Maße begeistert wie eingeschüchtert. Wie Aminatou kannte auch Ann den Frust von Unterforderung, und sie wusste, dass sie so viel mehr leisten konnte. Sie wollte diese Chance nicht vermasseln.

Ann hatte sich auf Aminatou stets nicht nur als enge Freundin verlassen, sondern auch als eine Person, an die sie sich für professionellen Rat und Unterstützung wenden konnte. Diese berufliche Chance bot eine ganze Reihe an neuen Herausforderungen, und von dem Augenblick an, in dem sie die E-Mail gelesen hatte, stützte sich Ann mehr als je zuvor auf Aminatou. Bei einem kurzen Telefongespräch mit ihrem potenziellen neuen Arbeitgeber erfuhr Ann, dass der Job die Aufsicht über ein Millionen-Dollar-Budget, das Entwickeln einer neuen redaktionellen Strategie, die Anstellung eines ganzen Teams aus Redakteur*innen sowie Autor*innen und letztlich die Verantwortung dafür, Tausende neue Leser*innen anzulocken, beinhaltete. Ihre Freund*innen versicherten ihr, dass sie all das selbstverständlich hinkriegen könnte, klaro – tatsächlich sei sie sogar die perfekte Person für diesen Job. (Rückblickend betrachtet hatte Ann allen Grund, besorgt zu sein. Das waren gleich sechs Jobs in einem!)

Eine Woche später flog Ann zum Vorstellungsgespräch nach Los Angeles, das sich als eine den ganzen Tag andauernde Reihe von Meetings mit jeder einzelnen Person in dem kleinen Unternehmen herausstellte, ohne auch nur eine Toilettenpause. Irgendwann forderte der Gründer sie auf, völlig unvorbereitet ein redaktionelles Organigramm auf ein Whiteboard im Versammlungszimmer zu zeichnen. Am Ende des Tages, als Schweißflecken die Achseln ihrer Boss-Lady-Seidenbluse umringten, rief Ann Aminatou in Tränen aufgelöst aus ihrem Mietwagen an, da sie sicher war, es verbockt zu haben und niemals ein Jobangebot zu bekommen. Auch noch später an jenem Abend, als ihr Bekannter in der Belegschaft ihr mitteilte, alle hätten sie gemocht, glaubte Ann ihm nicht.

Ein paar Tage darauf bekam sie jedoch das Angebot. Ann nahm sich eine Sekunde zum Feiern und atmete dann tief durch, um Kraft zu schöpfen. Es war nun an der Zeit, zu verhandeln.

Mit dem Selbstbewusstsein einer Person, die ständig Karriereratgeber liest und *Shark Tank* im Fernsehen sieht, versicherte Aminatou Ann, dieser Job bringe ein Level an Verantwortung mit sich, das eine sechsstellige Summe rechtfertige. Außerdem sollte Ann dafür sorgen, dass ihre Umzugskosten übernommen würden, und eventuell auch einen einmaligen Antrittsbonus verlangen.

Ann: Ich weiß noch nicht mal, wie man nach einem Antrittsbonus fragt!
Aminatou: Süße, ich bekomme erst seit kurzem mehr als 35 k. Müssen wir Suze Orman auf Twitter um Rat bitten?

Darin unterscheiden sich enge Freundinnen von Mentor*innen oder Vertrauten am Arbeitsplatz: Ann sah in Aminatou keinen Guru, der alles über die Kunst der Verhandlung im Arbeitsleben wusste. Wichtig war für Ann, dass Aminatou ihr in ihrer Verwirrung zur Seite stand. Tatsächlich hatte Aminatou selbst erst kürzlich von ihrem Freund Antoine erfahren, was ein Umzugsbonus überhaupt ist.

> **Antoine**: Verlang doppelt so viel. Sie werden nein sagen, wenn sie es sich nicht leisten können. Oh, und frag auch nach einem Umzugsbonus!
> **Aminatou**: Ein Bonus fürs Umziehen??? SO WAS GIBT'S?? Wie kommt es, dass Männer einfach davon ausgehen, dass ihnen all dieses Zeug zusteht, nach dem wir uns nicht zu fragen trauen? MERCI BB

Angefeuert durch Aminatou und ihre anderen Freundinnen entschied Ann, dass sie das unvorstellbare Jahresgehalt von ... *[RuPaul-Stimme]* 100 000 Dollar verlangen würde. Aminatou konnte sich das Lachen nicht verkneifen, wann immer wir die Summe laut aussprachen, aber sie war stolz auf Ann, weil diese verlangte, was sie wert war. Am nächsten Tag schickte Ann Aminatou und den anderen Freund*innen, die ihr bei der strategischen Planung geholfen hatten, eine E-Mail:

> *Ich habe den Job gerade angenommen. Ich habe um das $ 100 k-Gehalt gekämpft und es bekommen (plus $ 2500 für Umzugskosten und einen $ 10 k-Bonus, wenn ich die Traffic-Ziele erreiche).*
>
> *Ich fange am 1. April an. Ohne euch hätte ich das niemals geschafft!!!*
>
> *Liebste Grüße*
> *Ann Friedman*
> *Chefredakteurin*

Was für ein Nerd.

Dann kam eine Panik ganz anderer Art auf: Es ging nicht mehr darum, ob sie den Job bekommen oder wie viel man ihr dafür bezahlen würde, sondern ob sie tatsächlich in der Lage wäre, ihn gut zu machen. *Und wenn ich nun versage?* Die Frage lauerte ständig in ihrem Hinterkopf. Aber Ann machte sich daran, Budgets und Personalpläne auszuarbeiten, und schlief jeden Abend mit ihrem Laptop im Bett ein.

Während Ann lernte, wie man sich als »selbstbewusste, fähige Chefin auf Managementebene« ausgab, war Aminatous Rat unbezahlbar. Wenn wir nicht mehr weiterwussten, zitierte Aminatou stets unser Mantra: *Fake it till you make it*. Ann hatte noch jahrelang Zeit, um ihre Fähigkeiten in der Budget- und Personalplanung zu perfektionieren. Nun kam es darauf an, immer weiter nach vorn zu drängen und einfach ihr Bestes zu geben. Ann wusste, dass sie auf dem Papier für ihren neuen Job qualifiziert war. Und sie wusste, dass sie ihn auch tatsächlich in der Praxis ausüben konnte, da ihre Freundinnen bei jedem ihrer Schritte an ihrer Seite sein würden.

»Ohne dich würde ich das niemals schaffen!«, heulte Ann vor Dankbarkeit.

»Ich kann nicht glänzen, wenn du nicht glänzt«, erklärte Aminatou ihr.

Irgendwann fingen wir dann an, es Shine Theory zu nennen.

Noch bevor wir den Begriff »Shine Theory« verwendeten, stellte er bereits ein Funktionsprinzip unserer Freundschaft dar. Wir definierten Shine Theory als eine langfristige Investition, bei der wir einer Freundin dabei helfen, die beste Version ihrer selbst zu sein – und im Gegenzug auch auf ihre

Unterstützung bauen. Es ist die bewusste Entscheidung, uns voll und ganz in unsere Freundschaften einzubringen und sie nicht von Unsicherheit oder Neid zerstören zu lassen. Dabei kultivieren wir aktiv ein Gefühl echten Glücks und echter Aufregung, wenn unsere Freundinnen erfolgreich sind, und des Beistands, wenn sie es nicht sind.

Shine Theory ist einer der Gründe dafür, weshalb Aminatou Anns Entscheidung, aus DC fortzuziehen, unterstützte. Sie erklärt, weshalb Ann bei jedem Schritt an Aminatous Seite war, als diese ihre Visumssituation zu lösen versuchte. Wir wollten das Beste füreinander. Wann immer eine Freundin uns ermutigt hat, eine lebensverändernde Entscheidung zu treffen, von der wir schon seit Ewigkeiten reden, oder uns sanft gedrängt hat, uns eine*n Therapeut*in zu suchen, oder uns dabei unterstützt hat, einen Job ohne Aufstiegschancen zu kündigen, praktizierte sie Shine Theory. Sie wollte, dass wir so hell leuchteten, wie es uns möglich war. Und das Beste für unsere Freundinnen zu wollen, hat uns oftmals dazu veranlasst, auch für uns selbst nach Besserem Ausschau zu halten.

Shine Theory lässt sich auf jeden Bereich des Lebens anwenden, in dem unsere Ambitionen liegen, vom häuslichen bis zum beruflichen. Wenn es uns besonders wichtig ist, ein Ziel zu erreichen – eine Beförderung zu bekommen, eine Familie zu gründen, eine Fähigkeit zu erlernen –, fühlen wir uns häufig automatisch mit anderen im Wettstreit. Wir fangen an, die Welt als eine Reihe von Ranglisten zu begreifen. Shine Theory verlangt von uns, diesen Impuls der Konkurrenz durch einen der Kollaboration zu ersetzen.

Um Shine Theory am deutlichsten in Aktion zu sehen, muss man einen Blick auf die Arbeitswelt werfen. Nachdem wir über Jahre beobachtet hatten, wie männliche Gleichaltrige beim Einstieg in die Karriererakete Priorität hatten, während wir an der Rampe in Bereitschaft standen, hörten wir auf, dies als ein persönliches Versagen unsererseits zu verinnerlichen. Gemeinsam wurden wir skeptisch gegenüber Gatekeepern und entschieden, dass wir weiterkommen würden, wenn wir einander halfen. Wir teilten unsere Kontakte und Ressourcen, gaben einander Bestätigung, wenn wir uns von Chef*innen behindert fühlten, die unseren Wert nicht erkannten, und entwickelten gemeinsam Strategien, um das höchstmögliche Gehalt zu bekommen. Wir brachten eine Brautparty-ähnliche Energie auf, wenn wir von der Beförderung einer Freundin erfuhren, und reagierten auf Gehaltserhöhungen mit Freudenjauchzern.

Shine Theory ist besonders nützlich für Menschen, die nicht so aussehen wie die üblichen Power Player in ihrer Branche. Bei marginalisierten Personen herrschte lange das Gefühl vor, wenn auch bloß auf einer unterbewussten Ebene, dass es für uns nur eine begrenzte Anzahl an Positionen an der Spitze gebe. Habt ihr jemals einen Stimmzettel gesehen, auf dem mehr als 50 Prozent Frauen standen? Oder eine Vorstandsetage in einem der umsatzstärksten Unternehmen voller People of Color? Dieser Mangel an Repräsentation hat eine beherrschende Knappheitsmentalität erzeugt: die Vorstellung, dass es nur wenige tolle Jobs gibt und man mit jenen Menschen konkurrieren muss, die so aussehen wie man selbst, um einen von ihnen zu bekommen.

In unserer Freundschaft ist es nicht übertrieben zu behaupten, dass wir niemals auch nur einen Hauch von beruflichem Neid verspürt haben. Zugegeben, wir hatten stets unterschiedliche Karriereziele und haben uns nie für denselben Job beworben, was es sicherlich einfacher gemacht hat. Aber wir möchten gern glauben, dass unsere Unterstützung füreinander selbst unter anderen Umständen ebenso unerschütterlich geblieben wäre. Wir wissen, dass wir schneller aufsteigen, weiter kommen und mehr Spaß haben werden, wenn wir es gemeinsam tun.

Das ist im Grunde keine radikale Idee. Tatsächlich ist es die Basis vieler altbewährter Systeme. Das Organisationsprinzip teurer Privatschulen etwa besteht darin, dass mächtige Menschen noch mehr Macht bekommen, indem sie über Jahrzehnte hinweg enge Beziehungen zueinander aufbauen. Auch bei den sprichwörtlichen Altherrenclubs geht es genau darum. Wichtig ist nicht, wer du bist, sondern wen du kennst. Wir nehmen diese Idee auf und wenden sie auf das Teilen und nicht auf das Horten von Macht an.

In welchem Bereich wir sie auch praktizieren, Shine Theory beginnt stets damit, dass wir Vergleich und Konkurrenz nicht nachgeben, sondern stattdessen versuchen, ein Band und eine Beziehung zu knüpfen. Wenn wir merken, dass eine Person etwas zu besitzen scheint, das wir uns wünschen, dann lassen wir sie nicht zu einem externen Barometer für unsere Gefühle gegenüber uns selbst werden, sondern arbeiten daran, eine potenzielle Verbündete in ihr zu sehen. Uns ist bewusst geworden, dass es jemandem, der uns schlechtmacht oder uns als Konkurrentin angreift, meist an Selbstbewusstsein oder Unterstützung fehlt. Dann versuchen wir, diejenigen zu sein, die den ersten Schritt unternehmen und die Bereitschaft signalisieren, uns für eine Zusammenarbeit anzustrengen. Wir versuchen uns vor Augen zu führen, wie weit wir gemeinsam kommen könnten.

Beachtet bitte, dass wir »versuchen« schreiben. Es kann manchmal schwer sein, insbesondere wenn man noch am Anfang der eigenen Karriere steht und das Gefühl hat, die wenigen Gelegenheiten und Beziehungen, die man hat, für sich behalten zu müssen. Ann kann sich noch gut an den Stachel der Eifersucht erinnern, den sie spürte, als sie sich

als faktencheckende Praktikantin an ihrem Schreibtisch ab-
rackerte und sah, dass eine Frau in ihrem Alter eine Titel-
geschichte für das *New York Times Magazine* geschrieben
hatte. *Was hat sie, was ich nicht habe?*, regte Ann sich insgeheim auf. Wie hatte diese Frau es geschafft, solch einen
Traumjob zu ergattern, während Ann noch immer Lehrgeld
zahlen und die Fakten anderer Autor*innen überprüfen
musste?

Eine ältere und weisere Ann würde ihrem jüngeren Ich
raten, die E-Mail-Adresse dieser Titelgeschichtenautorin
herauszufinden, ihr zu gratulieren und sie einfach zu *fragen*, wie sie es geschafft hatte. Das wäre eine Möglichkeit
gewesen, einen kleinen Anfall von Ärger in eine positive
berufliche Verbindung zu verwandeln. Selbst wenn sie am
Ende mit der anderen jungen Frau keine Freundschaft geschlossen hätte, hätte Ann womöglich mehr Informationen
darüber erhalten, wie ihre Branche funktionierte – was
wirklich wertvoll gewesen wäre zu einem Zeitpunkt in ihrer
Karriere, als sie über nur wenige Kontakte und keinerlei In-
siderwissen verfügte. Und wer weiß? Vielleicht wären sie
und jene Frau ja sogar Freundinnen geworden.

Das Leben ist kein Spiel, bei dem nur eine oder einer ge-
winnt und alle anderen verlieren. Bloß in einigen speziellen
Situationen ist es tatsächlich ein Nullsummenspiel. Manchmal standen wir in direktem Wettstreit mit einer Person,
die wir lieber als Kollaborateurin gehabt hätten. Aminatou
wurde einmal bei einer Beförderung übergangen, die stattdessen an eine junge Frau ging, mit der sie nicht immer
einer Meinung war. Ihre Positionen innerhalb der Firma
brachten sie häufig in Uneinigkeit darüber, wie Ressourcen
am besten zu verwenden wären, und sie hatten sehr unterschiedliche Arbeitsstile. In der sexistischen Version dieses
Films hätten sie nach jedem Meeting »Was für eine blöde

Kuh« gemurmelt. In Wirklichkeit fanden sie einen Weg zusammenzuarbeiten, und als diese Frau später erneut befördert wurde, setzte sie sich dafür ein, dass Aminatou ihre vorherige Stelle bekam. Es ist möglich, sich zu wünschen, anstelle einer anderen Person für einen Job ausgewählt oder befördert zu werden, und trotzdem eine Anhängerin der Shine Theory zu bleiben – solange man die Dinge sachlich betrachtet.

Shine Theory versagt nicht, wenn einem Eifersucht oder Neid hin und wieder einen Stich versetzen, es kommt darauf an, wie man auf diese Gefühle reagiert. Auch wenn man nicht mit jeder Person, die man kennenlernt oder von der man hört, eine lebenslange unterstützende Verbindung eingeht – und das wird man höchstwahrscheinlich nicht –, kann Shine Theory einem dabei helfen, weiterzumachen und nicht im eigenen Groll zu schmoren.

Einige Menschen werden euch einreden wollen, dass ihr euren Vorteil verspielt, wenn ihr euer erworbenes Wissen teilt. Das stimmt einfach nicht. Shine Theory hat uns unseren Zielen nur näher gebracht. Wir haben so viel dadurch gewonnen, dass wir Informationen teilten, die unseren Freundinnen zu neuen Jobs, mehr Geld oder Lösungen für knifflige Arbeitsprobleme verhalfen. Der Psychologe Adam Grant fand heraus, dass Menschen, die sich nicht davor scheuen, ihr Wissen und ihre Ressourcen mit anderen in ihrer Community zu teilen, langfristig mit größter Wahrscheinlichkeit erfolgreich sind.

Und machen wir uns nichts vor, Shine Theory ist ein Langstreckenlauf. Zu Beginn unseres Berufslebens, als wir weder über viel Macht noch über viele Ressourcen verfügten, bestand ihre Umsetzung meist darin, Mitgefühl füreinander zu zeigen und gemeinsam Strategien zur Bewältigung unserer Probleme zu entwickeln. Heute, da wir älter und etablierter sind, haben wir noch immer nicht auf alles eine Antwort. Aber wir haben mehr Beziehungen, mehr Erfahrung und mehr finanzielle Sicherheit gewonnen – was dazu führt, dass wir einander auf bedeutsamere Weise helfen können. Wir sind nun in der Position, einander sogar noch besser zu unterstützen.

Shine Theory hat unseren Ehrgeiz nicht neutralisiert – ganz im Gegenteil. Wir sind zwar Frauen, die nur dann rennen, wenn es irgendwo brennt, hoffen jedoch trotzdem, dem Beispiel der Langstreckenläuferin Shalane Flanagan zu folgen. Nachdem sie 2017 den New-York-City-Marathon gewann, wurde berichtet, dass sie gemeinsam mit elf anderen Läuferinnen trainiert hatte. Denn Flanagan hatte einen Bedarf erkannt: Es gab keine Gemeinschaft von Langstreckenläuferinnen, die meist nach dem College einzeln in die Szene platzten und dann rasch wieder verglühten. Als eine der wenigen Frauen in ihrem Sport mit anhaltendem Erfolg hätte Flanagan ihren einsamen Platz an der Spitze genießen können. Stattdessen machte sie sich jedoch daran, ihren potenziellen Konkurrentinnen zu helfen, indem sie ihnen von Trainingstipps bis zu aufmunternden Worten alles Mögliche anbot. Seitdem hat es jede Einzelne von ihnen zu den Olympischen Spielen geschafft. Die *New York Times* nannte es den »Shalane-Effekt«. Flanagan erschuf sich eine Kohorte und wurde dadurch selbst zu einer besseren Läuferin. Sie beweist, dass man hyperkompetitiv sowie in Bestform und zugleich eine phantastische Unterstützerin und Kollegin sein kann. Und es zahlt sich doppelt und dreifach aus: »Wenn wir Großes allein erreichen, fühlt es sich nicht mal annähernd so besonders an«, erklärte sie gegenüber der *Times*.

Flanagan ist auch ein großartiges Beispiel dafür, weshalb Shine Theory über reines Netzwerken hinausgeht. Sie hätte jenen anderen Läuferinnen einfach auf den Rücken klopfen, ihnen »Viel Glück« wünschen und sich dann einer Gruppe männlicher Läufer anschließen können – was das Äquivalent zum Austausch von E-Mail-Adressen bei einer langatmigen beruflichen Konferenz gewesen wäre, wonach keine sich bei der anderen meldet. Stattdessen investierte sie sichtbar etwas von ihrer Zeit und ihrem Wissen. Bei Shine Theory geht es weder darum, nur Kontaktinfos zu sammeln, noch darum, zu versuchen, jeder einzelnen Person zu helfen, der wir über den Weg laufen, denn wenn man es richtig macht, ist es einfach nicht möglich, in so viele Menschen spürbar zu investieren. Deshalb betonen wir stets, dass Shine Theory ein gegenseitiger, nachhaltiger Einsatz auf lange Sicht ist.

Einer der erfüllendsten Aspekte unserer Beziehung ist die Tatsache, dass sie uns dazu angespornt hat, zu wachsen und zu besseren Menschen zu werden. Und nicht nur wir schätzen diese Facette von Freundschaft. Eine Studie der Northwestern University zeigte, dass Menschen bevorzugt Freundschaften mit anderen eingehen, die ihnen dabei helfen können, ihre eigenen Ziele zu erreichen. Dabei ist ihnen nicht einmal bewusst, dass sie danach auswählen. In der eigenen Freundin etwas zu sehen, was man selbst erreichen möchte, kann einem dabei helfen, der Person näher zu kommen, die man sein möchte. Wir sind uns ziemlich sicher, dass dies einen Teil des Funkens ausmachte, den wir am Abend unserer ersten Begegnung spürten.

Eine erfolgreiche Frau, die Aminatou zutiefst bewundert, hat ihr einmal einen Rat gegeben, den sie sich zu Herzen genommen hat: Wann immer du eine Stufe weiter nach oben kommst – etwa, wenn du eine Beförderung annimmst, einen extravaganten Urlaub machst, den du dir nun endlich leisten kannst, oder bei den Grammys auftrittst –, achte darauf, welche Leute dich umgeben. Du darfst nicht nur von Menschen umgeben sein, die du erst seit zwei Jahren kennst.

Es war der Appell, die eigenen Leute mitzunehmen. Leute, die wissen, wo man herkommt. Leute, die wissen, für welche Werte man steht. Leute, die einen hinterfragen, wenn es nötig ist. Also die Menschen, die einem helfen werden, mit der Macht und den Ressourcen, über die man verfügt, die besten Entscheidungen zu treffen. Es sind auch diejenigen, mit denen man seinen neu erzielten Erfolg feiern möchte. Aus diesem Grund waren wir immer Fans der Serie *Entourage*, trotz des beschissenen Machoverhaltens, das diese zeigte. Wir sehen mit Vergnügen dabei zu, wie Menschen gemeinsam aufleuchten.

Wir bezeichnen es als Theorie, dabei ist es eigentlich eine Praxis. Es ist nicht nur etwas, das wir sagen. Es ist auch etwas, das wir tun.

Shine Theory kommt oftmals dadurch zum Ausdruck, dass wir Ressourcen, Kontakte und Gelegenheiten miteinander teilen. Eines der hilfreichsten Dinge, die wir füreinander tun können, ist das Herstellen eines Kontakts zu einer dritten Person. Aminatou fand den Job, der ihr erlaubte, in den Vereinigten Staaten zu bleiben, dank einer wichtigen Information von einer Freundin. Und Ann bekam ihren Traumjob in Los Angeles nur, weil ein Freund sie vorschlug. Wenn wir ein Angebot ausschlagen, empfehlen wir immer jemand anderen aus unserem Netzwerk weiter. Und wenn wir über eine ausreichende Bandbreite verfügen, versuchen wir bewusst, unsere Kolleginnen zusammenzubringen, um über ihre Karrieren zu sprechen. Ann und eine andere junge Redakteurin luden eine Zeit lang zu einer Happy Hour für Journalistinnen in DC ein; Aminatou startete gemeinsam mit einer Freundin einen E-Mail-Verteiler für Frauen in Technologieberufen, um einander bei der Jobsuche und bei technischen Problemen zu helfen. Wir praktizieren beide »Ask and Offer«, eine Strategie, die wir von Natalia Oberti Noguera, der Gründerin von Pipeline Angels, gelernt haben und die uns auffordert, konkret zu benennen, was wir brauchen, und gleichzeitig zu artikulieren, was wir im Gegenzug anbieten können. Das hilft uns dabei, das Um-Hilfe-Bitten von seinem Stigma zu befreien, und zwingt uns, zu überlegen, welches Wissen wir mit anderen teilen können.

Shine Theory geht auch einher mit Transparenz, da man unmöglich die nächste Stufe erreichen kann, ohne zu wissen, wo man gerade steht. Dazu wurde sogar ein Fall vor dem Supreme Court ausgefochten. Die Klage kam von Lilly Ledbetter, die beinahe zwanzig Jahre lang bei Goodyear Tire & Rubber Company in der Nachtschicht gearbeitet hatte. Eines Tages legte ihr ein*e anonyme*r Kolleg*in eine Nachricht ins Postfach, die sie darauf hinwies, dass drei ihrer männlichen Kollegen, die den gleichen Job erledigten wie sie, jeden Monat 1000 Dollar mehr bekamen. Ledbetter war stinksauer. (Könnt ihr euch vorstellen, in euren Sechzigern zu sein und herauszufinden, dass ihr jahrzehntelang systematisch unterbezahlt wurdet? Ihr würdet ebenso vor Wut kochen.) Als sie eine Beschwerde einreichte, rächten ihre Chefs sich, indem sie ihr einen körperlich anstrengenderen Job zuteilten. Das hielt sie jedoch nicht auf, und sie zog mit ihrem Fall bis vor den Supreme Court, der 2007 entschied, dass Ledbetter ihre Diskriminierungsbeschwerde zu spät eingereicht hätte und von ihrem Arbeitgeber keinen Schadenersatz fordern könnte. Auch davon ließ sie sich nicht aufhalten. Der Entscheidung des Supreme Court zum Trotz fuhr sie damit fort, Politiker*innen und ihre Geschichte zu erzählen, und sagte schließlich vor dem Kongress aus. Der erste Gesetzesentwurf, den Präsident Obama durch seine Unterschrift zum Gesetz machte, war der Lilly Ledbetter Fair Pay Act, der es Angestellten erleichtert, Lohndiskriminierung vor Gericht anzufechten. Wenn wir uns untereinander über Gehälter austauschen, tun wir es in tiefer Dankbarkeit gegenüber Menschen wie Lilly Ledbetter und der*dem Verfasser*in der anonymen Nachricht, die uns lehrten, wie wichtig es ist, Transparenz zu praktizieren.

Shine Theory kann auch in Form einer Warnung auftreten. Jahrzehnte bevor »Me Too« zu einem weitverbreiteten Kürzel für das Öffentlichmachen von Missbrauch und Belästigung wurde, berichteten Menschen sich gegenseitig leise, welche Männer dazu neigten, ihre Macht zu missbrauchen. Ann teilte mit ein paar anderen Frauen in Medienberufen einen detaillierten Insider-»Witz«. Er trug den Namen »Die Insel«, und die Geschichte ging folgendermaßen: All die für sexuelle Belästigung oder berufliches Mobbing bekannten Redakteure und Journalisten sitzen, wahrscheinlich auf dem Weg zu irgendeinem »Ideenfestival«, zusammen in einem Flugzeug, das auf einer kleinen Insel notlanden muss. (Anns tyrannischer Chef aus San Francisco steht definitiv auf der Passagierliste.) Dort müssen sie den Rest ihrer Tage verbringen und können nur noch einander gegenseitig belästigen. Ohne sie sind Ann und ihre Kolleginnen in der Lage, ihre Branche in ein kreatives, fortschrittliches und gleichberechtigtes Paradies zu verwandeln.

So befriedigend es war, sich dieses Szenario auszumalen, war es doch auch ein trauriger Bewältigungsmechanismus. Die Leute, die diesen »Witz« erzählten, glaubten, diese Männer hätten in ihrem Beruf zu viel Macht, wären zu etabliert, um tatsächlich für ihr Verhalten zur Rechenschaft gezogen zu werden.

Jahre später wurden Ann und ihre Kolleginnen eines Besseren belehrt, als mehrere dieser Männer gefeuert wurden, nachdem öffentlich wurde, dass sie im Büro vulgäre Kommentare von sich gaben, auf ihren Arbeitscomputern Pornos schauten oder gar Kolleginnen angriffen. Doch vor der »Me Too«-Abrechnung, als noch niemand mit genügend Macht, um diese Männer zu feuern, sich darum zu scheren schien, war »Die Insel« ein wichtiger Code für Frauen, einander mitzuteilen, welche Männer ernsthaft Mentoren sein wollten, welche gefährlich und welche irgendetwas dazwischen waren und nach dem Nervenkitzel strebten, unter dem Deckmantel der Seriosität einen Cocktail zu trinken. »Ist er auf der Insel oder nicht?«, fragten Ann und ihre Kolleginnen einander. Oder sie warnten: »Pass auf, der Typ ist total auf der Insel.« Auch das war eine Form von Shine Theory.

Manchmal bedeutet Shine Theory, dass man einander hilft, Gehör zu finden. In der Anfangszeit der Obama-Regierung waren zwei Drittel der wichtigsten Berater*innen des Präsidenten Männer. Alyssa Mastromonaco, eine ehemalige Beraterin Präsident Obamas, berichtete uns, wie prestigeträchtig und vorteilhaft es sei, an einem Meeting mit dem Präsidenten teilzunehmen. Wenn man sagen könne: »Ich war heute im Oval Office, und Barack Obama hat mich nach meiner Meinung gefragt«, erklärte sie, »dann kann man davon noch hundert Jahre lang zehren.« Sie und andere Frauen bemerkten bald, dass viele der Männer bei Meetings mit dem Präsidenten keinerlei Hemmungen hatten, sich an einen der vorderen, zentralen Plätze zu setzen. Währenddessen tendierten die eher zurückhaltenden Frauen des Mitarbeiter*innenstabs dazu, sich im Hintergrund zu halten, selbst wenn einige von ihnen für das Meeting viel wichtiger waren. Die Frauen ermutigten einander, sich prominenter zu platzieren und den Mund aufzumachen. »Je mehr Selbstbewusstsein man hat, desto eher ist man auch geneigt, es an andere weiterzugeben«, sagt Mastromonaco.

Die Frauen des Stabs entwickelten auch eine Strategie, die sie »gegenseitige Verstärkung« nannten: Wenn eine Frau etwas sagte, wiederholte eine andere ihre Aussage und achtete dabei darauf, ihren Namen zu erwähnen, um ihr die gebührende Anerkennung zu zollen. Präsident Obama bemerkte dies und fing an, die Frauen am Tisch bewusst öfter anzusprechen. Die Frauen verschafften sich selbst Gehör, weil sie eine strategische gemeinsame Front bildeten.

Wenn man einmal weiß, wie sie sich zeigt, wird man Shine Theory überall entdecken.

Nachdem wir begonnen hatten, Shine Theory als privates Kürzel zu benutzen, schrieb Ann eine Kolumne, in der sie der ganzen Welt das Konzept erklärte. Damals sahen wir darin noch gar keine formelle Einführung. Keine von uns ahnte, dass es eine Eigendynamik entwickeln sollte. Aber diese Kolumne wurde zum viralen Hit.

Aminatou hatte ein ungutes Gefühl dabei, dass etwas, das sie mit Ann privat geteilt hatte, nun von der ganzen Welt konsumiert werden konnte. Sie war mittlerweile professionelle Marketingleiterin und wusste, sobald Dinge online kursieren, können sie rasch ihren Kontext und manchmal auch ihre Bedeutung verlieren. Sie wusste auch, dass es ziemlich schwierig sein kann, das Eigentum an seinen Ideen zu bewahren, wenn man keinen Plan hat.

Wir hatten keinen Plan.

Shine Theory wurde zu einem zugkräftigen Hashtag. Menschen benutzten ihn, um Beziehungen in ihrem eigenen Leben zu beschreiben, oder wendeten ihn auf prominente Beispiele an, die sie in den Nachrichten sahen. Das war unser erster Hinweis darauf, dass der Begriff bei so viel mehr

Menschen als nur uns beiden Widerhall fand. Als wir den Domain-Namen erwerben wollten, stellten wir überrascht fest, dass bereits jemand anders *shinetheory.com* nutzte. Und es kam noch schlimmer: Es war eine widerliche Fitness-Website für Frauen, auf der prominent das Wort »TRADE-MARK« prangte. Alles daran ließ uns erschaudern. Diese Person stahl nicht nur unsere Idee, sie hatte auch Unterlagen eingereicht, um sie als ihre eigene auszugeben. Wir wollen euch nicht mit den Details langweilen, aber nach Tausenden Dollar an Rechtskosten, die wir uns definitiv nicht leisten konnten, gehörten das Markenzeichen, die URL und die Social-Media-Profilnamen für Shine Theory allesamt uns.

Es war gut, dass wir unsere Idee so schützten. Während Shine Theory in den nächsten Jahren Eingang in den öffentlichen Diskurs fand, ließ sich deutlich erkennen, dass manche Menschen unsere Beschreibung von einem gegenseitigen Einsatz füreinander wirklich verstanden. Andere wollten den Begriff jedoch nur als ein einfaches Kürzel für »weibliches Empowerment« benutzen, die scheußliche Stiefschwester des Feminismus, die alles Mögliche zu verkaufen hilft, von Menstruationsunterwäsche bis zu Führungskonferenzen, ohne die Funktionsweise von Unternehmen und Regierungen tatsächlich infrage zu stellen. Mehr als eine Technologiefirma wollte ihre Bemühungen zum Women's History Month als Shine Theory verkaufen. Jemand hielt einen TEDx-Vortrag darüber. Eine Instagram-Plattform für »Kreative« nutzte Shine Theory als Motto für ihren gesponserten Content und verkaufte damit Anzeigen. Wir sind uns nicht zu schade für Networking-Events, aber wir sahen mit Widerwillen zu, wie Shine Theory so stark verzerrt wurde, bis Engagement und persönliches Risiko gänzlich daraus verschwunden waren.

Wir bekamen jedoch auch Dutzende E-Mails von Lehrerinnen und Girl-Scout-Leiterinnen, die das Konzept in ihren Unterrichtsplänen nutzen. Von Social-Media-Posts, in denen eine Person den Erfolg ihrer Freundin feiert, können wir nicht genug bekommen. Wo auch immer eine Gruppe Menschen zusammenarbeitet, um ihre individuellen und kollektiven Ziele zu erreichen, wird man nicht überrascht sein, auf eine Erwähnung von Shine Theory zu stoßen. Insbesondere wenn die betreffenden Personen traditionell aus den Fluren der Macht ausgeschlossen waren.

Das gilt auch für die buchstäblichen Flure der Macht. 2018 wurden vierundzwanzig Frauen, die noch nie zuvor im Kongress gesessen hatten, ins Repräsentantenhaus gewählt. In den ersten Tagen des 116. Kongresses brachten viele dieser neuen politischen Anführerinnen im Internet ihre Unterstützung und Bewunderung füreinander zum Ausdruck. Und sie stellten von Anfang an klar, dass sie als Team arbeiten würden. Die New Yorker Abgeordnete Alexandria Ocasio-Cortez twitterte, sie sei »so unglaublich stolz« auf Ayanna Pressley, Massachusetts' erste afroamerikanische Kongressabgeordnete. Darauf antwortete Pressley, indem sie Ocasio-Cortez dafür dankte, »#shinetheory laut auszuleben«.

Dies ist ein wirkmächtiges Beispiel, denn auch wenn es bei diesen Frauen entspannt wirkte, so ist die Politik ein weiterer gnadenloser Konkurrenzkampf. Die Mitglieder des Kongresses wetteifern miteinander um landesweite Medienaufmerksamkeit und die Ernennung in die interessantesten Ausschüsse, sowie um Ressourcen für ihre Wähler*innen (Mittelzuweisung, Baby!). Statt einander gegenseitig zu beschneiden, ihre Macht zu horten oder alle Aufmerksamkeit für sich allein zu beanspruchen, signalisierten diese weiblichen Kongressabgeordneten, dass sie tatsächlich Freundinnen waren. Ilhan Omar, eine Abgeordnete aus Minnesota und die erste somalischstämmige Amerikanerin, die in den Kongress gewählt wurde, bezeichnet Ocasio-Cortez als ihre »Komplizin für Gerechtigkeit«. In einem Interview darüber, dass diese Gruppe neuer Kongressabgeordneten bereits früh die Prüfung eines Amtsenthebungsverfahrens gegen Präsident Trump forderte, sagte Omar: »Ich glaube, dass er sich vor allen Frauen fürchtet, die Shine Theory praktizieren, das heißt einander den Rücken stärken.«

Sie hatten es verstanden. Shine Theory verfolgt eine Absicht. Sie übernimmt Verantwortung. Sie ist persönlich. Und man muss tatsächlich Arbeit hineinstecken.

FÜNF

Die Dehnung

Es begann mit einem mysteriösen verschwundenen Tampon.

Aminatou hatte einen neuen Job bei einer PR-Firma in Washington, DC, und musste früher aufstehen als gewöhnlich, um die Nachrichten zu verfolgen und bei den Live-Fernsehauftritten ihrer Klient*innen zu assistieren. Es war ein temporeicher Job, und als jemand, dessen Gehirn eigentlich erst nach dem Mittagessen richtig wach wird, hatte sie das Gefühl, sie würde jeden Augenblick zusammenbrechen. Außerdem spielte ihr Körper nicht mit. Sie hatte schon immer eine unglaublich schmerzhafte und starke Periode gehabt, aber nun wurde sie noch schlimmer. Sie schob es auf den Arbeitsstress. An jenem Tag war ihre Blutung sogar noch heftiger als sonst. Als sie auf die Toilette ging, um ihren Tampon zu wechseln, konnte sie ihn nicht finden. Wir sprechen hier von dem Tampon, der in ihrer Vagina stecken sollte. Zuerst war sie verwirrt, dann setzte Panik ein. *Und wenn er nun verloren gegangen ist?*

Kurzer Hinweis: Man kann einen Tampon nicht so tief in seinem Körper verlieren, dass er für immer verschwunden bleibt. (Dafür hat Göttin den Gebärmuttermund erschaffen.) Aber an jenem Tag auf der Bürotoilette schien all ihre Erschöpfung auf einmal über Aminatou zusammenzuschlagen. Sie fing an zu weinen. Was stimmte bloß nicht mit ihr? Aminatou zog ihren Minirock von American Apparel (RIP) wieder hinunter, kehrte an ihren Schreibtisch zurück und vereinbarte einen Termin bei der ersten Gynäkologin, die sie dazwischenschieben konnte. Sie wünschte, Ann wäre bei ihr, um ihr zu helfen, ihre Panik in den Griff zu bekommen, aber sie würde sich mit Textnachrichten begnügen müssen.

Ein paar Stunden später saß Aminatou im Untersuchungszimmer und zupfte nervös an ihrem Krankenhauskittel herum, als die Ärztin eintrat. In einem starken ukrainischen Akzent begann die Gynäkologin ihre Untersuchung mit einem Schwall von Feststellungen und Fragen. »Sie sind sehr blass«, sagte sie, wobei sie kaum von ihrer Position zwischen den Fußstützen aufblickte. Das wusste Aminatou bereits. Als Schwarze Person ist es äußerst erschreckend, bei einem Blick in den Spiegel zu bemerken, dass man blass aussieht – mehr als die gelegentliche Fahlheit, die jede treffen kann, deren Haut nicht genügend Feuchtigkeit abbekommt. Derzeit schien alle Farbe aus ihrem Gesicht und ihren Augenlidern gewichen zu sein – und anscheinend auch aus ihrer Vulva.

Die gynäkologische Untersuchung brachte zwar keinen ausgebüxten Tampon zutage, aber die Ärztin war besorgt darüber, wie stark Aminatou blutete, und empfahl ihr, wieder die Pille zu nehmen, um ihre Periode zu regulieren. Aminatou verspürte Erleichterung. Endlich hatte jemand Professionelles bestätigt, dass mit ihr tatsächlich etwas nicht stimmte. Sie war allerdings noch immer sehr müde. Kennt ihr das Gefühl, wenn ihr aus dem Meer ans Ufer laufen wollt, die Wellen euch aber immer wieder zurück ins Wasser ziehen, und es euch so vorkommt, als würdet ihr euch überhaupt nicht vom Fleck bewegen, obwohl ihr alle Kraft einsetzt, die ihr aufbringen könnt? So fühlte sie sich die meiste Zeit. Ansonsten fühlte sie sich wie der Strand selbst, voller nassen Sands. Sie konnte noch so viel ruhen oder schlafen und war dennoch nicht erholt. Im Sprechzimmer der Ärztin fragte sie sich, wie sie überhaupt anfangen sollte, ihrer Chefin ihren Gesundheitszustand zu erklären. Das hier war anders als eine Grippe oder ein gebrochener Knochen. Es gab keinen direkten Grund für sie, zu Hause im Bett zu bleiben. Sie entschied, sie müsse wohl einfach die Zähne zusammenbeißen.

In der folgenden Woche sollte Aminatou nach New York fahren, um eine Präsentation zu halten, und der Gedanke daran, weit weg von zu Hause zu sein, während sie so stark blutete, ließ sie sogar noch ängstlicher werden als sonst. Die Ärztin ordnete ein paar Tests an und schickte Aminatou mit einem Rezept für die Pille nach Hause.

Aminatou befand sich auf ihrer Geschäftsreise – tatsächlich wollte sie gerade aufstehen, um ihre Präsentation zu halten –, als ihre Ärztin sie anrief. Sie hörte eine panische Stimme mit ukrainischem Akzent: »Wo sind Sie gerade? Sie müssen *sofort* ins Krankenhaus, Aminatou.« Die Ärztin ließ sie ein paar Testergebnisse notieren und insistierte, sie solle zur nächsten Notfallambulanz aufbrechen. Aminatou legte auf, hielt ihre Präsentation und machte sich dann auf den Weg zu einem Krankenhaus in der Nähe. Sie rief Mercedes an, eine ihrer engsten College-Freundinnen, die in Brooklyn lebte, um ihr mitzuteilen, wo sie war, bat sie jedoch, sich keine Sorgen zu machen. Mercedes sprang sofort in ein Auto und tauchte kurz darauf mit Zeitschriften und Snacks auf.

Währenddessen schrieb sich Ann, Tausende Meilen entfernt in Los Angeles, fieberhaft Nachrichten mit Mercedes, um auf dem neusten Stand zu bleiben. Sie hatte gewusst, dass es Aminatou nicht gut ging, aber diese Wendung der Ereignisse war alarmierend. Ann fühlte sich schrecklich hilflos und wünschte sich verzweifelt, nur eine Taxifahrt vom Krankenhaus entfernt zu sein.

Die Ärzt*innen machten weitere Bluttests und fällten rasch ein Urteil. Es handelte sich um eine Eisenmangelanämie. Die Symptome ergaben Sinn: die Benommenheit, die Erschöpfung, die Blässe, die Beinkrämpfe, die Schlaflosigkeit. Diese Form der Anämie, erklärten ihr die Ärzt*innen, trete häufig während der Schwangerschaft oder bei Menschen mit heftigen Menstruationsblutungen auf. Allem Anschein nach war ihre starke Periode schuld. Angesichts von Aminatous Hämoglobinwerten, sagte einer der Notärzte, hätte er erwartet, dass sie gerade irgendwo ohnmächtig liege, was auch erklärte, weshalb ihre Gynäkologin so besorgt gewesen war. Mit ihr stimmte *wirklich* etwas nicht.

Nach einer Bluttransfusion fühlte Aminatou sich wie neugeboren. Ihr Kopf wurde wieder klar, und sie hatte nicht länger das Gefühl, ihr Körper bestehe aus nassem Sand. Sie konnte gehen, ohne Kopfschmerzen zu bekommen. Ihre Haut bekam wieder Farbe. In jener Nacht schlief Aminatou in Mercedes' Bett, beruhigt durch den Glauben daran, dass alles nun besser würde, da sie eine Diagnose bekommen hatte.

Tatsächlich war es nur eine Teildiagnose. Die Ärzt*innen hatten herausgefunden, dass ihre starke Periode der Grund für das Anämieproblem war – und die Anämie erklärte, weshalb sie die ganze Zeit über so müde war –, aber sie konnten sich nicht erklären, *warum* Aminatou jeden Monat so stark blutete. Einige Wochen später landete sie erneut in der Notaufnahme. Bald bekam sie alle paar Monate eine Bluttransfusion.

Aminatous neue Realität war es nun, chronisch krank zu sein.

Ihr Leben war jetzt aufgeteilt in Gute Tage und Schlechte

Tage. Die Schlechten Tage kamen ohne Vorwarnung und brachten alles zum Erliegen. Sie kam nicht aus dem Bett. Sie war zu müde, um zu duschen oder die Zeitung vor ihrer Haustür aufzusammeln. Sie hatte keine Kraft für Spieleabende, Happy Hours oder sogar die Hochzeiten lieber Freund*innen. Kurzfristige Absagen waren eigentlich nicht Aminatous Stil, aber in letzter Zeit schien sie keine andere Wahl zu haben. Sie wartete oft bis zum letztmöglichen Augenblick, um zu sehen, ob sie es schaffen würde, das Haus zu verlassen, und dann festzustellen, dass sie es nicht konnte. Wann immer sie sich zum Ausgehen zwang, endete es in einer Wolke aus Müdigkeit und Tränen.

Sie war es leid, keine klare medizinische Erklärung für einen Zustand zu haben, in dem es ihr so schlecht ging, dass sie bedeutende Lebensereignisse verpasste. Sie war es leid, mit Ärzt*innen zu sprechen, die genauso vor einem Rätsel zu stehen schienen wie sie. Sie war es leid, darüber zu reden, wie müde sie war.

Ann sah langsam, wie es sie zermürbte. Aminatou versuchte, ihr stets mitzuteilen, was gerade mit ihrem Körper los war, aber das schien unmöglich, wenn sie es selbst kaum verstand.

Und Ann war nicht die Einzige, die sie wieder und wieder nach den Einzelheiten ihrer Erkrankung fragte. Ehe Aminatou es sich versah, musste sie regelmäßig die Fragen mehrerer Freundinnen beantworten. Ihre gesamte medizinische Vorgeschichte stand zur Diskussion. Hätte sie gesagt: »Ich fühle mich nicht gut, ich habe eine Erkältung«, hätten es alle verstanden und nicht weiter nachgebohrt. Aber sie hatte keine Erkältung. Sie musste sich mehreren Eingriffen unterziehen – die oftmals sehr intime Stellen ihres Körpers betrafen –, und ihre Freundinnen hatten immer noch mehr Fragen. Sie wollte nicht jedes qualvolle Detail mit anderen teilen. Aminatou wünschte sich ein wenig Privatsphäre.

Gleichzeitig hatte sie Angst, es werde ihre Freundinnen irgendwann langweilen, sie nach ihrem Befinden zu fragen, und sie würden schließlich aus ihrem Leben verschwinden. Je mehr Zeit ohne eine konkrete Diagnose verstrich, desto mehr zog Aminatou sich zurück. Sie wollte kein Mitleid und ihren Freundinnen nicht zur Last fallen. Es war ein Teufelskreis. Wenn sie ein paar Schlechte Tage hintereinander hatte, deprimierte es sie, und sie stieß alle anderen von sich, diese machten sich Sorgen und suchten den Kontakt, also stieß sie sie noch weiter von sich. Das Ganze wiederholte sich wieder und wieder.

Bei weit entfernt lebenden Freundinnen wie Ann musste sie sich jedoch niemals schuldig fühlen, weil sie gemeinsame Treffen absagte. Dank der digitalen Kontaktmöglichkeiten konnte Aminatou anwesend sein, ohne ihr gemütliches Sofa zu verlassen.

Wir waren noch immer recht neu in dieser Fernfreundschaft, aber größtenteils hatten wir die Transformation gut überstanden. Wir planten regelmäßige Video-Chat-Termine. (Tatsächlich tauschte Ann ihren alten Laptop gegen einen neueren Mac mit eingebauter Kamera ein, mit dem ausdrücklichen Ziel, digital Zeit mit Aminatou zu verbringen.) Wir schrieben uns andauernd Textnachrichten. Und alle paar Monate, wann immer uns eine Hochzeit oder eine Geschäftsreise an die entgegengesetzte Küste führte, hängten wir noch ein paar Tage dran, um einander zu sehen. Wir vermissten unsere langen, spontanen gemeinsamen Abende unter der Woche, aber grundsätzlich schien sich nicht allzu viel zwischen uns verändert zu haben.

Zumindest, bis Aminatou krank wurde. Als Aminatou mehr und mehr Schlechte Tage hatte, begann die große Entfernung, Ann zu stressen. Sie wollte nicht aufdringlich sein, aber oft war sie unsicher, wie es Aminatou gesundheitlich ging und wie sie sich tatsächlich fühlte. Ann fiel es wesentlich leichter, den Gefühlszustand ihrer Freundin im persönlichen Kontakt einzuschätzen. Vermittelt über das Telefon oder den Computer, war sie sich nicht mehr so sicher.

Aminatou: Und ok, jetzt erzähl ich dir mal, was passiert, wenn man 4 Anti-Baby-Pillen nimmt.
Aminatou: [ZENSIERT]
Ann: Hahahahahaha. Amina.
Aminatou: [ZENSIERT]
Ann: Ich kann nicht mehr
Aminatou: Das ist mein Leben
Ann: OHMEINGOTT
Ann: WANN machen wir wieder einen Videoanruf? Du fehlst mir so sehr. Halte es kaum aus.

Ann liebte Aminatous Witze (die wir zensieren mussten, um unschuldige Augen zu schützen), aber sie wusste auch, dass Humor eine von Aminatous Ablenkungstaktiken war, wenn sie Sorgen oder Ängste hatte. Ann lachte mit und versuchte dann, auf Videoanrufe zu drängen, damit sie Aminatou ins Gesicht sehen und abschätzen konnte, wie es ihr wohl *wirklich* ging. Manchmal gelang es ihr.

Die meiste Zeit über war Ann jedoch ratlos. Ann konnte Aminatou an Tagen, an denen sie wusste, dass diese einen Arzttermin hatte, Textnachrichten senden, und sie konnte ihr Care-Pakete gegen Blutarmut voller Trockenfleisch und eisenhaltiger Paleo-Snacks schicken. Aber für die Art von Unterstützung, die Aminatou brauchte, war häufig eine Freundin vor Ort nötig, die bei ihr klopfen konnte, um zu schauen, wie es ihr ging, einfach mit ihr zu Hause Zeit verbrachte oder sie zu ihrer Ärztin begleitete. Das war etwas, das Ann nicht von der anderen Küste aus tun konnte, und sie machte sich andauernd Sorgen um Aminatou. Gleichzeitig wollte sie auch nicht, dass die Krankheit das Einzige war, wonach sie ständig fragte. Also erkundigte Ann sich häufig bei gemeinsamen Freundinnen, um ein Gefühl für den Stand der Dinge zu bekommen. Sie war noch nie zuvor so dankbar gewesen, einen so großen gemeinsamen Freundeskreis zu haben – und hatte zugleich Schuldgefühle, weil sich nach Aminatou zu erkundigen auch bedeutete, hinter ihrem Rücken über sie zu sprechen. Ann wusste, wie wichtig Aminatou ihre Privatsphäre war.

Wir dachten, die physische Entfernung zwischen uns sei keine große Sache, aber die chronische Krankheit bewies, dass wir uns irrten. Langsam fühlten wir uns überdehnt.

Habt bitte kurz Geduld, während wir versuchen, uns an ein paar der Dinge zu erinnern, die wir im Sportunterricht gelernt haben. (Oder besser gesagt, ein paar der Dinge, die *Aminatou* im Sportunterricht gelernt hat. Für Ann ist der Gedanke an die Turnhalle voller Scham und mit bitterem Beigeschmack.) Ihr wisst wahrscheinlich, wie wichtig das Dehnen beim Training ist. Selbst jene von uns, die lieber zu Hause sitzen und Heimwerkersendungen im Fernsehen schauen, als die Turnschuhe zu schnüren, wissen, dass es nicht genügt, Muskelmasse aufzubauen oder eine Meisterin in Aerobic zu werden. Man muss auch flexibel sein. Und um flexibel zu werden, muss man sich dehnen. Eigentlich andauernd.

Dehnen hält die Muskeln stark und gesund, und man benötigt diese Flexibilität für die eigene Bewegungsfreiheit. Ohne sie verkürzen und verhärten sich die Muskeln. Wenn man diese dann zu einer Aktivität aufruft (Gott bewahre, dass man tatsächlich einmal vorhat, joggen zu gehen), sind sie schwach und nicht in der Lage, sich ganz auszustrecken. Das führt zu Schmerzen und Verletzungen. Sich vor jeder körperlichen Aktivität zu dehnen, wird einem nicht automatisch die perfekte Flexibilität verleihen. Man muss es über einen längeren Zeitraum regelmäßig tun, ohne nachlässig zu werden. (Dies ist ein teurer Rat aus der Physiotherapie, den wir hier an euch weitergeben. Gern geschehen.)

Dasselbe Prinzip lässt sich auch auf Freundschaften anwenden. Das Dehnen ist die beste Metapher, die uns eingefallen ist, um all die Arten zu beschreiben, auf die unsere Freund*innen unsere Welt erweitern, uns herausfordern und zu Veränderungen inspirieren. Dieses Geben und Nehmen ist von Anfang an notwendig, da keine zwei Menschen genau gleich sind. Das Leben bringt unweigerlich Veränderungen mit sich. Und diese Veränderungen verschieben häufig das Fundament, auf dem die Freundschaft gebaut ist. So ist es einfach. Man ist nicht mehr dieselbe Person, die man vor zehn Jahren war, und zehn Jahre später wird man auch nicht mehr exakt dieselbe Person sein. Damit eine Echte Freundschaft überleben kann, muss sie sich anpassen.

Kleine Dehnungen tauchen bereits früh auf, etwa wenn man über die Tatsache hinwegkommen muss, dass die Freundin immer einen ganzen Tag braucht, um auf eine Textnachricht zu antworten, oder wenn man zugeben muss, dass man nicht denselben Musikgeschmack hat. Und dann gibt es die etwas größeren Dehnungen, die meist erst später nötig werden. Vielleicht habt ihr zu Anfang im selben Viertel gewohnt und müsst nun, da ihr weiter entfernt voneinander lebt, entscheiden, bei wem ihr euch trefft. Die Dehnungen können auch noch größer sein, etwa wenn ihr euch finanziell immer auf einer Ebene gefühlt habt, bis eine von euch angefangen hat, *viel* mehr zu verdienen, und die Situation plötzlich jedes Mal angespannt ist, wenn die Rechnung kommt. Dann sind da noch die enormen Dehnungen, bei denen ihr die Bedingungen eurer Freundschaft ganz neu verhandeln müsst, etwa wenn eine von euch wegzieht oder ein Kind bekommt – oder unter einer chronischen Krankheit leidet. Vielleicht verbringt man Jahre in einer Freundschaft, die einem lediglich bequeme, vertraute Dehnübungen abverlangt, und dann beginnt eine von euch auf einmal, in der Nachtschicht zu arbeiten, wird zu einer primären Betreuungsperson oder lernt ihre*n zukünftige*n Ehepartner*in kennen, und ihr müsst euch ein komplett neues Repertoire aneignen.

Eine gesunde Freundschaft umfasst Dehnungen in beide Richtungen. Wenn ihr euch dehnt, bemüht ihr euch beide, herauszufinden, wie ihr euch an eure Unterschiede und an die veränderliche Form eurer Verbindung anpassen könnt. Wie beim körperlichen Training fühlen sich einige dieser emotionalen Dehnungen gut an, andere werden euch das Gefühl vermitteln, dass ihr nicht mehr könnt. Dehnen bedeutet, auf eine Weise herausgefordert zu werden, die sowohl schwierig als auch lohnend ist. Die Stärke der Dehnung muss sich nicht in jedem einzelnen Augenblick gleich anfühlen – manchmal wird eine Person mehr von der Freundschaft brauchen als die andere –, aber über längere Zeit sollte sich das *Geben* mit dem *Nehmen* ausgleichen.

Manchmal ist die Dehnung mühelos. Das bezeichnen wir als passive Dehnung: Man macht es einfach, ohne darüber nachzudenken. Beide fangen zum Beispiel zufällig gleichzeitig mit einem neuen Hobby an. Oder man stellt plötzlich fest, dass man über ein enzyklopädisches Wissen über Céline Dion verfügt, obwohl man bislang nichts mit Powerballaden anfangen konnte, einfach nur weil die Freundin ein Riesen-Fan ist. Oder man übernimmt problemlos eine neue Routine, wenn die Freundin sich den Fuß bricht und man sich nicht mehr zu täglichen Spaziergängen treffen kann.

Aber die meisten Dehnungen, und insbesondere diejenigen, die wichtige Lebensveränderungen betreffen, sind aktiv: Statt zu erwarten, dass sie in Jogginghosen vor der eigenen Tür auftaucht, vereinbart man mit der 3000 Meilen weit weggezogenen Freundin Termine für Videoanrufe. Man zwingt sich dazu, der Freundin mitzuteilen, auf welche Weise sie die eigenen Gefühle verletzt hat, auch wenn man sich davor fürchtet, es anzusprechen. Nachdem eine von euch ein Kind bekommen oder einen zeitintensiven Job angenommen hat, sucht ihr nach Wegen, eure Freundschaft auch mit weniger Stunden Zeit füreinander zu bewahren. Eine aktive Dehnung kann so anstrengend sein, dass man nicht sicher ist, ob man sie aushalten kann.

Aminatous chronische Erkrankung verlangte ihr diese Art von Dehnung ab. Um Unterstützung zu bitten ist für Aminatou eine ziemlich große Dehnung. Andere bieten diese Unterstützung andauernd an, und natürlich ist dieses Angebot gut gemeint. Aber sie hat in der Vergangenheit bereits Hilfe angenommen und wurde dann enttäuscht, als die versprochene Unterstützung ausblieb, was es schwer für sie gemacht hat, erneut darum zu bitten. Auf einer tieferen Ebene bedeutet das Bitten um Hilfe auch, dass man Verletzlichkeit eingesteht – keine leichte Aufgabe für eine extrem unabhängige Person. Aminatou musste lernen, nicht jedes Mal zusammenzuzucken, wenn ein*e Freund*in ein wohlmeinendes, aber vages »Was kann ich tun?« anbietet. Manchmal lautet die Antwort tatsächlich: »Nichts, solange du keine Ärztin bist«, und es fällt den Menschen schwer, das zu hören. Es bedeutete auch eine Dehnung, sich mit Freund*innen zu unterhalten, die behaupteten, sie verstünden, dass sie sich nicht mit ihnen treffen könne, dann jedoch ihre Enttäuschung darüber zum Ausdruck brachten.

Von Ann erforderte Aminatous Krankheit auch eine Form von Dehnung. Sie musste Wege suchen, um auf dem neuesten Stand des Gesundheitszustands ihrer Freundin zu bleiben, ohne Aminatous Privatsphäregrenzen zu übertreten. Ann musste herausfinden, wie sie für ihre Freundin da sein konnte, ohne einfach bei ihr vorbeischauen zu können. Und Ann musste auch engere Verbindungen zu einigen von Aminatous Freund*innen aufbauen, die sie bislang noch nicht gut kannte, da sie ein gemeinsames Interesse daran hatten, dass es Aminatou gut ging.

Ein Grund dafür, dass diese Dehnung für Ann überhaupt möglich war, lag darin, dass sie bereits ein wenig Erfahrung damit hatte. Ihre größte und frühste Dehnung bezog sich auf eine andere Freundschaft und eine andere chronische Krankheit. Als Anns beste Highschool-Freundin Bridget Depressionen bekam, waren die beiden in ihren frühen Teenagerjahren – eine Zeit, die schon ein Albtraum ist, wenn man nicht gerade gegen eine Krise der eigenen psychischen Gesundheit ankämpft. Und Bridget litt wirklich. Chronische Depression diagnostiziert und Prozac verschrieben zu bekommen, schienen ihr gleichermaßen zu helfen wie zu schaden. Ann hatte damals keinerlei Erfahrung mit psychischen Erkrankungen, aber sie war die einzige Person, die wusste, wie schlimm die Situation für ihre beste Freundin geworden war.

Auch wenn es ihr schwerfiel, alles zu verstehen, was ihre Freundin durchmachte, verbrachte Ann mit Bridget Stunden in ihren jeweiligen Schlafzimmern und blieb ansonsten in konstantem Kontakt mit ihr (soweit das in einer Prä-Smartphone-Freundschaft möglich war). Sie teilten jedes Gefühl und verbrachten so gut wie jede Minute des Tages miteinander, wenn sie nicht gerade durch ihre Stundenpläne getrennt waren. Tatsächlich standen sie einander so nahe, dass es Bridget schwerergefallen wäre, vor Ann zu verstecken, was bei ihr los war, als es ihr mitzuteilen. Das zwang Bridget dazu, offener über ihre Krankheit und ihre Bedürfnisse zu sprechen, als sie es ansonsten getan hätte.

»Wenn ich heute jemandem erklären muss, was ich durchmache oder welche Bedürfnisse ich habe, dann denke ich ständig an die Highschool«, erzählte Bridget Ann viele Jahre später. »Ich denke daran, wie ich es dir sagen würde oder was du mir antworten würdest. Ich glaube, ich habe nie vergessen, was du in der Highschool zu mir gesagt hast. Damals habe ich wirklich gelernt, wie ich es anderen mitteile, statt es zu verstecken.«

So lernte Ann, wie man dauerhaft für eine Freundin mit einer chronischen Erkrankung da ist. Sie wusste nun, wie sie sich für Bridget zu dehnen hatte, also war sie auch in der Lage, sich für Aminatou zu dehnen. Im Laufe der Zeit lernte auch Aminatou, wie sie sich dehnen konnte, um im Leben ihrer Freund*innen präsent zu bleiben. Das musste sie, denn es liegt in der Natur einer chronischen Krankheit, dass kein Ende in Sicht ist.

Auch wenn es einfacher wurde, würden wir beide uns weiterhin dehnen müssen. Und zwar für immer.

Wenn ihr das Konzept des Dehnens schwierig findet, ist das ganz normal. Die meisten von uns begeben sich nicht gern zu weit aus ihrer Komfortzone hinaus, insbesondere wenn es um Freundschaften geht, von denen uns weisgemacht wurde, sie sollten sich stets einfach und harmonisch anfühlen. Für uns beide ist das Dehnen eine Herausforderung, weil wir uns für kompetente Menschen halten und Angst haben, uns lächerlich zu machen oder zu scheitern, wenn wir eine Dehnung versuchen und dann feststellen, dass wir nicht flexibel genug sind, um sie auch zu Ende zu führen. Manchmal befürchten wir, unsere Freundin werde sich nicht genauso stark dehnen wie wir. Letztendlich sind wir bequeme Wesen, die nicht gern aus dem Gleichgewicht geraten. Aus genau diesen Gründen musste Ann sich auch vor jeder ihrer bisherigen Yogastunden gut zureden, und aus genau diesen Gründen hat Aminatou sich auch nicht für einen Halbmarathon angemeldet.

Manchmal geht die Herausforderung, mit Unterschieden in einer Freundschaft fertigzuwerden, über eine Dehnung hinaus. Dann kommt es einem vor wie eine Überdehnung. Es kann schwierig sein, den Unterschied zwischen Dehnung und Überdehnung zu erkennen. Wenn eine Person in der Freundschaft sich dauerhaft stärker dehnen muss als die andere – sich auf die Bedürfnisse der anderen einstellen oder sich ständig erklären muss und dabei das Gefühl hat, dass die andere sich einfach nichts merkt –, dann ist es vermutlich eher eine Überdehnung als eine Dehnung. Wenn zwei Menschen sich nicht mit derselben Intensität oder mit demselben Ausmaß an Großzügigkeit dehnen, wenn eine Person dauerhaft mehr nimmt als gibt, dann beginnt die Freundschaft auseinanderzureißen.

Einseitige Dehnungsprobleme können in Echtzeit schwer zu identifizieren sein, da sich nicht in *jedem* Augenblick alles gleichberechtigt anfühlen kann. »Wenn jemand zu viel von uns verlangt, bringen wir dieses Opfer vielleicht, weil es das ist, was unser*e Freund*in gerade braucht«, sagt Jordan Pickell, eine Therapeutin mit Privatpraxis in Vancouver. Sie warnt jedoch, dass es wichtig sei, auf Gefühle wie Wut, Verbitterung oder Frustration zu achten, die ein Signal dafür sein können, dass man über das eigene Vermögen hinaus gedehnt wird. »Das muss kommuniziert werden, weil es sich dann nicht länger wie eine fürsorgliche und respektvolle Beziehung auf Gegenseitigkeit anfühlt.« Eine gesunde Freundschaft, fährt Pickell fort, ist eine, »in der Menschen ihre wahren Gefühle und Bedürfnisse in die Beziehung einbringen«.

Während wir uns beide füreinander dehnten, um Entfernung und Krankheit auszugleichen, ist es der Teil mit den »wahren Gefühlen«, der uns weniger gut gelang. Wir dehnten uns, konnten die Emotionen, die es in uns auslöste, jedoch nicht immer in Echtzeit aussprechen. Das sollte sich später noch rächen. Aber zumindest erkannten wir beide, dass eine Dehnung notwendig war, und taten unser Bestes, um sie zu vollenden.

Es kann extrem schwierig sein herauszufinden, wie viel Wachstum und Opfer man einer Freundschaft widmen soll, da man uns nicht beibringt, dass Freund*innen es überhaupt wert sind, sich für sie zu dehnen. Eure Ehepartner*innen? Für die müsst ihr definitiv hart arbeiten, um euch anzupassen und euch gemeinsam zu verändern – schaut einfach in einem der Dutzenden Ratgeber auf dem Markt nach oder besorgt euch eine*n Paartherapeut*in. Eure Familie? Auch dafür gibt es Therapeut*innen. Aber Freundschaften? Sobald es schwierig wird, ist es gesellschaftlich akzeptabel, sie zu beenden, ohne auch nur ein Gespräch darüber zu führen, selbst wenn man jahrelang ein wichtiger Teil im Leben der anderen Person gewesen ist. Man hat jedes Recht, sie aus seinem Leben zu streichen.

Wann ist eine Freundschaft es wert, sich für sie zu dehnen? Wie jede*r Freund*in diese Frage für sich beantwortet, entscheidet häufig darüber, welche Freundschaften scheitern und welche stärker werden. Bis wir uns diese Frage selbst stellten, hatten wir nie darüber nachgedacht, wonach wir entscheiden, ob wir uns für eine*n Freund*in dehnen oder nicht. Und im Rückblick wird bei näherer Betrachtung deutlich, dass wir unsere Dehnungs-Dilemmata nicht immer elegant gelöst haben.

Für Aminatou ist es unmöglich zu sagen, ob eine Freundschaft es wert ist, bis sie die Dehnung vollständig ausgeführt hat – oder es sein lässt. Entweder stellt sie fest, dass sie die Anstrengung unternimmt, oder eben nicht. Wenn eine Dehnung Spaß bringt, aufregend ist oder ihr emotional wenig abverlangt, dann macht sie sie gern. Aminatou sagt ja zu *jedem* Abenteuertrip, den eine Freundin unternehmen möchte, oder zu jeder Aktivität, zu der diese sie überreden will. Aber wenn eine Freundschaft sie mit Unannehmlichkeiten konfrontiert und die Belohnung nicht direkt greifbar ist – wenn die Dehnung zum Beispiel ein schwieriges Gespräch erfordert –, ist es für Aminatou lange Zeit wahrscheinlicher gewesen, sich zu entziehen und erst im Nachhinein festzustellen, dass sie die Freundschaft als keiner Dehnung würdig abgeschrieben hat.

Ann ist auch der Meinung, dass es bei manchen Dehnungen einfacher ist als bei anderen, sie als lohnenswert zu erkennen. Sie liebt es, wenn sie dazu gedrängt wird, bestimmte Bücher oder Filme noch einmal zu überdenken, weil ihre Freund*innen anderer Meinung darüber sind als sie. Werden allerdings größere Dehnungen von ihr verlangt, weil eine Situation unangenehm wird, beschließt Ann manchmal, sich die Mühe nicht zu machen. Wenn sie das Gefühl hat, viel mehr in eine Freundschaft zu investieren als die andere Person, und nicht erkennen kann, dass sich dies bald ändern wird, dann hört sie einfach auf, sich zu dehnen, und wartet darauf, dass die andere Person sich in ihre Richtung dehnt. Und wenn diese es nie tut, bereitet ihr das auch keine schlaflosen Nächte. Je länger sie mit jemandem befreundet ist, desto mehr wird sie sich ohne Gegenleistung dehnen. Aber auch dann kennt sie Grenzen. Für Ann ist die Entscheidung, sich nicht mehr zu dehnen, am Ende meist wie ein langsames Verblassen und weniger wie ein klarer Schnitt – was die Art von Ghosting ist, die bei ehemaligen Freund*innen das Gefühl auslösen kann, abgelehnt und manipuliert zu werden.

Für Freund*innen *muss* man sich nicht dehnen. Man kann beschließen, die Freundschaft zerbrechen zu lassen – und viele tun das auch. Andauernd. Wenn eine Freundschaft noch ganz am Anfang steht, werden schwierige Dehnungen sie mit größerer Wahrscheinlichkeit zum Zerreißen bringen. Man hat noch nicht den Willen entwickelt, Opfer füreinander zu bringen. Ihr könnt euch immer noch vorstellen, wie euer Leben ohne die Freundschaft aussehen würde. Aber wenn ihr euch als Wahlfamilie versteht, wenn ihr gemeinsam Shine Theory praktiziert, wenn ihr auf lange Sicht im Leben der anderen sein wollt, dann ist eure Freundschaft wahrscheinlich groß genug, um sich für sie zu dehnen. Wenn eine*r von euch umzieht oder schwanger wird oder eine*n neue*n Partner*in findet oder eine Geschlechtsangleichung durchlebt (oder fügt hier eure eigene bedeutende Lebensveränderung ein), dann steht viel auf dem Spiel. Wenn ihr nicht gemeinsam durch diese Veränderung geht, bringt es eure Freundschaft in Gefahr.

In einer Freundschaft kann es einen verrückt machen, dass man nicht immer gleichzeitig bemerkt, wann eine Dehnung notwendig ist. Manchmal ist eine oder einer von euch schon bis zur Überdehnung gestreckt, während die*der andere Freund*in es noch nicht einmal wahrnimmt. Wenn man selbst nicht die- oder derjenige ist, die oder der sich gedehnt fühlt, kann es schwer sein, die ganze Mühe zu erkennen, die die*der Freund*in in die Aufrechterhaltung der Freundschaft steckt.

In anderen Situationen wiederum erkennt ihr beide nicht, dass ihr euch dehnen solltet. Es kommt euch vor, als gäbe es in eurer Freundschaft überhaupt keinen Konflikt, nichts Trennendes. Die Bequemlichkeit, einander schon so lange so nah zu sein, kann tatsächlich eine Bedrohung darstellen, da so vieles ungesagt bleibt, so vieles einfach angenommen wird. Man vergisst leicht, dass wir alle uns ständig verändern. Wir denken, dass viele Freundschaften große Lebensveränderungen aus genau diesem Grund nicht überstehen. Wenn man nicht offen anerkennen kann, dass neue Umstände die Freundschaft beeinträchtigen, kann man sich nicht dehnen, um sich ihnen anzupassen. Dann fällt häufig die Formulierung: »Wir haben uns auseinandergelebt.« Menschen ändern sich unweigerlich, und es ist nur natürlich, dass nicht jede Freundschaft jede Veränderung überdauern wird.

Wenn wir ehrlich sind, klingt das Dehnen nie verlockend. Wenn man nicht schon beweglich ist, wird es mit großer Wahrscheinlichkeit schmerzhaft oder zumindest unangenehm. Aber in einer Echten Freundschaft treffen beide Beteiligten eine bewusste Entscheidung, oft immer wieder aufs Neue, dass sie sich zueinander hindehnen werden. Sie mögen sich vor eine Herausforderung gestellt fühlen, aber sie beschließen, nicht davonzulaufen. Mehr noch werden sie das Dehnen wahrscheinlich irgendwann als einen notwendigen Teil des Befreundetseins ansehen, durch den sie sich den unvermeidlichen Veränderungen anpassen, die das Leben nun einmal mit sich bringt.

Nur wenn wir uns für die Dehnung entscheiden, werden wir stärker und können wachsen. Daran führt wirklich kein

Weg vorbei. Wenn wir uns dehnen, ist das nicht immer angenehm. Aber im Rückblick erkennen wir, dass nicht das Bequeme, sondern die Herausforderungen uns stärker, weiser und widerstandsfähiger haben werden lassen.

SECHS

Das Freundesnetz

Als wir etwa ein Jahr nach unserem Kennenlernen zum ersten Mal gemeinsam Austin besuchten, organisierte Aminatou einen Gruppen-Karaokeabend. In der E-Mail-Einladung stand: »Wir haben so wenig Zeit, um so viele Erinnerungen zu schaffen.« Sie wusste Bescheid!

In der muffigen Spelunke (wir lieben dich, Ego's), lernte Ann Aminatous warmherzige, lustige Gruppe Collegefreund*innen persönlich kennen. Brittany war genau wie all die von ihr geliebten mit Heißklebepistolen bewaffneten Diven aus dem Mittleren Westen, nur eben mit texanischem Touch. Lesley war die schlagfertigste Person im ganzen Staat. Anna sorgte dafür, dass sie sich vor Lachen krümmte. Ryan brachte ihr Two-Step bei. Und Aminatous Freund*innen lernten auch gleich Anns beste Freundin Lara kennen, die ebenfalls gerade in der Stadt war. Es war einer dieser magischen Abende. Duette wurden gesungen. Tequila wurde gekippt. Viel zu viele Fotos wurden gemacht. In einer E-Mail von Lesley hieß es hinterher: »Eine Empfehlung von Amina ist die höchste Auszeichnung des Landes. Die Götter meinen es gut mit uns.«

Das Gespräch wurde auch deshalb so mühelos in Gang gehalten, weil es sich nicht um eine Begegnung von völlig Fremden handelte. Unsere Freundeskreise waren dank des Internets bereits lose miteinander verbunden. Damals lernten wir die entfernt lebenden Freund*innen der anderen in den Kommentaren unter geteilten Google-Reader-Posts kennen, ein Vorläufer der Social Media, der längst verschwunden ist, wenngleich wir ihn täglich vermissen. Im Grunde war Google Reader ein privater Social-Media-Feed. Man konnte Posts oder Artikel von Blogs und Seiten teilen, die man abonniert hatte, und Freund*innen konnten diese kommentieren. Es ist klar, dass das sehr nach Facebook oder Instagram oder was auch immer klingt, aber glaubt uns, es war viel besser, weil es nicht populär oder öffentlich genug war, um Trolle oder Selbstdarsteller*innen anzuziehen. In den Kommentaren scherzten wir über Politik, teilten Rezepte und kritisierten die Looks von Modeblogger*innen. Plötzlich hörten wir nicht nur Geschichten *über* die in der Ferne lebenden Freund*innen der anderen. Wir teilten nun auch ausgefeilte Insider-Witze mit ihnen.

Fünf Jahre nach unserem Karaoke-Abend bekam die Welt ein neues Wort für jene Art von Freundesnetzwerk, die ihn ermöglicht hatte. #SquadGoals, ein attraktives Konzept dafür, wie man seine Crew an Freund*innen wahrgenommen wissen möchte, wurde populär durch Taylor Swift, die bekanntermaßen anfing, ihre befreundeten Models, Schauspielerinnen und Musikerinnen in einer Flut aus kunstvoll arrangierten Gruppenfotos auf Instagram zu kuratieren. Später nahm sie ihre Squad-Mitglieder, die zufälligerweise allesamt heiß aussahen, während ihrer ausverkauften Welttournee mit auf die Bühne.

Swift war nicht die erste und nicht die einzige Person, die ihre Macht ausbaute, indem sie ihren Freundeskreis präsentierte. Rapper*innen riefen ihre Squads bereits in Hits aus, lange bevor das Konzept als Hashtag-Goal in der Instagram-Caption einer weißen jungen Frau erschien. Jahrhunderte zuvor waren Squads etwas Militärisches gewesen: eine kleine, organisierte Gruppe oder taktische Einheit, die gemeinsam in den Kampf zieht. Als #SquadGoals jedoch in weiß und weiblich umgeschrieben wurde, wurde es im allgemeinen Diskurs zum Kürzel für eine Gruppe Freundinnen, die so unkompliziert und großartig war, dass sie als ein erstrebenswertes Ziel erschien. Dies half auch dabei, die Vorstellung, es sei wichtig, sich mit anderen Frauen zu umgeben, vermarktbar zu machen. Kapitalismus in Aktion.

Vorbei sind die Tage, in denen Frauen beiläufig sagten: »Oh, ich habe keine Freundschaften mit anderen Frauen.« Veraltet ist auch das Vorurteil, jede Frauengruppe sei automatisch eine toxische Clique. Sich zu verbünden wird nun als essenzielle Überlebenstaktik angesehen. Das ist etwas Gutes. Aber das Hervorheben der eigenen Freundschaften ist mittlerweile auch für jede*n VIP eine bequeme und niedrigschwellige PR-Übung, ein einfacher Weg, um sich sympathisch und nahbar zu geben.

Squads waren eine Erweiterung jener Trope, die in Fernsehserien über Freundschaften üblich geworden ist: Eine feste Gruppe, die auf ein einziges Sofa in einem Café oder um einen Vierertisch beim Brunch passt, sorgt für einfache Handlungsstränge. Und zufälligerweise entspricht die Anzahl an Personen, die auf ein #SquadGoals-Foto passen, in etwa der, die in einer Pilotfolge eingeführt werden kann. Die Zwänge popkultureller Handlungsstränge stützen die Vorstellung, Freundeskreise seien feststehend und exklusiv, mit bestimmten Eigenschaften, die den einzelnen Personen darin zugeordnet werden. (»Ich bin eine Miranda.«)

Ein anderer Grund dafür, dass derart viele Menschen das Squad-Konzept so gut aufnahmen, besteht darin, dass Freundschaft sich leicht performen lässt – nicht nur für eine prominente Person wie Swift, sondern für jede und jeden von uns vor unserem eigenen Social-Media-Publikum. Instagram-Feeds sind zu dem Ort geworden, an dem man demonstriert, wie eng man miteinander verbunden ist. Leicht zu verstehen also, dass das Squad-Konzept, nachdem es populär geworden war, auch so rasch wieder getrübt wurde. Squads wurden zwar als feministisches Empowerment präsentiert, wirkten jedoch bald wie lediglich eine weitere Gelegenheit für Tonangeberinnen im Stil von *Mean Girls*, ihre Freundschaften auf eine exklusive Weise zur Schau zu stellen. *Seht ihr? Schaut euch unsere perfekte Gruppe an, in die wir euch niemals hineinlassen und die ihr maximal kopieren könnt*. Das ist gescheiterte Shine Theory.

Nach ein paar Jahren betrachtete sogar Swift selbst Squads kritisch. In einem Essay für die *Elle* schrieb sie: »Als Kind nie beliebt gewesen zu sein, hat bei mir ein dauerhaftes Gefühl von Unsicherheit ausgelöst. ... In meinen Zwanzigern fand ich mich dann von Frauen umgeben, die meine Freundinnen sein wollten. Also posaunte ich es laut hinaus, postete Bilder und feierte meine Aufnahme in eine Schwesternschaft, ohne mir bewusst zu machen, dass andere sich noch immer so fühlen könnten wie ich, als ich so allein war.«

Wir haben kein Squad. Wir haben ein sich ständig veränderndes, miteinander verbundenes Netz aus Freund*innen. Es lässt sich zwar nicht so einfach auf einem Foto festhalten, aber das Freundesnetz ist eine hilfreiche visuelle Darstellung der Komplexität, wie die Menschen, die wir lieben, miteinander in Verbindung stehen. Es umfasst unsere Freund*innen aus der Kindheit, vom College, von den Orten, an denen wir gearbeitet, aus den verschiedenen Städten, in denen wir gelebt, und aus den sozialen Gruppen, in denen wir uns bewegt haben. »Wenn du jemanden heiratest, dann heiratest du seine oder ihre Familie«, ist ein Rat, der über Generationen hinweg gern vor Hochzeiten erteilt wird. Es stimmt jedoch auch, dass einem die Freund*innen einer Person, mit der man sich eng anfreundet, ebenfalls näherkommen – und umgekehrt. Teil eines Squad kann man nur auf eine bestimmte Weise sein (und darin ist nur Platz für eine Handvoll Leute), aber es gibt viele verschiedene Weisen, in einem Netz miteinander verbunden zu sein.

Auch die größten Freundschaften benötigen andere Ventile: Ein*e einzige*r Freund*in kann nicht alles für eine*n sein. Das Freundesnetz akzeptiert, dass wir alle miteinander verbunden sind und dass es ein ganzes Dorf braucht, um in dieser Welt eine gesunde, glückliche, erfolgreiche Person zu sein. Wie ein Spinnennetz kann auch ein Freundesnetz recht empfindlich oder außergewöhnlich stark sein. Manche Netze von Schwarzen Witwen sind so elastisch, dass man an den Fäden zupfen kann wie an Gitarrensaiten, ohne sie zu zerstören, selbst wenn sie über große Distanzen gespannt sind. Sie sind sozusagen wie die weit verstreute, aber stabile Gruppe an Freund*innen, die man seit Ewigkeiten kennt und mit denen man nach einer Weile getrennt voneinander leicht wieder zusammenfindet. Mancher Spinnenfaden kann um bis zu 300 Prozent mehr Energie aufnehmen als Kevlar, bevor er reißt! Wahnsinn, oder? Unser engster und liebster Kern an Freundschaften, die die größten Herausforderungen des Lebens überstehen können, ist wie aus dieser mega-widerstandsfähigen Seide gewebt. Andere Spinnennetze sind hastig gesponnen und dünn genug, um von einer leichten Brise davongetragen zu werden – wie die Gelegenheitsfreundschaften, die man im Ferienlager knüpft, oder die brandneuen, die erst noch auf die Probe gestellt werden müssen. So ist es bei einem Freundesnetz: Abhängig davon, wer es unter welchen Bedingungen knüpft, kann es unzerbrechlich stark oder hauchzart sein. Jedes einzelne ist anders.

So beschreiben tatsächlich auch Akademiker*innen, die sich mit dem Thema Freundschaft befassen, miteinander verbundene Menschen: als ein Netz, das durch die Personen darin definiert wird. »Jedes Individuum wird als Knotenpunkt in einem größeren Netzwerk verstanden«, schreibt die Journalistin Lydia Denworth in ihrem Buch *Friendship*. Und nur weil zwei Menschen miteinander verbunden sind, bedeutet das nicht, dass sie ihre Verbindung auch auf dieselbe Weise wahrnehmen. Denworth erklärt, dass die wahrscheinlich erste Karte sozialer Netzwerke 1938 gezeichnet wurde, als Forscher*innen die Freundschaften innerhalb einer Kleinstadt in Vermont dokumentierten. In ihrem Zentrum stand eine Frau, der man den Spitznamen »gute Fee« verpasste, da sie von siebzehn Menschen als beste Freundin genannt worden war, obwohl sie selbst angab, lediglich zwei beste Freundinnen zu haben. Dies nur als kleiner Hinweis darauf, wie komplex Freundesnetze werden können. Keine zwei ähneln einander genau. Die »gute Fee« ging davon aus, in ihrem Netz gäbe es nur drei beste Freundinnen. Die anderen Menschen in der Stadt hätten ihre Netze ganz anders gezeichnet.

Da wir beide schon so lange eng miteinander befreundet sind, überschneiden sich unsere Netze an vielen wichtigen Stellen. Wir sind nicht nur direkt miteinander verbunden, sondern auch durch eine starke Gruppe gemeinsamer Freund*innen. Wir haben schon Menschen sagen hören, Freund*innen miteinander bekannt zu machen löse Angst in ihnen aus oder sei generell eine schlechte Idee, aber wir sind der Überzeugung, dass es das Leben unendlich bereichert, wenn Freundeskreise ineinanderlaufen. Wenig macht uns zufriedener, als unsere Freund*innen miteinander bekannt zu machen. Wir beide sind ganz aufgeregt, wenn wir zwei Menschen auf ein Freundschafts-Date schicken und dann zusehen, wie sie ihre eigene Verbindung knüpfen. Es fühlt sich einfach richtig an, wenn die verschiedenen Akteur*innen in unserem Leben sich auch untereinander kennen und schätzen.

Wenn das Freundesnetz in Bestform ist, feiern wir die Erfolge der anderen und versuchen, gesunde, verlässliche Beziehungen zu formen. Wir nehmen uns vor, die engsten Freund*innen der anderen wie angeheiratete Familienmitglieder zu behandeln: sie kennenzulernen, nie schlecht über sie zu reden und uns darüber auf dem Laufenden zu halten, welche großen Veränderungen in ihrem Leben vor sich gehen. Es hat etwas äußerst Befreiendes, die Menschen im Leben der anderen als Beispiele für Verantwortung, Glück und Erfolg anzusehen statt als Personen, die wir auf eine wetteifernde Weise im Auge behalten. Freundesnetze bringen Shine Theory zum Erblühen.

Es ist unmöglich, ein ganzes Freundesnetz mit einer Kamera festzuhalten. Aber wenn viele eurer Freundschaften sich in digitalen Räumen abspielen, kann Technologie euch dabei helfen, eure vielen Verbindungen zu betrachten. 2013 erstellte das Medienlabor des Massachusetts Institute of Technology ein Tool, das die Gmail-Daten einer Person nutzt, um daraus eine visuelle Karte ihres sozialen Netzes zu erschaffen. Das Tool mit dem Namen Immersion illustriert, wie man mit jeder einzelnen Person verbunden ist, der man je eine E-Mail geschrieben hat – was wohl nahezu jede Person im eigenen Leben ist. Es kann einem mit bemerkenswerter Genauigkeit sagen, wer einem jede*n neue*n Freund*in vorgestellt hat, basierend darauf, wann diese*r zuerst im eigenen Postfach auftauchte. Es teilt einem auch mit, welche der eigenen Freund*innen einander ebenfalls kennen.

Das daraus resultierende Netzdiagramm bietet jene Art von Befriedigung, die Verschwörungstheoretiker*innen empfinden müssen, wenn sie Zusammenhänge herstellen. Jede Person, mit der man sich mehr als dreimal geschrieben hat, taucht auf als »Kollaborateur*in«. Auf der Karte erscheinen diese als jeweils ein Kreis mit Linien, die ihn mit anderen verbinden. Je öfter man sich mit einer Person geschrieben hat, desto größer ist ihr Kreis. Man kann sich auf dem Zeitstrahl am unteren Ende hin und her bewegen, um die Kreise verschiedener Personen wachsen und schrumpfen zu sehen. Ex-Partner*innen verschwinden. Cluster neuer Kolleg*innen tauchen auf. Man kann richtig dabei zusehen, wie Freundschaften an Bedeutung gewinnen und dabei andere Beziehungen in den Schatten stellen.

Als wir das Tool anwendeten, erschienen wir beide als jeweils größte Sonne im Postfachuniversum der anderen. Da wir einander unsere Freund*innen von der Arbeit, vom College und aus all den Orten, an denen wir je gelebt hatten, vorgestellt haben, tauchten viele Namen in beiden Diagrammen zugleich auf. Hier lagen unsere Freundesnetze nun sichtbar vor uns ausgebreitet.

Vielleicht habt ihr schon einmal von der Dunbar-Zahl gehört, die besagt, dass das soziale Netzwerk einer durchschnittlichen Person höchstens 150 emotionale Beziehungen umfassen kann. Sie stammt aus einer Theorie von Robin Dunbar, einem britischen Anthropologen und Evolutionspsychologen, der behauptet, weil Menschen sich in kleinen Gruppen entwickelt hatten, hätten wir nur eine begrenzte Kapazität für das Aufrechterhalten von tiefergehenden Beziehungen. Dunbar fand heraus, dass die meisten Menschen fünf Personen haben, die ihnen extrem nahestehen (aka Echte Freundschaften und andere enge Beziehungen), etwa 15, mit denen sie in regelmäßigem Kontakt stehen und die emotional essenziell sind, weitere 50, mit denen sie stark und emotional verbunden sind, sowie 80, mit denen sie etwas weniger eng verbunden sind, die aber immer noch eine starke und wichtige Präsenz in ihrem Leben haben. Diese Zahlen werden in einem Diagramm häufig als eine Reihe konzentrischer Kreise dargestellt, mit einem Individuum in der Mitte und über alle Ringe verteilt insgesamt 150 Menschen – die angenommene Höchstzahl an starken Beziehungen, die eine Person aufrechterhalten kann.

Wenn wir unser Freundesnetzwerk beschreiben, und sei es auch nur für einen bestimmten Zeitpunkt, erscheint es uns jedoch etwas komplizierter als das Zeichnen von ein paar konzentrischen Kreisen. Manche Menschen sind durch eine Verbindung wichtig, auch wenn wir nicht direkt mit ihnen befreundet sind. Andere sind extrem wichtig innerhalb eines bestimmten Freundeskreises oder Kontextes, eines Winkels unseres Netzes, gehören jedoch nicht zu den Ersten, die wir anrufen, wenn wir schlechte Nachrichten erhalten. Wieder andere sind für uns von historischer und tiefer Bedeutung, aber nicht diejenigen, denen wir jeden Tag Nachrichten schreiben. Das Freundesnetz ist komplizierter und kunstvoller geknüpft als ein Squad oder Dunbars konzentrische Kreise – und aus diesem Grund fühlt es sich für uns wahrhaftig an.

William K. Rawlins, ein wegweisender Forscher auf dem Gebiet der Freundschaftsstudien, berichtete uns, es gebe wenig bis gar keine Untersuchungen zu den Dynamiken innerhalb von Freundeskreisen. Der größte Teil der akademischen Arbeit zum Thema Freundschaft konzentriert sich auf Zweierbeziehungen, als würden diese in einem gesellschaftlichen Vakuum existieren. Kulturell gesehen gibt es keine festgelegten Regeln im Umgang mit ausgedehnten und sich überlappenden Freundeskreisen. Die wenigsten Menschen reden tatsächlich über ihre Erwartungen und Unsicherheiten, bevor die unvermeidlichen Probleme auftauchen: Was macht man denn, wenn zwei Personen, die man zusammengebracht hat, sich streiten? Wie viel Verantwortung trägt man für das Verhalten von Freund*innen? Wann ist es wichtig, Informationen darüber preiszugeben, was in den eigenen anderen Freundschaften geschieht, und wann ist es destruktiver Tratsch?

Wir lernten auf die harte Tour, dass wir sehr unterschiedliche Herangehensweisen an den Mechanismus des Vorstellens, Integrierens und Beibehaltens von Freund*innen in unseren jeweiligen Netzen haben. Aminatou verbindet ihre Freund*innen untereinander häufig aus beruflichen wie auch aus persönlichen Gründen. Wenn sie eine Party gibt, sorgt sie immer dafür, Menschen miteinander bekannt zu machen, die etwas gemeinsam haben, und sie erleichtert all jenen den Einstieg, die zu einer Gruppe stoßen, in der sie nur ein paar Leute kennen. So wurde sie erzogen. Ann begegnete in ihrer Kindheit und Jugend fast nie Fremden, da ihre Familie sich immer wieder mit derselben Gruppe katholischer Freund*innen traf (und zwar in einem solchen Ausmaß, dass sie sie einmal als den »Kirchenkult« bezeichnete). Als Erwachsene übernahm sie rasch eine verbindende Rolle, behielt gegenüber dem gegenseitigen Vorstellen von Freund*innen jedoch eine Laissez-faire-Haltung bei. Ann fühlt sich nicht verpflichtet, für alles die Verantwortung zu übernehmen, was zwischen zwei Menschen vorfallen mag, die sich über sie kennengelernt haben. Ihrer Ansicht nach handelt es sich um erwachsene Menschen, die ihre Dinge gut selbst regeln können. Aminatou findet dagegen, nachdem man den Kontakt zwischen zwei engen Freund*innen hergestellt hat, müsse man sich manchmal einmischen, wenn die eine Partei sich der anderen gegenüber mies verhält. Und wenn man beiden besonders nahesteht und ihr Streit eine größere Gruppendynamik in Mitleidenschaft

zieht, glaubt Amina, dass man womöglich sogar dazu verpflichtet ist, zwischen ihnen zu vermitteln oder dabei zu
helfen, die Situation zu klären.

Wenn man die Freude eines großen, miteinander verbundenen Freundesnetzes erfährt, ist es mehr oder weniger
ausgemachte Sache, dass man auch den Schmerz erleben
wird, den es mit sich bringt. Uns ging es ganz gewiss so.

Ein paar Monate vor Anns dreißigstem Geburtstag über-
legte diese, wie sie das neue Jahrzehnt am besten einläuten
sollte. Sie war erst kürzlich für jenen Traumjob als Redakteurin nach Los Angeles gezogen. Sie hatte dort bereits ein
paar Freundschaften geschlossen, allerdings verlangte ihr
die Arbeit dermaßen viel ab, dass sie die meiste Zeit mit
ihren Kolleg*innen verbrachte – und sie brauchte dringend
eine Pause vom Büro. Außerdem war sie jeder einzelnen
ihrer Freundinnen einen Anruf schuldig, um sich gegenseitig auf den neuesten Stand zu bringen, und sie sehnte sich
danach, mit den in der Ferne lebenden Mitgliedern ihres
Freundesnetzes Zeit zu verbringen.

Zu dieser Zeit reisten wir beide oft zu den Jungesellin-
nenabschieden und Hochzeiten unserer Freundinnen und
hatten ehrlich gesagt genug davon. Wie wäre es stattdessen
mit einer Reise, bei der es ausschließlich um Komfort und
Erholung ging – und nicht um eine bevorstehende Vermäh-
lung – und bei der wir mehrere Tage am Stück einfach gar
nichts tun könnten? Die nahe gelegene Joshua-Tree-Wüste
war perfekt: bequem von Los Angeles aus zu erreichen,
aber im Januar auch ein verlockendes Ziel für Freundinnen,
die in winterlichen Klimazonen lebten.

Nichts liebt Aminatou mehr als einen Trip an einen
warmen Ort – als Ann ihr also von ihrer Idee erzählte, ein
Haus in der Wüste zu mieten, musste sie nicht lange über-

legen. Ihre Kaftane trugen sich in DC schließlich nicht selbst.

Die ursprüngliche E-Mail-Betreffzeile lautete »Desert-Lady-Geburtstags-Treffen«, und darin lud Ann Freundinnen aus allen Ecken ihres Freundesnetzes ein – Frauen, die sie aus der Highschool, dem College und von ihren Aufenthalten in San Francisco, DC und Austin kannte –, sich an ihrem Geburtstag mit ihr in Joshua Tree zu treffen. »Ich habe beschlossen, dass nichts mich glücklicher machen würde, als zu feiern, indem ich in einem Haus in Südkalifornien alle Frauen, die ich liebe, um mich versammele, lecker esse, schlechte Filme schaue, im Hot Tub abhänge, ganz viel Weed rauche und Whiskey trinke, reichlich Jamz höre und mich generell darin aale, wie großartig das alles ist«, schrieb sie. »Keine Hosen. Ausschließlich Kaftane.« (Das alles klingt für uns immer noch großartig, bis auf die »Jamz mit z schreiben«-Sache). Sie bekam rasch begeisterte Antworten. Aminatou legte mehrere Tabellen an, um bei der logistischen Planung zu helfen. Alle buchten Flugtickets nach LAX und Palm Springs und packten ihre luftigsten Gewänder ein.

Mir nichts, dir nichts war Desert Ladies geboren, der angeblich undramatische, hosenlose, BH-lose, nur für Frauen zugängliche Urlaub unserer Träume.

Und es war wunderbar! Wir zogen vorübergehend mit über einem Dutzend unserer Lieblingsfrauen in die hinreißend schöne Hochwüste. Vieles an einem Trip nur für Frauen ist reizvoll, im Kern der Desert-Ladies-Erfahrung steht jedoch die vollkommene Abwesenheit des männlichen Blicks. Es ist ein entschieden unromantischer Ort, was bedeutet, dass vom Rummachen unter den teilnehmenden Frauen stark abgeraten wird und romantische Partnerinnen nicht eingeladen sind. Ein platonisches Entspannungsideal. Bei Desert Ladies ist die wichtigste Regel die von Aminatous Freundinnen Brittany und Bethany so getaufte Wahl des Körpers: eine simple Philosophie, nach der man sich einfach von seinem Körper leiten lässt. Es kann überraschend schwer sein, dieser Idee im Alltag zu folgen, wenn man auf der Arbeit unter Druck steht und sich jedes Mal einem Urteil ausliefert, sobald man sich für Komfort anstelle von Schönheit oder Produktivität entscheidet.

In der Wüste wurde die Entscheidung des Körpers zu einem Mantra. Soll ich oben ohne sonnenbaden oder einen aufwendigen Snack zubereiten? Der Körper entscheidet! Soll ich stoned schwimmen gehen oder stoned wandern gehen? Der Körper entscheidet! In jenem ersten Jahr genossen alle siebzehn von uns die Tatsache, dass niemand unsere Körper *oder* unsere Entscheidungen kommentierte. Wir stellten fest, dass schmutzige Tassen und Teller auf magische Weise zu verschwinden schienen, weil wir alle unseren Teil beitrugen. Es gab Nachos und Cocktails, spontane Tanzeinlagen und Gesichtsmasken, und viele mäandernde Gespräche. Um Mitternacht entblößten wir unsere Brüste vor dem Mond und heulten.

Wir hatten nicht geplant, daraus ein wiederkehrendes Event zu machen. Doch noch bevor das Wochenende vorbei war, sprachen wir bereits davon, dass wir es im kommenden Jahr unbedingt wiederholen müssten. Wir dachten nicht einen Moment darüber nach, was daran schwierig, seltsam oder cliquenhaft sein könnte, wenn wir versuchten, dieses Zusammentreffen jährlich nachzubilden. Wir kamen nicht auf die Idee, dass ein Freundesnetz nicht nur zu groß ist, um es in einen durch Instagram beschnittenen Rahmen zu quetschen, sondern ebenso zu groß, um in ein einziges Haus zu passen. Wir wussten nur, dass wir diese Reise wiederholen wollten.

Ein Jahr darauf verschickte Ann erneut eine Gruppen-E-Mail, diesmal mit der Betreffzeile: »Hosenlose Ladies in der Wüste II: Rückkehr nach Joshua Tree«. Das zweite Jahr war größer und lauter. Die ursprünglichen siebzehn Frauen wurden eingeladen, allerdings war Anns Freundesnetz in LA mittlerweile um ein halbes Dutzend weitere Frauen angewachsen. Mehrere von ihnen kamen in Begleitung, sodass es letzten Endes sechsundzwanzig Frauen wurden. Ann fand in Palm Desert ein schräges Haus mit zahllosen Stockbetten, das offenkundig von einer religiösen Familie geführt wurde. Die Besitzer*innen hatten über jede Schlaf-zimmertür den Namen eines Buchs der Bibel geschrieben. Irgendjemand fing an, uns alle scherzhaft als »Schwester-gemahlinnen« zu bezeichnen. Die Kaftane, die Haschkekse und das Mondgeheul entfalteten erneut ihre volle Wirkung. Aminatou begegnete einigen von Anns engsten Freundin-nen aus Los Angeles zum ersten Mal persönlich (online hatten sie bereits Dutzende Nachrichten ausgetauscht), und wieder und wieder wurde einander versichert: »Ich habe das Gefühl, dich schon ewig zu kennen.«

Nach jenem zweiten Jahr fand Ann, all diese ersten Be-gegnungen und Begleitungsgäste seien die perfekte Gele-genheit, Desert Ladies als Tradition weiterzuführen. Sicher, ursprünglich hatte es mit ihrem Geburtstag begonnen, und sie war die Person, die die Initiative ergriffen hatte, die E-Mails zu schreiben und das Haus zu buchen, dennoch hatte sie nicht mehr das Gefühl, es handele sich um »ihr« Wochenende. Sie hatte auch Angst davor, die volle Verant-wortung für Desert Ladies als einen Ort zu übernehmen, zu dem man nur mit Einladung Zutritt bekommt. Ihrer Ansicht nach war jede Frau, die sie einmal eingeladen hatte, auch zu allen zukünftigen Reisen eingeladen. Desert Ladies war in ihrer Vorstellung nun eine gemeinschaftliche Erfahrung, die von den Frauen gestaltet wurde, die daran teilnahmen. Und so wuchs die Gruppe auf eine Weise, die nicht mehr nur mit Anns persönlichem Freundesnetz verknüpft war. Insgesamt sagten im dritten Jahr fünfzig Frauen ihre Teilnahme zu. Wir brauchten mehr Platz.

Was wir fanden, war Areolas, ein heruntergekommenes FKK-Resort in Desert Hot Springs, das wir für einen Spottpreis eine Woche lang komplett mieten konnten. (Eine der Masseurinnen dort bemerkte, sie habe auf dem Grundstück noch nie so viele bekleidete Menschen gesehen.) Es verfügte über einen Hot Tub, in dem dreißig Personen bequem sitzen konnten (wir schwammen darin gemächliche Runden), eine riesige Göttinnenstatue und am Poolrand ein zementiertes Quadrat mit Brustabdrücken. Wir hatten unser neues Zuhause gefunden.

Uns war jedoch nicht bewusst, wie sehr es uns strapazieren würde, Gastgeberinnen für fünfzig Frauen zu sein. Das sind mehr Personen, als auf manche Hochzeiten eingeladen werden, was uns erstaunlicherweise weder abschreckte noch aufhorchen· ließ. Genauso wenig wie die Tatsache, dass Ann den größten Teil des Jahres vor Desert Ladies auf Auslandsreisen verbrachte und sich um einige der Details gar nicht selbst kümmern konnte. Ann ernannte einen Logistikrat, der ihr bei der Planung der Mahlzeiten und dem Aufteilen der Kosten helfen sollte.

Aminatou übernahm es, für den Samstagabend einen Taco-Truck zu organisieren. Außerdem wurde sie damit beauftragt, sich um die Finanzen zu kümmern. Bei den vorherigen Malen hatte Ann jeweils die gesamte Reise mit ihrer Kreditkarte bezahlt und das Geld danach zurückbekommen, aber das war bei fünfzig Personen nicht mehr möglich, was eine Menge Erinnerungsmails erforderlich machte, damit alle sich die Bezahl-App herunterluden und den Anweisungen folgten. Die Tatsache, dass wir beide im Zentrum dieser logistischen Anstrengungen standen, trug innerhalb unseres Freundesnetzes zu dem Eindruck bei, wir würden füreinander sprechen. Wenn Ann in einer anderen Zeitzone war oder nicht auf eine E-Mail antwortete, meldeten die Frauen sich bei Aminatou, um Fragen zu stellen oder um Hilfe zu bitten, da es natürlich so wirkte, als würde sie über alles Bescheid wissen. Tatsächlich sah Aminatou Desert Ladies manchmal als »unseren Trip« an, womit sie sich selbst und Ann meinte.

Als ein Nebeneffekt des großen Wachstums der Gruppe waren die Verbindungen zwischen all diesen Personen im Freundesnetz nun immer schwerer nachzuvollziehen. Welche Frauen waren seit vielen Jahren beste Freundinnen, und welche kannten einander im Grunde gar nicht? Es war nicht mehr klar. In jenem Jahr gab es eine deutlich größere Gruppe von Frauen aus LA, von denen Aminatou annahm, sie seien allesamt enge Freundinnen von Ann. Hätte sie Ann tatsächlich nach ihrer Beziehung zu diesen Frauen gefragt, hätte sie herausgefunden, dass einige von ihnen neue Freundinnen, andere dagegen deren Begleiterinnen waren. Dies hätte ein erster Hinweis darauf sein sollen, dass das ausgedehnte Netz sich zu verheddern drohte. Eine gute Faustregel lautet, dass man noch nachvollziehen können sollte, auf welche Weise all die Personen im Netz miteinander verbunden sind und wie nah sie einander jeweils stehen. Während Desert Ladies sich ausdehnte, wurden die Verbindungen zwischen den verschiedenen Teilnehmerinnen jedoch weniger offensichtlich. Und um die Sache noch zu verkomplizieren, war die Gruppe mittlerweile so groß geworden, dass ein paar der eingeladenen Frauen einen gewissen Grad an Spannungen untereinander entwickelt hatten.

Das verdeutlichte eine wichtige Lektion, die wir gerade erst über unser Freundesnetz zu lernen begannen: Während es größer und untereinander vernetzter wird, kann alles, von harmlosen Missverständnissen bis hin zu getuschelten Gerüchten, es zum Zerreißen bringen. Unausgesprochene, unbehandelte Probleme können die stärksten Freundesnetze auseinanderreißen. Wie wir heute wissen, sollte man besser akzeptieren, dass Probleme in einer Gruppe unvermeidlich sind, und diese direkt besprechen – idealerweise in einem Tonfall der Großherzigkeit –, damit sie nicht gären.

Als der dritte Desert-Ladies-Trip näher rückte, rief Aminatou Ann an, um etwas anzusprechen, das sie störte. Aminatou will nicht im Detail wieder aufwärmen, was vorgefallen war, aber im Wesentlichen ging es darum, dass sie von einer der Frauen, die nun Teil der Desert-Ladies-Crew war, hintergangen worden war. Es schien, als könnte diese Frau an dem bevorstehenden Trip teilnehmen, und Aminatou wollte diese Tatsache mit Ann bereden. Sie wollte überlegen, wie sie selbst weiter vorgehen sollte, und entscheiden, ob ihr die Teilnahme unter diesen Umständen behagte. Sie wollte Dampf ablassen.

Ann hörte sich Aminatous Geschichte über den Vorfall an und stimmte zu, dass die Frau sich schlecht verhalten habe. Allerdings interpretierte Ann Aminatous Dampfablassen als unausgesprochene Bitte um ein Einschreiten – auch wenn es Aminatou gar nicht in den Sinn gekommen war, dass die Frau ausgeladen werden könnte, und sie das nicht von Ann verlangte. Aminatou war nicht die erste Desert Lady, die in jenem Jahr an Ann herantrat, um betont nachzuhaken, ob eine bestimmte andere Frau auch teilnehmen würde. Ann versuchte bereits, eine Lösung dafür zu finden, dass zwei weitere Personen auf der Einladungsliste sich in einer beruflichen Angelegenheit zerstritten hatten.

Und es gab noch mehr Probleme. Mit näher rückendem Termin sagten Frauen ab, erkundigten sich, ob ihre Freundinnen sie begleiten könnten, oder fragten, ob sie nur für einen Tag dazustoßen dürften. Die Teilnehmerinnenliste und die Anreisedetails schienen sich täglich zu ändern. Ann hätte es nie zugegeben, aber sie fühlte sich überfordert von der Rolle, die sie für sich selbst geschaffen hatte. Sie hatte nur an die schönen Seiten der Idee gedacht, bei einem jährlichen Event jeden Winkel ihres Freundesnetzes miteinander zu verbinden. Vor diesem Konflikt war Ann nicht auf den Gedanken gekommen, dass das Einladen ihres gesamten sozialen Netzwerks sie zu schwierigen Entscheidungen zwingen könnte, falls Meinungsverschiedenheiten aufträten. Auch wenn sie Aminatou so viel näherstand als der Frau, die diese verletzt hatte, und *selbstverständlich* lieber Aminatou dabeihaben mochte, wollte Ann auch nicht zu einer Art kaftantragenden Richterin Judy (aus der gleichnamigen TV-Sendung) werden, die nicht nur darüber urteilte, wer recht und wer unrecht hatte, sondern von der auch erwartet wurde, dass sie die Strafe in Form einer Ausladung von diesem Wüstenurlaub verhängte. Ann konnte erkennen, dass diese ungeklärten Gefühle im Hinblick auf ihre Verantwortung für diese Reise ein Problem darstellten, aber sie schob sie beiseite, um mit der Planung fortzufahren.

Aminatou, die nicht ahnte, dass Ann sich noch mit weiteren Streitigkeiten innerhalb des Freundesnetzes beschäftigen musste, war verdutzt über das, was sie als vollkommene Gleichgültigkeit Anns wahrnahm. Der Vorfall löste Zweifel in ihr aus, ob Ann ihr gegenüber im selben Maße loyal war, wie sie selbst es Ann gegenüber war.

Wenn ihr der Meinung seid, das würde nach einer Menge Drama für zwei »Low Drama Mamas« klingen, dann stimmen wir euch zu. Menschen verletzen und missverstehen einander andauernd – das ist unvermeidlich, selbst unter zwei Personen, die einander sehr gut kennen. Heute haben wir verstanden, dass »Low Drama« ein Deckmantel für unseren Hang zur Konfliktvermeidung war, ein Weg für uns beide, Probleme zu bagatellisieren, die eigentlich angegangen werden müssten. Zu ignorieren, was passierte, ließ diese Probleme jedoch nicht verschwinden. Es verschlimmerte sie.

In einer Reihe von Einzelgesprächen erklärte Ann den eingeladenen Frauen – Aminatou inbegriffen –, sie sollten ihre Probleme direkt miteinander lösen und selbst entscheiden, ob sie mitkommen wollten oder nicht.

Diese Haltung sollte Aminatous Gefühle bezüglich Desert Ladies für immer beeinflussen. Alles, was Aminatou dabei hörte, war, dass sie Ann zur Last fiel. Sie fühlte sich auch geringgeschätzt und abgetan, als schiene all die Arbeit, die sie in den letzten beiden Jahren in die Verwirklichung der Reise gesteckt hatte, größtenteils unsichtbar gewesen zu sein.

Es dauerte Jahre, ehe wir offen darüber sprechen konnten, was im dritten Jahr von Desert Ladies passiert war. Ann beruft die Versammlung in der Wüste auch weiterhin ein, allerdings in verkleinerter Form. Aminatou ist ab und zu erneut dort aufgetaucht, aber im Grunde seit Jahren nicht mehr richtig dabei gewesen. Anfangs stellten die anderen viele Fragen zu Aminatous Abwesenheit, aber Ann erzählte ihnen, es habe einfach zeitlich nicht gepasst.

Unsere blinden Flecken erscheinen uns heute so offensichtlich: Wir verbringen gern eine schöne Zeit, also ergab es für uns Sinn, eine Gruppe unserer Lieblingsfrauen um uns zu versammeln. Aber wir diskutierten nie über etwas Tiefgründigeres als Logistik, da wir annahmen, dass wir auf derselben Wellenlänge wären, was das Freundesnetz anging.

Junge, Junge, wie unterschiedlich unsere Wellenlängen waren. Wir befanden uns nicht einmal im selben Funknetz.

Heute müssen wir uns fragen, wie viel Kummer wir uns wohl hätten ersparen können, wenn wir einfach offener darüber gesprochen hätten. Aminatou wünschte wirklich, sie hätte gesagt: »Hey, Ann! Das ist echt Mist. Eigentlich ist es mir egal, ob diese Person mitkommt oder nicht, aber ich wünsche mir, dass du einsiehst, wie blöd die Situation ist und dass ich ein bisschen empfindlich bin, was diese Sache angeht.« Und Ann wünschte, sie hätte zu Aminatou gesagt: »Ich fühle mich total gestresst und verunsichert von einer Sache, die doch eigentlich Spaß machen sollte. Es ist mir so wichtig, dass du dich bei diesem Treffen willkommen fühlst und glücklich bist. Wenn du das Wochenende in ihrer Gegenwart nicht genießen kannst, dann werde ich sie ausladen.«

Aber wir sagten nichts von alledem.

Es mag den Anschein erwecken, als wäre dies eine belanglose kleine Geschichte über einen fehlgeschlagenen Gruppenurlaub, aber die damit einhergehenden Gefühle waren alles andere als belanglos. Es war die erste Erschütterung, die andeutete, dass es in unserer Freundschaft eine Bruchlinie geben könnte. Aminatou spürte diese Erschütterung, teilte es Ann jedoch nicht mit.

Ann spürte sie überhaupt nicht.

SIEBEN

Die Falltür

Es war einer dieser perfekten kalifornischen Abende, nicht zu kalt und nicht zu heiß. Anns Garten war von Lichterketten erleuchtet und durchsetzt mit dem fröhlichen Stimmengewirr von den Gesprächen all der Menschen, die sich mit Rosé-Gläsern in der Hand dort tummelten. Sie hatte ihre Terrasse als Veranstaltungsort für die Geburtstagsparty einer Freundin zur Verfügung gestellt. Und es wurde sogar noch besser: Aminatou war zufällig gerade in der Stadt. Sie war auf Geschäftsreise in Los Angeles und hatte sich auf die Gartenparty gefreut, da sie das Geburtstagskind und viele der anderen Gäste kannte und mochte.

Als sie auftauchte, war die Party bereits in vollem Gange. Aminatou fand die Snacks köstlich und die Stimmung phantastisch. Was ein lustiger Abend zum Feiern, und um sich mit Freund*innen auszutauschen, hätte sein sollen, schlug für Aminatou jedoch um, als sie feststellte, dass sie die einzige Schwarze Person war, die auf Anns Terrasse herumspazierte.

Es traf Aminatou unvorbereitet. Einer Versammlung wie dieser beizuwohnen fühlte sich surreal an. Sie wusste, dass Ann nicht nur weiße Freund*innen hatte, doch hier stand Aminatou nun und suchte den Garten nach dem kleinsten Hinweis auf Melanin ab. Nichts. Nicht einmal eine leichte Bräune unklarer ethnischer Herkunft.

Konnte das wirklich wahr sein? Nach all den Jahren, die

sie Ann schon kannte? Weshalb war Aminatou die einzige Schwarze Person auf dieser Party? Innerlich schrie sie: *Wo sind deine Schwarzen Freund*innen?*

Die anderen Gäste konnten ihre Panik mit Sicherheit spüren. Sie hatte das Gefühl, zu versinken, als würde sie durch die Fliesen von Anns Terrasse fallen.

Der Journalist Wesley Morris nennt diese Erfahrung die Falltür des Rassismus. »Für People of Color beinhaltet ein Aspekt der Freundschaft mit weißen Menschen das Bewusstsein, dass man jeden Moment durch eine Falltür des Rassismus stürzen könnte, etwa durch einen Versprecher, auf einer Campus-Party oder bei einer Wahlkampagne«, schrieb er 2015. »Es trifft einen jedoch nicht immer vorbereitet.« Die Falltür beschreibt das Unwohlsein, das Schwarze Menschen unter weißen Menschen empfinden können, die eine bedeutende Rolle in ihrem Leben spielen. Selbst wenn diese weißen Menschen beschließen, Tag für Tag Rassismus zu bekämpfen, werden sie es hundertprozentig hin und wieder vermasseln und die Schwarzen Menschen in ihrem Umfeld enttäuschen.

Race manifestiert sich in jeder Freundschaft anders. Und nicht alle *interracial relationships* beinhalten eine Schwarze und eine weiße Person. Bei uns ist es aber so, daher werden wir an dieser Stelle darüber sprechen.

Im Gegensatz zu dem, was die Popkultur uns glauben lassen möchte (wir reden von dir, *Green Book*), wurzeln die meisten *interracial friendships* nicht in tiefgründigen Gesprächen über Unterschiede in Bezug auf *race*. Zumindest am Anfang nicht. Wie alle Beziehungen beginnen auch Freundschaften zwischen einer Person of Color und einer weißen Person, wenn zwei Menschen zusammenfinden über jene Dinge, die sie gemeinsam haben. (Erinnert ihr euch noch an unsere Geschichte der Gleichheit?) In einem

Gespräch mit uns wies Morris darauf hin, dass es in manchen *interracial friendships* Dinge gibt, von denen beide Personen instinktiv wissen, dass sie nicht darüber sprechen sollten. »Wie wohl man sich in diesen Beziehungen fühlt, hängt zu einem gewissen Teil davon ab, dass man bestimmte Dinge nicht anspricht. Jeder Mensch hat eine Grenze, einen Ort, den die Beziehung irgendwie stillschweigend zu meiden weiß«, erklärt er. »Aber irgendein Ereignis, normalerweise etwas, worauf keine der beiden Parteien Einfluss hat, wird einen schließlich dazu zwingen, sich damit auseinanderzusetzen.«

»Irgendein Ereignis.« Seufz. Aminatou und viele ihrer Schwarzen Freund*innen haben dieses Ereignis fürchten gelernt. Das Ereignis muss nicht notwendigerweise von der*dem weißen Freund*in selbst ausgelöst werden. Morris sagt, daran beteiligt sein können auch »Bekannte oder die Familie der weißen Person, oder eine Situation, in der man Rassismus erfährt oder allgemeine Spannungen, die in Rassismus umschlagen, und die*der weiße Freund*in sagt: ›Äh, ich finde, dass du, nichtweiße*r Freund*in, überreagierst auf was auch immer da gerade passiert.‹« Im Bruchteil einer Sekunde öffnet sich laut Morris die Falltür. Die Schwarze Person ist nun gezwungen, die Freundschaft neu zu beurteilen, basierend auf einem Ereignis, das oberflächlich betrachtet relativ unschuldig wirken mag.

Dies unterscheidet sich von dem, was Aminatou empfindet, wenn sie offeneren Formen von Rassismus begegnet, wie etwa, als ein Radfahrer kurz nach ihrer Ankunft in den Vereinigten Staaten an einer Tankstelle in Oklahoma ihr gegenüber das N-Wort benutzte. Sie ist stets in Alarmbereitschaft, was Fremde zu ihr sagen mögen, lässt jedoch in ihrer Wachsamkeit nach, wenn sie unter Menschen ist, die sie kennt. Unter Fremden fühlt sie sich, als machte sie sich während eines Flugzeugabsturzes auf den Aufprall gefasst, aber wenn es sich um einen Vorfall mit einer Person handelt, die sie liebt, wie ein*e weiße*r Freund*in oder ein weißer Liebespartner, ist das Gefühl weniger dramatisch. Morris sagt, in diesen Fällen sei es mehr, wie wenn ein Klecks Senf von jemandem auf der eigenen Hose landet. Man bemerkt es und fühlt sich unwohl dabei, aber der Person, die den Senf verkleckert hat, fällt noch nicht einmal auf, was passiert ist. Nun muss man entscheiden, ob man etwas sagen und damit die Aufmerksamkeit erst auf den Fleck lenken soll. Egal was man tut, es wird peinlich und unangenehm. Und hinter Unbehagen im Zusammenhang mit *race* lauert stets nicht allzu weit entfernt auch der Schmerz.

Die Geburtstagsparty war genau so ein Fall: Aminatou verabschiedete sich an jenem Abend früh und sprach Ann nicht direkt darauf an. *So etwas heftet man ab als einen Datenpunkt, als eine für sich allein stehende Information*, dachte sie bei sich. Jede Schwarze Person, die eng mit einer weißen Person befreundet ist, hat ihren eigenen Datensatz. Ein Datenpunkt allein erzählt nicht die ganze Geschichte, aber wenn man genügend Kontext sammelt, beginnt man das Gesamtbild zu erfassen.

Aminatou sprach es nicht sofort an, da sie zunächst ihre eigenen Gefühle verstehen musste. Es war nicht das erste Mal, dass sie die einzige Schwarze Person in einem Raum war. Tatsächlich passierte es bei der Arbeit andauernd. Es war auch schon bei vielen der kleineren Partys vorgekommen, die Ann im Laufe der Jahre gegeben hatte. (Hört mal, nicht all eure Brunches können aussehen wie eine Werbebroschüre fürs College.) Aber dieses Mal fühlte es sich anders an. Nach Jahren, in denen sie weit voneinander entfernt gelebt hatten, war Aminatou nicht bei jeder Zusammenkunft dabei gewesen, die Ann in LA abgehalten hatte, daher war es bitter, nun zu einer dazuzustoßen, die so aussah. *Kenne ich dich überhaupt?*, fragte sie sich. Wenn Anns Leben sich mittlerweile so gestaltete, war sich Aminatou ihres eigenen Platzes darin nicht mehr sicher. Außerdem fragte sie sich, welche anderen Zeichen sie im Laufe der Jahre wohl übersehen hatte.

Aber Aminatou sprach es auch deshalb nicht direkt an, weil der Auslöser an sich ein bisschen albern wirkte. Es war doch bloß eine Geburtstagsparty! Darüber hinaus auch noch die Geburtstagsparty von jemand anderem. *Warum war das so eine große Sache?* Angesichts der Gefühle, die in ihr aufstiegen, wusste sie allerdings, dass es keine Kleinigkeit war. Sie fühlte sich unwohl, und es machte ihr zu schaffen, dass sie den Eindruck hatte, sie könne noch nicht mit Ann darüber reden.

Aminatou war überzeugt davon, wenn eine ihrer Freundinnen ihr und Ann von einer ähnlichen Situation berichtet hätte, dann hätte Ann sich der Sache gewachsen gezeigt. Ann hätte die weiße Person aufgefordert, einen gründlichen und kritischen Blick auf ihre eigenen Entscheidungen zu werfen, die dazu geführt hatten, dass bei einer so großen Zusammenkunft keine Schwarzen Freund*innen anwesend waren. Aber es fällt immer leichter, anderen Ratschläge zu ihren Problemen zu geben. Und wenn es um das Thema *race* geht, fällt es wohlmeinenden weißen Menschen sogar noch leichter, das Benehmen von anderen anzuprangern, während sie ihr eigenes ignorieren. Das tun sie andauernd.

Wir hatten schon unzählige Male darüber gesprochen, wie beschämend berufliche Konferenzen mit ausschließlich weißen Menschen auf dem Podium für die Planenden wie die Teilnehmenden waren. (Ausschließlich Männer auf dem Podium? Auch nicht so toll!) Eine Geburtstagsparty ist keine öffentliche Veranstaltung, aber der Punkt bleibt bestehen. Wenn man weiß ist und die eigenen Wochenend-trips, Baby Showers und Dinnerpartys ausschließlich aus weißen Teilnehmenden bestehen, dann signalisiert man seinen Schwarzen Freund*innen damit bestimmte Dinge: Bestenfalls zeigt es ihnen, dass bei den Anlässen, zu denen man einlädt, nur weiße Menschen willkommen sind. Schlimmstenfalls lässt es sie annehmen, dass sie die*der einzige Schwarze Freund*in sind, eine Vorzeigefigur, die man gesammelt hat wie ein Diversitäts-Pokémon. Kein*e tatsächliche*r, echte*r Freund*in. Wenn weiße Menschen sich in Räumen mit ausschließlich anderen weißen Menschen aufhalten, dann ist das eine bewusste Entscheidung und nicht einfach etwas, das ihnen passiert, wenn sie die Gästeliste nicht noch einmal überprüfen.

Aminatou war enttäuscht, als Ann die Sache mit der Party nicht von selbst ansprach. Anns Schweigen ließ Aminatou zweifeln, ob der Vorfall wirklich so viel Gewicht besaß. Aminatou war der Meinung, Ann hätte einfach ohne große Entschuldigungen erkennen sollen, wie blöd die Sache gelaufen war. Aminatou wusste, dass es nicht Anns Party gewesen war und sie die Gästeliste nicht zusammengestellt hatte, aber *Aminatou* hätte nicht die Einzige sein sollen, die dem Thema *race* Aufmerksamkeit schenkte. Liberale Weiße wie Ann behaupten oft, sie hätten keine Angst davor, über Unterschiede aufgrund von *race* zu sprechen, aber Morris weist darauf hin: »Wenn man eine Schwarze Person in Amerika ist und eine enge Beziehung zu einer weißen Person hat, wird das Thema *race* aller Wahrscheinlichkeit nach erst dann aufkommen, wenn man es selbst anspricht.«

Es ging um so viel mehr als nur eine einzige bedauerliche Geburtstagsparty. Es betonte einen unüberbrückbaren Graben zwischen uns beiden.

Dies ist zwar nicht eins zu eins der Plot von *Get Out* (auch wenn »der versunkene Bereich« sehr real ist), aber Ann ist eine weiße Person, in deren kulturellem Umfeld einige extrem tief verwurzelte und gestörte Vorstellungen über das Thema *race* kursieren. Was heißen soll, dass Rassismus strukturell ist. Rassismus wird durch ein komplexes System entwickelt, aufrechterhalten und geschützt. Der Begriff gilt nicht nur für jene, die People of Color persönlich hassen. Er ist eingebrannt in unser System, in unsere Kunst und Kultur, in unsere finanziellen Strukturen, in unsere Vorstellungen über Wert und Kommunikation. Das bedeutet, dass er jede und jeden betrifft, unabhängig von den eigenen Ansichten zum Thema *race*. Unabhängig davon, wie die eigenen engsten Freund*innen aussehen. Er steckt in alltäglichen Erfahrungen und flüchtigen Momenten. Er ist überall.

Deshalb stellt *race* eine andere Art von Herausforderung dar als jene Dehnungen, die wir durchlebten, als Aminatou krank wurde oder Ann weit fortzog. Jene Herausforderungen lagen im Bereich unserer Freundschaft. *Race* ist etwas Größeres als unsere Freundschaft. Wir und all unsere Dynamiken leben *darin*. Und so können wir unsere Schwierigkeiten bei der Bewältigung unserer Unterschiede aufgrund von *race* nicht einfach auf einen einzigen lehrreichen Vorher-nachher-Moment reduzieren. Im großen Ganzen unserer Freundschaft war die Geburtstagsparty keine riesige Sache. Sie ist nur ein kleines Beispiel von vielen, wie Rassismus sich in unsere Beziehung einschleicht. Und eins von vielen, über die wir seinerzeit schwer sprechen konnten.

Wir teilen viele allgemeine Einstellungen zum Thema *race* und wie es zu den Ungleichheiten und Ungerechtigkeiten unserer Welt beiträgt. Wir sind versiert darin, zu besprechen, wie Rassismus sich in den Nachrichten oder in der Kultur niederschlägt. Wir fühlen uns sicher dabei, über den Rassismus zu diskutieren, dem Aminatou auf der Arbeit oder draußen in der Welt begegnet, sowie über rassistische Vorfälle mit anderen Freund*innen, die Ann mitbekommt.

Wenn aber Ann zur Quelle des Schmerzes wird, den Aminatou empfindet? Darüber zu reden fällt uns weitaus schwerer.

Solange sie zurückdenken kann, ist Aminatou sich der durch *race* bestimmten Trennlinie zwischen Schwarzen und weißen Menschen klar bewusst gewesen. Ihre früheste rassistische Erinnerung handelt von einem Mädchen in der ersten Klasse, die auf dem Klassenfoto nicht neben ihr stehen wollte. Sie behauptete, Aminatou sei »zu dunkel und hässlich«. (Dein Pech, kleines französisches Mädchen! Heute wollen die Leute unbedingt Selfies mit Aminatou machen.) Allerdings lebte Aminatou in Westafrika, wo fast alle so aussahen wie sie. Sie gehörte nicht zu einer Minderheit, und Diversität war etwas, das sie an der Nationalität festmachte. In der französischen Schule wurde zwar über die afrikanische Geschichte hinweggegangen, trotzdem sorgte Aminatous Mutter dafür, dass sie auch ausreichend darüber erfuhr. Sie lernte die Geschichten von Aminatou, der großen Kriegerinnenkönigin der Hausa, und Samory Touré, dem Helden, der den Widerstand gegen die französischen Kolonialmächte im heutigen Guinea angeführt hatte. Sie hörte die Erzählungen über jenen Vorfahren, nach dem ihr Vater benannt ist, Alpha Yaya von Labé, der sich weigerte, die Provinz, für die er zuständig war, an die Franzosen abzutreten, und dafür starb. Aminatou kannte die Königreiche, die Kunst, die Wissenschaft und die Innovationen von Menschen, die aussahen wie sie. Das kleine französische Mädchen hatte ihre Gefühle verletzt, aber Aminatou glaubte keine Sekunde lang, dass in ihren ignoranten Worten auch nur ein Fünkchen Wahrheit steckte.

Die *race*-Dynamik am College zu begreifen, erwies sich als komplizierter. In ihren Anfangstagen in den Vereinigten Staaten interpretierte Aminatou jede unangenehme Erfahrung als umfassendes kulturelles Missverständnis von Amerikaner*innen im Allgemeinen. Sie brauchte eine Weile, um zu begreifen, dass *race* tatsächlich im Zentrum eines großen Teils des Unwohlseins stand, das sie empfand: wenn weiße Menschen ihr Haar anfassten, wenn sie wiederholt kommentierten, wie gut sie sich ausdrücken könne, wenn weiße schwule Männer in ihrer Gegenwart so unbefangen dieses »Hey Girl«-Fingerwackeln und -Nackenrollen darboten. Mehr als einmal wurde ihr mitgeteilt, sie sei »nicht wie andere Schwarze Menschen«, was ihr großen Kummer bereitete.

Als Aminatou endlich anderen Schwarzen internationalen Studierenden davon erzählte, war sie erleichtert, bestätigt zu bekommen, dass sie sich all diese Dinge nicht einbildete. Ihre Gespräche offenbarten, dass die anderen die gleichen Erfahrungen machten und dass alldem ihr Schwarzsein und nicht ihr Fremdsein zugrunde lag. Die Erleichterung wich einer Bestürzung über die amerikanischen *race*-Beziehungen. (Wenn ihr aus einem anderen Land seid und dem zustimmt: Keine Sorge, auch in eurem Land sind die *race*-Beziehungen verkorkst. Ja, Kanada, sogar du bist gemeint.) Außerdem hatte sie mit der Tatsache zu kämpfen, dass sie zwar selbst Anti-Schwarzen-Rassismus erfuhr, jedoch über genügend kulturelle Gewandtheit verfügte, um sich in vielen weißen Umgebungen auf eine Weise zurechtzufinden, wie es einige ihrer afroamerikanischen Freund*innen nicht vermochten. Weiße Amerikaner*innen schienen sich weitaus wohler mit einer Ausländerin zu fühlen, die auf ein Internat gegangen war. Aus diesem Grund verspürte sie eine zusätzliche Verpflichtung, Rassismus niemals durchgehen zu lassen, da sie sich ansonsten selbst daran beteiligen würde.

Aminatou hat keine Angst davor, bigotte Twitter-Trolle anzuprangern oder sich mit Fremden anzulegen, die ein rassistisches Schimpfwort benutzen. Verstummt ist sie dagegen in ihrer näheren Umgebung: bei den Eltern ihrer Collegefreundin, die niemals aus dem Staunen darüber herauskamen, wie »gut« ihr Englisch sei, bei der Freundin, die ihre asiatischen Kolleginnen häufig miteinander verwechselte, bei ihrem Freund, dessen Großmutter darauf bestand, sie »Tina Turner« zu nennen (wenn sie daran zurückdenkt, zuckt Aminatou noch heute mit dem ganzen Körper zusammen). Je enger die Beziehung ist, desto unangenehmer und heikler ist es, die Kränkung anzusprechen. Manche Leute werden so tun, als wären diese Vorfälle bloß Bagatelldelikte, die man mit einem Schulterzucken abtun kann, aber Aminatou ist fest davon überzeugt, dass die Nähe zwischen beispielsweise einer Schwarzen und einer weißen Person der einzige Kontext ist, in dem die Broken-Windows-Theorie tatsächlich relevant ist: Alle sichtbaren Zeichen eines Vergehens laden zu weiteren Vergehen ein! Man muss dagegen die Stimme erheben, sonst wird es die Freundschaft untergraben.

Wenn Rassismus auf einer Skala existiert – von der 1 bis 2, wenn jemand sie mit dem Namen einer anderen Schwarzen Person anspricht (»Hallo, Dayo!«), bis zur ausgereiften 10 eines Trump-mäßigen weißen Nationalismus –, dann glaubte Aminatou eine Zeit lang, ein bisschen davon schlucken zu müssen (eine 1 hier, eine 2 dort) sei der Preis, den man dafür zahlte, weiße Leute in seinem Leben zu haben. Aber je älter sie wird, desto weniger flexibel ist sie in dieser Hinsicht. Viele ihrer Freund*innen kamen in ihren Freundeskreis, als sie die Sache noch etwas lockerer sah. Nicht selten war sie deren erste und manchmal einzige Schwarze Freundin. Heute wäre es für sie unmöglich, sich mit einer Person anzufreunden, die nicht bereits nennenswerte Beziehungen zu anderen Schwarzen Menschen pflegt.

Aminatou ist nicht die Einzige, die diese Anforderung stellt, wenn sie sich mit einer weißen Person anfreunden möchte. Wir haben uns mit einem anderen Freundespaar unterhalten, Saeed und Isaac, die seit fast zehn Jahren eine Echte Freundschaft führen. Saeed war zunächst skeptisch gegenüber der Vorstellung, sich mit Isaac anzufreunden, nachdem dieser ihn auf einer Schreibtagung angesprochen hatte. »In der Verlagsbranche arbeiten einfach so viele nett aussehende, lächelnde weiße Typen in Flanellhemden. Wisst ihr, was ich meine?«, fragt Saeed. »Ich weiß noch, dass ich zögerte und dachte: ›Ich will diesem Fremden nicht einmal die Möglichkeit geben, mich zu enttäuschen.‹« Als Saeed Isaac schließlich in sein Herz ließ, »hat er sich immer wieder auf unerwartete Weise bewiesen, versteht ihr?« Isaac war in seiner Kindheit eine Zeit lang obdachlos gewesen, und insofern sie nicht nur über *race*, sondern auch über Klassen sprachen, konnten sie sich einen gemeinsamen Weg nach vorn ebnen. Saeed erklärt: »Was auch immer der Grund dafür war, ich glaube, wir waren perfekt aufeinander abgestimmt.« Bemerkenswert erschien Saeed auch, dass Isaac in einer überwiegend Schwarzen Nachbarschaft aufwuchs und Schwarze Familienmitglieder hat. Saeed war nicht Isaacs einzige wichtige Beziehung zu einer Schwarzen Person.

Aminatou hatte ein paar ähnliche Absicherungen, was Ann betraf. Immerhin wurden wir einander von einer Schwarzen Frau vorgestellt. Zwischen Dayo und Aminatou bestand diese Übereinkunft, bei der Schwarze Menschen ihre weißen Kumpel beurteilen, ohne viele Worte zu wechseln. Dayo deutete an, dass Ann eine weiße Frau war, die sich bemühen würde, weder sich selbst noch sie beide zu blamieren.

Aminatou erwartete, dass Ann wissen würde, wie man ihren Namen richtig aussprach, dass sie keine grundlegenden Fragen zu ihrem Haar stellen würde und das N-Wort nicht ausspräche, während sie im Radio einen Song mitsang. Wenn Aminatou darauf hinwies, dass ihr etwas Rassistisches passiert sei, wusste sie, dass Ann nicht den Advocatus Diaboli spielen würde. Statt um den heißen Brei herumzureden, würde Ann verstehen, weshalb es wehtut, wenn Menschen sich weigern, über *race* zu reden, und selbst wenn wir nicht zusammen wären, würde Ann niemandem einen rassistischen Kommentar durchgehen lassen. Ann würde sich extrem anstrengen, ihre Privilegien zu erkennen und die Welt aus Aminatous Perspektive zu sehen, in der *race* immer eine Rolle spielt. Isaac erzählte uns, er arbeite daran, jemand zu sein, auf den Saeed stolz sein kann, und genau so fühlt sich Ann in ihrer Freundschaft zu Aminatou. Sie versucht, Aminatous Erwartungen gerecht zu werden.

Dies erklärt auch, weshalb Aminatou, als sie auf der Gartenparty umherlief, nicht nur das Gefühl hatte, die Kulisse werfe ein schlechtes Licht auf Ann, sondern auch auf sie selbst. Aminatou wusste, dass einige Menschen, ob es nun gerecht war oder nicht, Anns politischer Haltung gegenüber *race* deshalb vertrauten, weil Aminatou mit ihr befreundet war. Sie wollte nicht als Garantie für Anns *race*-Politik herhalten, allerdings ist das häufig der Nebeneffekt einer Freundschaft zwischen beispielsweise einer Schwarzen und einer weißen Frau. Wenn Ann ein unterschwellig rassistisches »Ups« unterlief, bedeutete das für Aminatou nicht nur eine vorübergehende Enttäuschung. Es hatte größere Auswirkungen. Und das Schlimmste an der ganzen Sache war, dass Ann sich all dessen gar nicht bewusst zu sein schien.

Einige Monate später, als sie Ann beim Abendessen an der Bar eines netten Restaurants persönlich gegenübersaß, brachte Aminatou endlich die Geburtstagsparty zur Sprache. Aminatou beschrieb, wie es für sie gewesen war, Anns Garten zu betreten und all diese weißen Gäste zu sehen. »Ich hatte einfach nicht gedacht, dass so etwas jemals bei dir zu Hause oder bei einer von dir geplanten Veranstaltung passieren würde«, sagte sie. »Es hat mich verwirrt und mir das Gefühl vermittelt, bei dir nicht mehr willkommen zu sein. Ich hasse es auch, dass ich diejenige sein muss, die es anspricht, weil ich hoffe, dass du es auch bemerkt hast.«

Ann hatte das Gefühl, sich verteidigen zu müssen. »Ich verstehe dich, aber es war nicht meine Party«, erklärte sie. »Ich habe die Gästeliste nicht zusammengestellt.« Ann war aufgefallen, dass Aminatou an jenem Abend früh gegangen war. »Aber«, fügte sie hinzu, »ich dachte, du wärst nur müde von der Reise.« Sie atmete tief ein, nahm einen Schluck von ihrem Cocktail und fuhr dann fort: »Mir ist auch aufgefallen, wie weiß die Party war, aber ich habe mich dafür nicht verantwortlich gefühlt.« Sie atmete noch ein paarmal durch. »Das bedauere ich sehr. Es tut mir wirklich leid, dass ich es nicht zuerst angesprochen habe. Und noch mehr tut es mir leid, dass du dich deswegen bei mir nicht mehr willkommen fühlst. Du bist bei mir immer willkommen.« Ann fühlte sich schrecklich, weil eine Situation in ihrem eigenen Haus eine ihrer engsten Freundinnen so sehr vor den Kopf gestoßen hatte. Sie hatte Aminatou enttäuscht.

Wir redeten weiter und versuchten, in Worte zu fassen, wie sich dieser Konflikt auf uns beide auswirkte, aber es gab keine einfache Lösung. Endlich lag alles auf dem Tisch – oder zumindest hielten wir nichts mehr absichtlich zurück –, aber das war keineswegs eine Erleichterung. Wir saßen Seite an Seite und suchten im Gesicht der anderen nach Zeichen des Verstehens. Gegen Ende unseres Gesprächs stellte die Barkeeperin zwei Shots aufs Haus vor uns. »Ich habe keine Ahnung, worüber ihr beide geredet habt«, sagte sie, »aber ihr seht aus, als hättet ihr die hier nötig.«

Es ist bezeichnend, dass Anns erster Impuls in diesem Gespräch war, sich zu verteidigen. Er flammte so rasch auf – sogar noch schneller als Kummer oder gar Reue. Wie vielen weißen Menschen war Ann in ihrer Jugend stets eingeimpft worden, *race* sei nicht wichtig und sie solle alle Menschen mit demselben Respekt behandeln. Was sich großartig anhört und besser ist als offen rassistische Botschaften, aber es bedeutet eben auch nicht besonders viel, wenn man in einer extrem segregierten Umgebung aufwächst. Ihre Heimatstadt war zu 98 Prozent weiß, und in ihrer Jugend waren alle Menschen, die Ann kannte, katholisch, hatten deutsche und irische Vorfahren und heterosexuelle Eltern. Ann nahm einige hochtrabende Botschaften darüber mit, dass Unterschiede cool seien, aber die meisten Figuren in den Büchern, die sie las, waren weiß. Irgendwo im Keller ihrer Eltern liegt noch eine VHS-Kassette mit Aufnahmen des lokalen Fernsehsenders, die zeigen, wie Ann auf der multikulturellen Messe ihrer Schule Jamaika repräsentierte. Ganz offensichtlich taugte das Auswendiglernen des Textes von »Day-O« jedoch nicht als Vorbereitung darauf, wie man in einer Welt voller Rassismus und Ungleichheit *interracial relationships* führt.

Ihre ersten nichtweißen Freund*innen lernte Ann auf

dem College kennen. Während ihres ersten Jahres organisierte die Amnesty-International-Gruppe auf dem Campus eine Aktion gegen die Todesstrafe, die sich auf das Ungleichgewicht von Schwarzen und weißen Menschen im Todestrakt konzentrierte. Ann und ein weiteres weißes Mitglied der Gruppe dachten sich eine Botschaft aus, die sie für besonders erhellend hielten und von der sie glaubten, sie würde die Aufmerksamkeit ihrer Mitstudierenden wirklich auf sich ziehen: Sie würden dieses Problem als den Lynchmord der Gegenwart bezeichnen. Sie glaubten, das ergebe rhetorisch gesehen Sinn. Immerhin werden 42 Prozent aller Todesstrafen über Schwarze Amerikaner*innen verhängt, die nur 13 Prozent der Gesamtbevölkerung stellen. Aber Ann und ihr Freund, ein weißer Typ, hatten die Idee – Gott, sie kann kaum glauben, dass sie es hier tatsächlich zugibt –, über Transparenten mit Statistiken über die Todesstrafe Stricke von den Bäumen auf dem Campus hängen zu lassen. (Wenn ihr jetzt laut aufschreit, wie furchtbar und fehlgeleitet diese Idee ist, könnt ihr euch gewiss sein, dass Ann mit euch schreit.)

Am Abend vor der Aktion meldete sich ihr Freund Daanish zu Wort, um nur ganz höflich anzumerken, dass diese für Schwarze Studierende auf dem Campus *eventuell* als unglaublich bedrohlich interpretiert werden könnte. Dass sie *vielleicht* das Gegenteil des Bezweckten bewirken könnte. Ann möchte diese Gelegenheit gern nutzen, um zu sagen: »DANKE, DAANISH, dass du uns vor uns selbst gerettet hast.« Die Transparente mit den Statistiken stellten sie trotzdem auf, aber die Idee mit den Stricken wurde verworfen. Ann erlebte zum ersten Mal, wie ein*e Freund*in of Color emotionale Arbeit übernahm, um sie vor sich selbst zu retten, auch wenn sie es damals noch nicht so ausgedrückt hätte. Sie verfügte noch nicht über das notwendige Vokabular und brannte noch immer vor Scham darüber, überhaupt so einen schrecklichen Vorschlag gemacht zu haben. Sie schämte sich zutiefst dafür, nicht einmal daran gedacht zu haben, wie traumatisierend diese Idee für Schwarze Studierende gewesen wäre.

Es gibt eine bittere Wahrheit über Freundschaften, die große Unterschiede im Hinblick auf Privilegien und Identität überwinden müssen: Die Anstrengungen zum Ausgleich dieser Unterschiede sind meistens nicht auf beiden Seiten dieselben. Wenn es um *interracial friendships* geht, an denen eine weiße Person beteiligt ist, dann ist es wahrscheinlich, dass sich die nichtweiße Person stärker beansprucht fühlen wird, während die weiße Person »etwas lernen darf«. Manchmal geschieht dies einfach im Freundschaftsalltag, wenn man sich über Frustrationen oder Freuden austauscht. In anderen Fällen ist es expliziter, etwa als Anns Freund Daanish sagen musste: »Ähm, du hältst dich zwar für eine Verbündete, aber tatsächlich wirst du Menschen traumatisieren.« (Noch einmal, danke, Daanish.)

Für weiße Menschen wie Ann, die Freund*innen of Color haben, kann es ein schmaler Grat sein zwischen dem konstruktiven Lernen über Ungerechtigkeiten durch die Erfahrungen der eigenen Freund*innen und dem Benutzen dieser Freund*innen als ein persönliches Weiterbildungsangebot zum Thema *race*. Wie gesagt, es ist eine Anstrengung, die nicht von beiden gleichermaßen unternommen werden kann. Manche Dinge über Anns Leben wusste Aminatou bereits zu Beginn unserer Freundschaft, da ihre Erfahrungen stark durch ihr weißes Umfeld geprägt sind, während Ann hingegen einiges darüber, wie Aminatou die Welt erfährt, nie vollständig verstehen wird. Durch den Austausch mit Aminatou wurde ihr Verständnis für ihre Unterschiede erst klar umrissen.

Schauen wir uns zum Beispiel an, was bei Desert Ladies passiert war. Damals sprachen wir über den Konflikt nicht im Hinblick auf *race*. Später war Aminatou jedoch in der Lage, Ann gegenüber zu artikulieren, dass für sie in jener Situation mit am schmerzhaftesten gewesen sei, sich auf die »wütende Schwarze Frau« reduziert zu fühlen. Dieses hasserfüllte Stereotyp geht zurück auf die Minstrel-Shows des 19. Jahrhunderts, bei denen weiße Männer in Blackface und Fatsuits in Sketchen auftraten, in denen sie sich über afroamerikanische Frauen lustig machten. Es ging darum, »sie weniger menschlich, unweiblich und hässlich aussehen zu lassen«, erklärte Blair Kelley, außerordentliche Professorin für Geschichte an der North Carolina State University, gegenüber der BBC. »Mit den Männern in ihrem Umfeld interagierten sie hauptsächlich, indem sie schrien und kämpften und irrational wütend auf die gegebenen Umstände erschienen.« Diese heimtückische Trope wird leider noch immer sehr großzügig angewendet. Seht euch einfach die Berichterstattung über Serena Williams an, dann wisst ihr, wovon wir reden.

Ärger zum Ausdruck zu bringen hat für Frauen wie Aminatou einen Preis. Als wütend bezeichnet zu werden sorgt dafür, dass Schwarzen Frauen nicht gestattet wird, eine ganze Bandbreite an Emotionen zu erfahren: Verletzlichkeit, Angst, Schmerz oder Schwäche. Brittney Cooper, Historikerin und Autorin von *Eloquent Rage: A Black Feminist Discovers Her Superpower*, erklärte gegenüber dem nichtkommerziellen Radiosender *NPR*: »Wann immer Wut als Waffe gegen Schwarze Frauen eingesetzt wird, will man sie damit zum Schweigen bringen. Man will sie diskreditieren, indem man behauptet, dass sie überreagieren, dass sie überempfindlich sind, dass ihre Reaktion übertrieben ist.«

Ann war bewusst, dass Aminatou oft das Gefühl hatte,

vorsichtig sein zu müssen, um nicht auf diese Weise gesehen zu werden. Allerdings erkannte sie nicht, dass Aminatou womöglich auch *ihr* gegenüber vorsichtig war. Ihr kam nicht in den Sinn, dass es das war, was während ihrer Diskussion über die Frage, wer an Desert Ladies teilnehmen würde oder nicht, vor sich ging. Sie zog noch nicht einmal in Betracht, dass Aminatou bestimmte Emotionen zurückhalten könnte, dass Jahre des vorsichtigen Herumschleichens um ein Stereotyp einschränkend darauf wirken könnten, wie wohl Aminatou sich dabei fühlte, Ann gegenüber auszudrücken, dass sie aufgebracht war. Jahre später, als wir endlich ein ehrliches Gespräch darüber führten, wie all dies zu Aminatous Gefühlen gegenüber Desert Ladies beigetragen hatte, wurde Ann endlich einiges klar. Ein weißes Aha-Erlebnis.

Aminatou teilte Ann mit, dass sie in ihrer Freundschaft stets ihre Emotionen regulieren musste, um niemals zu verärgert zu wirken oder ehrlich zu sagen, wenn sie sich über etwas aufregte. Bei Desert Ladies wirkte Ann in ihrer Konfliktvermeidung wie die Ruhe selbst, eine großmütige weiße Frau, während Aminatou ihre verletzten Gefühle unterdrücken musste, um bloß keinen Staub aufzuwirbeln. Diese Dynamik hat sich in unserer Beziehung häufig wiederholt. Aminatou fühlte sich von einer großen Last befreit, als sie diesen speziellen Datenpunkt mit Ann teilte. Es ist nicht Anns Schuld, dass Aminatou häufig auf rassistische Stereotype reduziert wird, aber Aminatou möchte, dass Ann die Arbeit anerkennt, die es bedeutet, mit einer weißen Person befreundet zu sein. Und dass sie auch selbst mehr Arbeit übernimmt: Sie sollte nicht nur erkennen, dass rassistische Stereotype existieren, sondern auch Verantwortung für sie übernehmen, ohne dass Aminatou sie erst auf deren Anwesenheit in unseren Interaktionen hinweisen muss.

Pat Parkers Gedicht »For the White Person Who Wants to Know How to Be My Friend« beginnt mit zwei Ratschlägen: »Als Erstes musst du vergessen, dass ich Schwarz bin. / Als Zweites darfst du niemals vergessen, dass ich Schwarz bin.« Nachdem wir unsere Geschichte der Gleichheit entwickelt und jahrelang vom Gefühl in fast allem miteinander übereingestimmt hatten, hatte Ann die erste Regel verinnerlicht, die zweite jedoch vernachlässigt.

Wir fragten Dayo, ob sie jemals jene Belastung empfunden habe, für eine*n Freund*in de facto ein persönliches Weiterbildungsangebot zum Thema *race* zu liefern. Sie wies uns auf die Spannung hin zwischen dem Wunsch, die eigene Erfahrung möge vom Gegenüber aus eigenem Antrieb vollkommen verstanden werden, und der Notwendigkeit, Freund*innen aufzuklären. Wenn es um enge Beziehungen geht, »habe ich das Gefühl, man kann Menschen nicht vollständig für etwas verantwortlich machen, das man ihnen gegenüber nicht kommuniziert hat«, sagt sie. »Daher verwende ich viel Zeit darauf, meine Ansichten zum Thema *race* zu erklären, wenn es gerade keinen aktiven Konflikt gibt. Das verringert hoffentlich das Risiko, dieses Gespräch führen zu müssen, wenn es dann zu einem Konflikt kommt. Mir widerstrebt zwar die Bürde, als Vermittlerin auftreten zu müssen, aber ich glaube, dass diese Aufklärung auch ganz beiläufig geschehen kann.« Sie führt aus, je mehr Zeit sie mit einer Person verbringe, desto weniger sei es notwendig, ihre Gefühle in ein explizites Gespräch zu übersetzen. »Meine engsten Vertrauten können euch sagen, was mich verletzen oder verärgern wird oder wann ich denke: ›Puh, o Mann, weiße Leute.‹ Das ist ziemlich deutlich erkennbar«, lacht sie. Außerdem, gibt sie zu, sei es nervtötend, überhaupt über all das nachdenken zu müssen. »Manchmal will man sich auch einfach nur YouTube-Videos anschauen.«

Wir nennen einige der »Eine weiße Freundin sein«-Gefühle, die Ann bereits empfunden hat: Der Mut, den sie aufbringen muss, um ihre Angst zu überwinden, etwas Falsches zu sagen. Die Beschämung, grundlegende Dinge googeln zu müssen, von denen sie das Gefühl hat, sie sollte sie wissen, wie etwa, wie viel es für Schwarze Frauen kostet, sich Braids flechten zu lassen, oder wie man die Namen ihrer südasiatischen Freund*innen ausspricht. Die Traurigkeit, wenn sie erkennt, dass ihre Freund*innen aktiv entscheiden, ob sie etwas thematisieren sollen, das Ann noch nicht einmal aufgefallen ist. Allerdings spricht Ann diese Gefühle ihren Freund*innen gegenüber nicht oft laut aus. Nicht die Gefühle selbst sind das Problem. Was zählt, ist, was sie mit diesen Gefühlen anfängt.

Als Ann jenen Artikel verfasste, in dem sie die Shine Theory beschrieb und Aminatou ganz klar als Co-Autorin dieser Idee nannte, könnt ihr euch sicher vorstellen, was als Nächstes geschah: Die Leute schrieben die Shine Theory ausschließlich Ann zu. Daran war Ann nicht schuld – die Leute kriegen es seit Anbeginn der Zeit nicht gebacken, Schwarzen Frauen Anerkennung für ihre genialen Ideen zu zollen –, aber es hätte leicht einen Konflikt zwischen uns schüren können. Dass es nicht dazu kam, liegt daran, dass Ann von sich aus anfing, entschiedene und extrem verärgerte E-Mails und Tweets zu verschicken, in denen sie die Leute dazu aufrief, Aminatou zu nennen, wenn sie die Shine Theory zitierten. Sie macht das immer noch regelmäßig. Aminatou weiß zu schätzen, dass Ann den Fehler nicht einfach nur einsieht, sondern auch handelt, um ihn zu korrigieren.

Bei anderen Gelegenheiten aber versteht Ann es einfach nicht. Sie wird der ihr gestellten Aufgabe nicht gerecht – wie damals, als sie nicht die Erste war, die die überwältigende Weißheit jener Geburtstagsparty zur Sprache brachte. Das sind die Momente, in denen die Falltür sich öffnet.

Man kann seine Familie oder den Ort, an dem man aufwächst, nicht frei wählen. Aber man kann sich seine Freund*innen aussuchen, und diese Wahl sagt etwas darüber, in welcher Welt man leben möchte. Das ist einer der vielen politischen Aspekte von Freundschaft. Wir sprechen hier nicht nur davon, ob es im eigenen Leben Menschen gibt, die eine andere Partei gewählt haben als man selbst, oder ob man mit seinen Freund*innen als Fahrgemeinschaft zu einer Demo fährt. Wir sprechen von Politik im kleinen Rahmen, oder von »dem gesamten Komplex aus Beziehungen zwischen den Menschen in einer Gesellschaft«, wie es im Wörterbuch steht. Weiße Menschen können nicht überrascht sein, dass weiße Rassist*innen auf den Straßen marschieren, wenn sie selbst Teil einer segregierten Gesellschaft sind. Die Entscheidungen, die jede*r von uns tagtäglich darüber trifft, wen wir in unser Leben aufnehmen, prägen letztendlich auch die größere Welt, in der wir leben.

Es lässt sich nicht definitiv feststellen, wie verbreitet *interracial friendships* sind. Menschen einfach zu fragen, ob sie eine*n Freund*in of Color haben, ist ineffektiv, da die befragten Personen höchstwahrscheinlich bloße Bekannte als Freund*innen darstellen werden, um divers und weltoffen zu erscheinen. »Sowohl weiße als auch Schwarze Amerikaner*innen zeigen sich eher optimistisch als exakt, wenn sie ihre persönlichen Beziehungen in Bezug auf *race* beschreiben«, erklärt die Soziologin Kathleen Odell Korgen in ihrem Buch *Crossing the Racial Divide: Close Friendships Between Black and White Americans*. Sie zitiert eine Umfrage von 1999, in der 42 Prozent der weißen Menschen aussagten, enge Freund*innen of Color zu haben. Das klingt nach einem guten Wert, oder? Aber als jene weißen Menschen aufgefordert wurden, die Namen ihrer engsten Freund*innen aufzuschreiben und *dann* erst deren Identität in Bezug auf *race* anzugeben, nannten nur 6 Prozent der weißen eine*n Schwarze*n Freund*in. Als dieselben Fragen Schwarzen Menschen gestellt wurden, erklärten 62 Prozent, sie hätten eine*n weiße*n Freund*in, während 15 Prozent den Namen einer weißen Person als eine*n ihrer sechs engsten Freund*innen aufschrieben.

Ein paar Wissenschaftler*innen haben kreativere Wege gefunden, das Problem der Selbstauskunft zu umgehen. 2006 machte sich der Demograph Brent Berry daran herauszufinden, wie verbreitet *interracial friendships* tatsächlich sind, indem er über tausend Fotografien von Hochzeitsfeiern auswertete. Berry ging davon aus, dass Menschen typischerweise ihre engsten Freund*innen auf ihre Hochzeit einladen, und hegte kaum Zweifel daran, dass die Trauzeug*innen dem Brautpaar wirklich nahestehen.

Zu behaupten, dass Berrys Erkenntnisse einem die Augen öffnen, wäre noch stark untertrieben. Er fand heraus, dass nur 3,7 Prozent der Weißen Schwarzen Menschen so nahestanden, dass sie sie auf ihre Hochzeitsfeier einladen würden. Dagegen hatten 22,2 Prozent der Schwarzen Menschen weiße Trauzeug*innen.

Man sollte darauf hinweisen, dass Schwarze und weiße Menschen sich wahrscheinlich aus unterschiedlichen Motiven von anderen getrennt halten. Studien haben ergeben, dass Schwarze Kinder sich als Maßnahme zum Selbstschutz segregieren. »Wir sehen, dass es eine Schutzreaktion ist an Orten, an denen rassistisch motivierte Ungerechtigkeit herrscht«, sagte Cinzia Pica-Smith, außerordentliche Professorin am Assumption College, gegenüber *NPR*. »Weiße Kinder dagegen segregieren sich aufgrund von Vorurteilen gegenüber Kindern of Color.« Und weiße Menschen sind für die institutionellen Gründe verantwortlich, warum die Kluft zwischen rassifizierten und anderen Menschen überhaupt so groß ist. Schwarze Menschen sind nicht diejenigen gewesen, die Wohnviertel mit einer roten Linie kennzeichneten und damit ausgrenzten, die Diskriminierung in der Einstellungspolitik aufrechterhielten und beschlossen, Segregation an den Schulen super zu finden. Über Jahrhunderte hinweg sind weiße Menschen überproportional oft an der Macht gewesen, oder besser gesagt: Sie haben ein System in Gang gehalten, das Weißsein belohnt und dafür gesorgt hat, dass *race* ausschlaggebend dafür ist, wo Menschen leben und arbeiten und zur Schule gehen. Und all das, während sie zugleich ständig die Vorstellung betonten, dass *race* keine Rolle spielen sollte und wir in einer Meritokratie lebten.

Auch in der Popkultur macht man es sich gern auf diese Weise leicht, wenn es um *interracial friendships* geht. Allzu oft werden diverse Familien und Freundschaften simplifiziert dargestellt – schlimmstenfalls als reiner Tokenismus, bestenfalls als erstrebenswerte Wunschvorstellung, bei der kaum oder gar nicht abgebildet wird, wie viel Offenheit, Selbsterkundung und oftmals schmerzhafte Konfrontation es Menschen unterschiedlicher *races* abverlangt, einander zu verstehen und zu unterstützen. Von dem Stereotyp der Schwarzen besten Freund*innen in Filmen bis zu den mustergültigen diversen Familien in der Werbung, sei es für Frühstücksflocken oder Waschmittel, scheint es, als hätten wir (nun ja, nicht wir, sondern weiße Menschen) in unserer Eile, die mythische Glückseligkeit einer post-rassistischen Harmonie zu erreichen, die Wahrheit übersprungen und wären direkt bei der Versöhnung gelandet.

Wieder und wieder zu betonen, dass *race* keine Rolle spielen *sollte*, lenkt von der Tatsache ab, dass es noch immer eine Rolle spielt. Insbesondere in engen *interracial relationships*.

In einer 1975 gehaltenen Vorlesung über *race* und Politik fasste die Schriftstellerin Toni Morrison die wahre Funktion des Rassismus zusammen: »Er hält dich von deiner Arbeit ab. Er lässt dich wieder und wieder deine Daseinsberechtigung erklären. Irgendjemand behauptet, du habest keine Sprache, also verbringst du zwanzig Jahre damit, zu beweisen, dass du eine hast. Irgendjemand behauptet, dein Kopf habe nicht die richtige Form, also lässt du Wissenschaftler*innen bestätigen, dass das nicht stimmt. Irgendjemand behauptet, du besitzest keine Kunst, also gräbst du diese aus. Irgendjemand behauptet, du habest keine Königreiche, also gräbst du auch diese aus. Nichts davon ist notwendig.«

In Freundschaften ist Rassismus außerdem ermüdend und macht paranoid. Aminatou kennt es nur zu gut: Man wünscht sich und hofft, dass der*die Freund*in nichts Rassistisches tut oder sagt, ist sich jedoch vollkommen bewusst, dass sie dazu trotzdem in der Lage ist. Wenn Echte Freundschaft auf Vertrauen basiert, kann sie dann überhaupt existieren, solange die Falltür jeden Augenblick aufzugehen droht?

Für uns beide ist das Reden darüber die einzige Möglichkeit gewesen, die Auswirkungen zu verarbeiten, die die Rassifizierung auf unsere Beziehung hat, und uns einen Reim darauf zu machen, dass Rassismus gleichzeitig sowohl persönlich als auch unpersönlich ist. Wenn man innerhalb einer Freundschaft nicht über den Rassismus redet, der in ihr auftaucht, kann es nach leeren Phrasen klingen, wenn die weiße Person versucht, ihre Bestürzung etwa über eine Versammlung weißer Rassisten zum Ausdruck zu bringen, die gerade in den Nachrichten ist. Weshalb sollte eine Person of Color darauf vertrauen, dass diese*r weiße Freund*in wirklich daran interessiert ist, Teil der Lösung statt Teil des Problems zu sein? In unseren Freundschaften sagen wir nicht einfach nur: »Sei nicht rassistisch.« Wir sagen auch: »Rassismus existiert, und so gehen wir damit um.«

Rassifizierung ist keine Herausforderung, die gemeistert werden kann. Es ist etwas, dessen man sich ständig bewusst sein muss. Wie es die großartige Feministin Flo Kennedy einst ausdrückte: »Freiheit ist, wie ein Bad zu nehmen. Man muss es jeden Tag aufs Neue tun.« In anderen Worten: Es geht nicht nur darum, was man sagt oder woran man zu glauben behauptet. Man muss es auch ständig mit seinen Handlungen untermauern. Wir erzählen die Geburtstagsgeschichte nicht deshalb, weil es sich dabei um einen großen, dramatischen Wendepunkt in unserem Leben handelte. Wir erzählen sie, weil das Geschehene zu jenen Dingen gehört, mit denen wir zu kämpfen hatten – und über die wir reden mussten.

Es gibt überzeugende Gründe für Aminatous Regel, niemals jemandes erste Schwarze Freundin zu sein. Wissenschaftler*innen fanden heraus, dass Freundschaften zwischen People of Color und weißen Personen schneller in die Brüche gehen als andere, wenn es sich dabei für beide Parteien um die *einzige interracial relationship* handelt. Anders ausgedrückt: Eine enge Beziehung zwischen weißen Menschen und People of Color ist eine spezielle Form von Dehnung, und man wird darin mit großer Wahrscheinlichkeit besser, wenn man sie in mehr als nur einer Beziehung ausführt. Im Gegensatz zu anderen Dehnungen wird diese niemals aufhören, eine Herausforderung zu sein. Aber man kann sich verbessern. Stärker werden.

Die Dehnung einer Freundschaft zwischen einer weißen

Person und einer Person of Color erfordert von jeder Person andere Fähigkeiten. In unserem Fall muss Aminatou flexibel bleiben in der Frage, wann es an der Zeit ist, über etwas aufzuklären und zu kommunizieren. Ann muss begreifen, dass ihr Schweigen in Bezug auf den Umgang mit Rassifizierung Bedeutung hat, und Momente des Unbehagens überwinden, um ihre Verantwortung wahrzunehmen. Die Soziologin Robin DiAngelo erklärte uns in einem Interview, dieses Unbehagen sei auch ein »potenzielles Tor« zu besserem Verhalten, und sie fordert weiße Menschen auf, ihren Freund*innen auf halbem Wege entgegenzukommen, indem sie ein Risiko eingehen. »Was ist das Schlimmste, was euch passieren kann?«, fragt sie. »Kommt schon.« Sie hält fest, dass die Angst, die weiße Menschen davor haben, das Thema *Rassifizierung* anzusprechen, nicht einmal annähernd zu vergleichen ist mit der Furcht, die Schwarze Menschen tagtäglich als Resultat weißer Untätigkeit erfahren.

Oftmals stellt Ann sich die folgende Frage nach ihrer Verantwortlichkeit: Könnte ich meinen Schwarzen Freund*innen in die Augen blicken und erzählen, wie ich mich in dieser Situation verhalten habe? Wenn die Antwort nicht »Hundertprozentig ja« lautet – und ganz ehrlich gesagt lautet die Antwort nicht immer »Hundertprozentig ja« –, dann weiß Ann, dass sie es besser machen muss.

Wir wissen, dass wir niemals aufhören werden, schwierige Gespräche über Rassifizierung zu führen. Wir können nur hoffen, dass dabei stets eine mitfühlende Barkeeperin in der Nähe ist.

ACHT

Wir sehen uns im Internet

Wir können uns nicht mehr genau daran erinnern, wann unsere Freundin Gina Delvac, die eine brillante Radioproduzentin ist, zum ersten Mal den Vorschlag äußerte, wir sollten einen Podcast starten. Wir wissen aber noch, dass wir im Januar 2014 begannen, ernsthaft über die Idee nachzudenken, und dabei beschlossen, die Sendung sollte ein lockeres Unterhaltungsformat bekommen. Wir würden einander einfach anrufen und über die Nachrichten und Kulturschlagzeilen reden, und wir würden den Podcast *Call Your Girlfriend* nennen, nach jenem Robyn-Song, zu dem wir in so vielen Nächten getanzt hatten. Wir kauften die URL, ein eindeutiger Hinweis auf unser Engagement für ein Projekt, und schrieben unserer liebsten Produzentin eine E-Mail. »Jaaaaa«, antwortete Gina und zitierte eine Zeile aus dem Song: »Es wird Zeit, dass wir uns unterhalten.«

Ginas Begeisterung war entscheidend, da sie alle Fachkenntnisse beisteuerte. Sie kuratierte Podcast-Playlisten für uns, damit wir uns mit dem Medium vertraut machen konnten. Sie erklärte uns, welche Mikrophone wir kaufen sollten, und gab uns detaillierte Anweisungen, wie diese zu benutzen waren. Das Equipment schüchterte uns zwar ein, aber wie Aminatou gern sagte: »Wenn all diese Comedy-Typen das hinkriegen, kann es ja nicht sooo schwer sein.« Dann riefen wir einander einfach an – wie sonst auch, wenn wir uns wieder einmal austauschen wollten –, nur nahmen wir unser Gespräch diesmal auf. Hier ist die Abschrift der ersten vor Esprit nur so sprühenden Momente unserer allerersten Folge:

Aminatou: Ich bin Aminatou.
Ann: Ich bin Ann.
Aminatou: Hallo?
Ann: Kannst du mich hören?
Aminatou: Hallo?

Okay, wir hatten also noch etwas dazuzulernen. Wir sind leicht beschämt, wenn wir uns jene frühen Folgen noch einmal anhören, aber auch wirklich stolz darauf, dass wir uns ohne Zögern und ohne finanziellen Anreiz dazu verpflichteten, uns Woche für Woche Zeit zu nehmen und die Sendung aufzuzeichnen. (Später bemerkte Gina einmal, wir drei könnten deshalb so gut zusammenarbeiten, weil wir in der Highschool alle diejenigen gewesen waren, die ein Gruppenprojekt für die gesamte Gruppe übernahmen.) Diese ersten zusammenhanglosen Folgen, die wir in unseren jeweiligen Abstellkammern zu Hause aufnahmen, hatten einen beiläufig vertrauten Tonfall. Nachdem wir uns die erste von Gina bearbeitete Sendung angehört hatten, konnten wir nicht fassen, wie gut wir darin klangen. Aminatou mailte ihr: »!!!!!!!! GINA, DAS IST ZAUBEREI!!! Großartige Zauberei. Wow !!!!!«

Unser bearbeitetes Gespräch kam uns tatsächlich vor wie eine Art Hexerei. Dank unseres lockeren Stils würde man unseren Podcast niemals mit einer Sendung des NPR oder der BBC verwechseln, aber Gina sorgte dafür, dass wir uns gut anhörten. Sie schnitt ein paar unserer »Ähms« heraus und stutzte unsere Abschweifungen zurecht, damit das Gespräch rasch und fließend von einem Thema zum nächsten überging. Es war die ansprechendste Version unserer Freundschaft, übertragen ins Audioformat. Die Prämisse entsprach der Wirklichkeit: Wir waren tatsächlich sehr enge Freundinnen, die sich nicht nur in allen Einzelheiten über ihr alltägliches Leben austauschten, sondern auch Stunden damit verbrachten, über andere Dinge zu reden, wie etwa die Vorzüge eines Toilettenhockers, den tief verwurzelten Sexismus in der amerikanischen Politik oder die unfassbare Anzahl an Düften in Beyoncés Parfümlinie. Aber wir verwechselten jene Stunde, die wir alle zwei Wochen mit dem Aufnehmen des Podcasts verbrachten, nicht mit einem richtigen Telefongespräch zum Austausch. Sie war nur ein kleiner Teil unserer Freundschaft, herausgelöst aus dem Kontext, aufpoliert und veröffentlicht.

Zu Beginn war der Podcast kaum anders als jener frivole Blog, den wir zu Beginn unserer Freundschaft gemeinsam gestartet hatten. Als wir uns ganz am Anfang der Social-Media-Ära in den späten Zweitausendern kennenlernten, hatten Freund*innen gemeinsame Blogs. Zumindest wir hatten einen. Inspiriert durch unsere übereinstimmende Sicht auf, nun ja, alles, legten wir einen WordPress-Account an und befüllten unseren Blog mit mehreren Posts pro Tag. Unterbewusst versuchten wir wahrscheinlich, all die Insider-Witze und kulturellen Anspielungen der frühen, unbeschwerten Tage unserer Freundschaft zu dokumentieren, ehe sie für immer aus unseren E-Mail-Postfächern und Textnachrichten verschwanden. Der kurzlebige Blog war ein gemeinsames Moodboard, der Ort, an dem unsere Köpfe zum ersten Mal in der digitalen Sphäre zusammentrafen.

Wir sagen einander häufig: »Ich liebe deinen Verstand.« Damit wollen wir zum Ausdruck bringen: »Du bist schlau, du bist clever, ich möchte hören, was du zu allem zu sagen hast.« Von den Anfangstagen unserer Freundschaft an waren wir beide fasziniert davon, wie die andere ihre Gedanken und Ideen sortierte, und wir wollten die Meinung der anderen zu jedem beliebigen Thema wissen. Dieses Gefühl ist nie verschwunden. Wir schwören, dass wir noch heute, wenn wir miteinander reden, spüren können, wie wir im Verlauf unseres Gesprächs unseren Verstand schärfen und ein klareres Gefühl für die Welt um uns und unseren Platz darin bekommen.

Kein Wunder, haben wir im Verlauf unserer Freundschaft doch immer wieder Wege gefunden, um bewusst Zeit miteinander zu verbringen. Auch ohne es zu bemerken, suchten wir nach Anlässen, um unseren Geist zu erhellen und uns gemeinsam zu fokussieren. Wir können nachvollziehen, was der Schriftsteller Daniel M. Lavery in seinem Newsletter über seine Freundschaft mit der Autorin Nicole Cliffe schrieb: »Wir haben häufig Arbeit, oder den Anschein von Arbeit, genutzt, um Nabelschau und gegenseitige Bewunderung zu rechtfertigen. Außerdem haben wir in Gesprächen, in denen es zumindest vordergründig ums Geschäft ging, ernsthafte, wichtige Erkenntnisse darüber gewonnen, was wir einander bedeuten und was wir einander geben können, das keine andere und kein anderer vermag.«

Wenn man besessen ist vom Verstand seiner Freund*innen, ist es nur natürlich, dass man sich nach geordneten Gesprächen und nach Gelegenheiten für ein tieferes Eintauchen sehnt. Und dieser Wunsch geht häufig einher mit einem gemeinsamen Geschmack oder gemeinsamen Werten. Deshalb sind Buchclubs so beliebt. Deshalb arbeiten Freund*innen ehrenamtlich für Wohltätigkeitsorganisationen oder verbünden sich, um für eine*n politische*n Kandidat*in zu werben. Es ist ein Grund dafür, dass unsere feministischen Vorfahrinnen in den Siebzigern so interessiert an Bewusstseinsbildungssitzungen waren, zu denen Frauen sich versammelten, um die Wahrheit über ihr Leben zu erzählen und sich miteinander zu verbünden. Deshalb arbeiteten die jungen Radikalen in den Neunzigern zusammen an Zines und klebten ausgeschnittene Zeichnungen und Texte in billig kopierte Amateurzeitschriften.

Wir dachten, wir würden *Call Your Girlfriend* für uns selbst und unsere Freund*innen aufnehmen. Damals gab es noch nicht viele, die das Podcasten beruflich machten, weshalb wir nicht auf die Idee kamen, dass wir mit der Veröffentlichung unseres DIY-Podcasts zu Geschäftspartnerinnen würden. Oder dass wir unsere Freundschaft öffentlich machten für alle Menschen, die uns zuhören und sie auswerten wollten.

Dann schlug unsere Sendung ein. Nach nur wenigen Folgen hatten wir eine Hörer*innenschaft, die weit mehr Fremde als Freund*innen umfasste. Unser Timing war unbeabsichtigt perfekt: Wir starteten sechs Monate bevor *Serial* zum ersten Audio-Megahit wurde und Millionen Menschen in Podcasthörer*innen verwandelte. Podcasts waren nun ein bahnbrechendes Phänomen, aber noch immer so neu, dass es nicht besonders viele gab, und definitiv nur wenige, die von Frauen gemacht wurden. Wir wurden bei iTunes vorgestellt und von Zeitschriften in Listen der »besten neuen Podcasts« empfohlen. Zehntausende Menschen fanden zu unserer Sendung – und entwickelten ein *extremes* Interesse an unserer Freundschaft. Da sie sich unseren Podcast im Fitnessstudio oder auf dem Weg zur Arbeit über Kopfhörer anhörten, hatten sie das Gefühl, wir seien Teil ihres Alltags.

Sicher, wir wurden bereits seit Jahren von unseren gemeinsamen Freund*innen als unzertrennliches Paar angesehen, aber dies war nun etwas anderes, als zusammen auf einer Hochzeit aufzutauchen. Viele Fremde, die unseren Podcast hörten, begannen, uns auf Social Media zu folgen und uns gelegentlich auf der Straße zu erkennen. Unsere Hörer*innen nahmen das, was sie uns im Podcast sagen hörten, und zogen daraus eine Menge Schlüsse darüber, wer wir waren, wenn die Mikrophone aus waren. Unsere Freundschaft wurde zu einem Ziel, das man erreichen wollte.

Plötzlich hatten wir zwei Freundschaften. Wir besaßen noch immer unsere private Freundschaft, die echte und manchmal komplizierte Beziehung, die wir seit Jahren geführt hatten. Dazu bekamen wir nun auch noch eine viel öffentlichere Freundschaft: die idealisierte Version unserer Beziehung, die in der Vorstellungskraft unserer Hörer*innen erzeugt wurde, von denen die meisten uns nie persönlich getroffen hatten. Es war wie die zugespitzte Version der Tatsache, dass wir bei allen Menschen in unserem erweiterten Freundesnetz als Duo bekannt waren.

Aber man braucht keinen Podcast mit seiner Freundin zu starten, um zu erfahren, wie abgekoppelt die unbeschwerte Außenwirkung einer Freundschaft von ihrer eigentlichen Komplexität ist. Dazu braucht man lediglich einen Social-Media-Account.

Wenn ihr nun erleichtert seid, dass wir *endlich* darauf zu sprechen kommen, wie das Internet Freundschaften zerstört, dann werdet ihr gleich bitter enttäuscht. Die digitale Kommunikation ermöglicht so viele Verbindungspunkte zu Freund*innen, insbesondere wenn diese physisch weit entfernt sind. Wir können uns ehrlich nicht vorstellen, dass wir uns nach all den Jahren, in denen wir auf den entgegengesetzten Seiten eines Kontinents lebten, heute ohne das Internet noch genauso nah wären.

Im digitalen Raum führen wir alle möglichen wesentlichen Vier-Augen-Gespräche oder kommunizieren in privaten kleinen Gruppen. (Ihr erinnert euch, wir trauern Google Reader bis heute hinterher.) In den Monaten, nachdem Ann aus Washington, DC, fortgezogen war, ersetzten Videoanrufe unsere nebeneinander auf dem Sofa verbrachten Stunden und erleichterten uns den Übergang in ein Leben an weit entfernten Wohnorten. Wir lieben Geschichten, in denen eine seit langem ruhende Freundschaft durch eine Direktnachricht zu neuem Leben erweckt wird, und ihr werdet uns unsere Gruppenchats aus unseren kalten, toten Fingern reißen müssen! Wenn Menschen über Technologie als Bedrohung für Freundschaften sprechen, dann meinen sie damit allerdings meistens nicht die private Kommunikation. Sie sprechen von den sozialen Medien.

Es gibt einen Grund dafür, weshalb das gegenseitige Hinzufügen auf der bevorzugten Social-Media-Plattform zu einem wichtigen Schritt am Beginn einer Freundschaft geworden ist. Nachdem man sich kennengelernt und jenen Funken verspürt hat, aber noch bevor man Stunden investiert und sich verletzlich gezeigt hat, kann das Hinzufügen oder Folgen eine Absicht transportieren: Man will einander in seinem Feed haben, und man will einander in seinem Leben haben. Oder vielleicht verschickt man die meisten seiner Nachrichten über eine bestimmte App, dann möchte man natürlich dort mit seiner*seinem potenziellen neuen Freund*in verbunden sein. Es ist kein Zufall, dass ein Teil unserer Kennenlerngeschichte daraus besteht, dass Ann nach Hause eilt, um Aminatou eine Freundschaftsanfrage auf Facebook zu schicken – und Aminatou erfreut feststellt, dass Anns Anfrage dort schon auf sie wartet. Wir hatten bereits die E-Mail-Adressen voneinander, und Ann hätte sich auch dafür entscheiden können, Aminatou eine persönliche Nachricht zu schreiben. Stattdessen fügte sie eine Social-Media-Einladung hinzu – was mit Aminatous

Annahme zu einem winzigen, aber konkreten Signal an die Außenwelt wurde, dass wir nun Freundinnen waren.

Wie wirkt sich eine digitale Verbindung auf Freundschaften aus? Die kürzeste Antwort lautet: Es kommt darauf an. Wir alle benutzen das Internet auf unterschiedliche Weise. Die Dinge, die viele Teenager mit ihren Telefonen tun – sich Nachrichten schicken oder Selfies teilen –, haben dasselbe Ziel und umfassen dieselben »Kerneigenschaften von persönlichen Begegnungen«, wie es eine Studie der University of California, Irvine feststellt. Es sind digitale Handlungen, die echte Intimität erzeugen. Aber ältere Menschen, deren Freundschaften nicht schon ihr ganzes Leben lang eine digitale Komponente hatten, berichten nicht von denselben Vorteilen. Die Autorinnen der Studie spekulieren, dies könne damit zusammenhängen, dass unterschiedliche Generationen unterschiedliche Apps auf unterschiedliche Weise nutzen. Es könnte aber auch sein, dass ältere Menschen ihre Smartphones auf dieselbe Weise nutzen wie Teenager – Kommentare hinterlassen, Textnachrichten schicken, einander über FaceTime anrufen –, diesen Handlungen jedoch eine andere Bedeutung beimessen und sich von ihnen weniger erfüllt fühlen.

Es lassen sich unmöglich allgemeine Aussagen treffen, da die Erwartungen, wie eine Freundschaft in den digitalen Raum übertragen werden sollte, für jede Freundschaft spezifisch sind. Wir haben beide bestimmte Freundinnen, die es toll finden, wenn wir online Fotos von ihnen posten (hey, Daria und Nikki!), da sie sich dadurch ihres Platzes in unserer Welt versichert fühlen. Andere Freundinnen würden denselben Post als Verletzung ihrer Privatsphäre empfinden. Einige unserer Freundinnen suchen und erteilen gern Rat via SMS, liefern die Details eines Problems in einer Reihe von absatzlangen Nachrichten. Von anderen

Freundinnen bekommen wir nie eine Textnachricht, aber sie gehen immer sofort nach dem ersten Klingeln ans Telefon. Aminatou hat ihr Telefon seit 2012 in den Ruhemodus gestellt, daher macht Ann sich nie Sorgen, wenn direkt die Mailbox drangeht. Aminatou ruft immer zurück.

Wie bei vielen unausgesprochenen Freundschaftsregeln kann es sich reflexartig leicht anfühlen, zu wissen, wie jemand sich die digitale Kommunikation wünscht. Oft tun Menschen ihre Erwartungen durch ihr eigenes Verhalten kund. Wenn sie aber bemerken, dass sie nicht mit einer*einem Freund*in einer Meinung sind, sich zu exponiert, vernachlässigt oder ausgeschlossen fühlen, ist es wichtig, ein offenes Gespräch darüber zu führen. Das trifft insbesondere dann zu, wenn die Freundschaft gerade eine schwierige Zeit durchmacht.

Im Jahr 2015 wollten die Forscher*innen Moira Burke und Robert Kraut eine Antwort auf folgende Frage finden: Bringt soziale Technologie uns unseren Freund*innen näher, oder isoliert sie uns? In ihrem Bericht über zwei Studien, die im Abstand von fünfzehn Jahren durchgeführt wurden, arbeiteten sie heraus, dass die Auswirkungen des Internets davon abhängen, wie die Menschen es nutzen. Die Studien maßen soziale Unterstützung, Depression und andere Aspekte des psychologischen Wohlbefindens, während sie auch die Internetnutzung der Teilnehmenden berücksichtigten. »Je mehr die Menschen sich in Einzelkontakten austauschten, also etwa Pinnwandeinträge oder Kommentare schrieben, insbesondere mit engen Freund*innen, desto stärker verbesserte sich ihr Wohlbefinden«, berichteten Burke und Kraut. Je öfter die Menschen jedoch ohne jene Interaktion mit Freund*innen durch die Feeds Fremder scrollten, desto schlechter fühlten sie sich.

Als wir uns damals auf Facebook befreundeten, war die

Seite noch hauptsächlich ein Ort, um sich mit Menschen auszutauschen, die man bereits persönlich kannte. In den zehn Jahren, die seitdem vergangen sind, haben die sozialen Medien sich jedoch gewandelt – nicht nur die tatsächlichen Seiten und Apps, die die Menschen bevorzugt nutzen, sondern auch die Art und Weise, wie wir sie nutzen. Viele Menschen folgen nicht nur ihren Freund*innen, sondern auch berühmten Leuten, halböffentlichen Personen und selbst den entferntesten Mitgliedern ihres erweiterten Freundesnetzes. In einem Durchschnittsfeed erscheinen heute mehr Fremde denn je, was, wenn man Burkes und Krauts Studie ernst nimmt, das Potenzial verringert, sich tatsächlich mit anderen verbunden zu fühlen.

Und je größer die Kluft zwischen der privaten digitalen Kommunikation *mit* einer*einem Freund*in und der öffentlichen Kommunikation *über* eine Freundschaft wird, desto größer ist das Potenzial für aufkommende Missverständnisse und Fehldeutungen.

Wir verabschieden uns nach jeder Folge unseres Podcasts mit den Worten: »Wir sehen uns im Internet!« Diese Gewohnheit entwickelten wir schon in den Anfangstagen, da wir damals zwar bereits seit mehreren Jahren in unterschiedlichen Städten lebten, aber kontinuierlich online miteinander kommunizierten. Und dank des Erfolgs unseres Podcasts und der Veränderungen des Internets sahen wir einander bald nicht mehr nur in Textnachrichten und bei Videoanrufen. Wir wurden auch in den sozialen Medien von anderen gesehen und trafen Entscheidungen darüber, wie wir als Freundinnen wahrgenommen werden wollten – ob bewusst oder nicht.

Menschen verspüren den grundlegenden Impuls, Verbindungen zu anderen Menschen, die ihnen wichtig sind, öffentlich zu bestätigen. (Im Silicon Valley sind viele Typen reich geworden, weil sie genau das ausgenutzt haben.) Wenn wir einen Glückwunsch zum Geburtstag posten, wenn wir unseren Freund*innen dafür danken, dass sie uns in einer schwierigen Phase unterstützt haben, wenn wir einen Hashtag für einen Gruppenausflug bestimmen, dann erzeugen wir eine digitale Aufzeichnung der Geschichte, die wir der Welt über jene Freundschaften erzählen.

Die öffentliche Zurschaustellung von platonischer Zuneigung hilft uns auch dabei, unsere Beziehung in den Augen anderer zu definieren. Der Begriff »Freund*in« allein mag seine Bedeutung nicht auf eine Weise in sich tragen, wie es andere Etiketten wie etwa »Bruder« oder »Ehefrau« tun. Weil wir möchten, dass die Welt unsere Echte Freundschaft als die machtvolle und wichtige Beziehung anerkennt, die sie ist, müssen wir Wege finden, um über sie zu sprechen. Abgesehen vom Tragen einer klassischen »Beste Freundinnen«-Herzchenkette tun wir dies hauptsächlich durch unser Handeln, und nicht, indem wir wortwörtlich verkünden: »Hallo, wir sind jetzt sehr enge Freundinnen. Könnt ihr uns bitte dementsprechend behandeln?«

Wir beide tragen gern aufeinander abgestimmte Kleidung. Wir nennen es »Frosch und Kröte« – wenn wir aussehen, als hätten wir im selben Laden vom selben Ständer eingekauft, aber leicht unterschiedliche Teile erwischt. Wir haben auch zueinanderpassende Tattoos – zwei sich überschneidende Kreise. Als wir sie stechen ließen, ging es uns weniger um das Design und mehr darum, dass wir beide auf unserem Arm das Gleiche in Tinte verewigen. Damit signalisieren wir der Welt, dass wir eine Freundinneneinheit sind.

Solche die Freundschaft bestätigenden öffentlichen Aktionen können für jede Freundschaft anders aussehen. Einige von ihnen finden offline statt: Freund*innen laufen händchenhaltend die Straße entlang. Vielleicht tauchen sie immer gemeinsam auf Partys auf. Oder sie haben auf ihrem Schreibtisch im Büro ein schönes Foto voneinander stehen. Was sie gegenüber anderen Leuten in ihrem Freundeskreis über ihre*n Freund*in sagen, ist auch Teil dieses nach außen getragenen Narrativs. Wann immer jemand nach dem*der Freund*in fragt, ist die Antwort Teil der Geschichte, die sie über jene Freundschaft erzählen.

Allerdings hat sich durch die sozialen Medien die Anzahl an Erzählmöglichkeiten – und die Anzahl an Geschichten, die wir von anderen Freund*innen hören – dramatisch vergrößert.

Manchmal erzählen wir online nicht nur die Geschichte unserer Freundschaft, sondern verfassen dort auch die Überschrift. In den späten Nullerjahren, als Facebook weit verbreitet genutzt wurde, entstand der Trend, dass Leute ihren Status zu »in einer Beziehung mit« ihrer platonischen besten Freundin änderten. Einige wollten damit signalisieren, dass sie zwar Single waren, sich aber trotzdem einer bestimmten Person verschrieben hatten. Für diese spezielle Kennzeichnung hatten sie einander ausgewählt. Für andere, die vorsichtig waren, nachdem sie gesehen hatten, wie Trennungen mit einem Broken-Heart-Symbol laut hinausposaunt wurden, schien dieser Akt sicherer, als ihre romantische Beziehung rauszuposaunen. So turbulent ihr Liebesleben auch sein mochte, ihre beste Freundin blieb beständig an ihrer Seite. Und im Gegensatz zu anderen Möglichkeiten, die eigene Freundschaft digital auszustellen, war diese exklusiv. Endlich war ein Weg gefunden, seine Nummer-eins-BFF offiziell bekanntzugeben.

Nach ein paar Jahren verlor die Beziehungsstatusfunktion an Beliebtheit, aber der Wunsch, der Welt auf eine konkrete Weise zu zeigen, welche Beziehungen einem wichtig sind, bleibt bestehen. Posts über Freundschaften sind eine Möglichkeit, um etwas teils schwer zu Beschreibendes greifbarer zu machen: jenes Gefühl, von einer Person verstanden zu werden, die man wahrhaftig liebt und respektiert. Sicher, manche Leute posen einfach nur vor Instagram-Köder-Wandgemälden, weil sie mit ihrem Urlaub angeben wollen, aber für viele von uns verbirgt sich hinter unseren Posts ein tieferer Impuls. Wir möchten unsere glücklichen Momente mit unseren Freund*innen öffentlich oder halböffentlich dokumentieren, weil das Leben voller Scheußlichkeiten ist, und es guttut, zurückscrollen zu können und einen Filmstreifen mit den Highlights all der schönen Dinge zu sehen.

Nennt mal ein Paar berühmte beste Freund*innen. Romantische Partner*innen, die »ihre*n beste*n Freund*in geheiratet haben«, zählen nicht, ebenso wenig Co-Stars, die ein einziges Mal zusammen auf dem roten Teppich fotografiert wurden. Wir reden von Menschen, die für ihre platonische Verbindung bekannt geworden sind.

Jepp, unsere Antwort lautete auch: »Oprah und Gayle.«

Oprah Winfrey und Gayle King sind der absolute Gipfel einer öffentlichen Freundschaft. Sie sind bekanntermaßen seit über vierzig Jahren miteinander befreundet und rufen einander viermal am Tag an. Sie haben auch eine richtig gute Kennenlerngeschichte. Im Jahr 1976 arbeiteten sie beide bei einem Fernsehsender in Baltimore, Oprah als Moderatorin, die kurz davorstand, gefeuert zu werden, und Gayle als niedrige Produktionsassistentin. Eines Abends brach ein großer Schneesturm über die Stadt herein, und da Gayle nicht mehr nach Hause kam, musste sie bei Oprah übernachten. Gayle hatte keine Kleidung bei sich, und Oprah lieh ihr Unterwäsche. Der Rest ist Freundschaftsgeschichte. »Wir waren zwei Schwarze junge Frauen, die es liebten, Schwarz zu sein, und die die Erfahrung geliebt hatten, als Schwarze Mädchen in Amerika aufzuwachsen, und wir spürten, dass unsere Wertesysteme sich ziemlich stark ähnelten – wir hatten beide die gleichen Träume«, erzählte Oprah der *New York Times*. Eine weitere Gemeinsamkeit war ihre Vorliebe für Neil Diamond und Barry Manilow.

In einem »unzensierten« Interview über ihre Freundschaft für *O, The Oprah Magazine* sprechen sie über die Klassenunterschiede ihrer Elternhäuser – Gayles Familie hatte ein Hausmädchen, Oprahs Mutter *war* ein Hausmädchen – und darüber, wie es zwischen ihnen hätte schwierig werden können, als Oprah reich wurde. Einmal beobachtete Gayle, die nicht besonders viel verdiente, wie Oprah in ihrer Hosentasche 482 Dollar fand, so wie andere Menschen einen Fünfdollarschein entknittern würden. Aber Gayle wusste zu schätzen, dass Oprah ihr nie ein schlechtes Gefühl gab, weil sie weniger erfolgreich war, und Oprah wusste zu schätzen, dass Gayle sie nie bat, ihr Geld zu leihen, wie es so viele andere Menschen in ihrem Leben taten. Sie sprechen über Gayles Mutterschaft und Scheidung als Ereignisse, die ihre Freundschaft stärkten und bestätigten. Im Jahr 2006 unternahmen sie einen gemeinsamen Road Trip, und auch wenn es einen Videobeweis dafür gibt, wie sie nach zu vielen gemeinsam im Auto verbrachten Stunden unleidlich und genervt werden, endet die Aufnahme damit, dass sie lachen. Von außen wirkt es, als hätten Oprah und Gayle alles genau richtig gemacht und wären in ihrer Freundschaft niemals einer Herausforderung begegnet, die so abschreckend gewesen wäre, dass die Freundschaft daran zu zerbrechen drohte.

Wir geben zu, dass wir die beiden als unser persönliches Echte-Freundschaft-Ziel hochhalten, unsere Shine-Theory-Ikonen. Oprah und Gayle sind das Maximum. Wir dagegen sind bloß normalsterbliche Freundinnen, die zu ihnen hin-aufblicken und jede perfekte Anekdote über sie verschlin-gen. Wir lieben ihre Freundschaftsmythologie, da sie unsere eigene bestätigt. Die beiden wecken Hoffnung. Wenn sie es über so viele Jahre voller Veränderungen hinweg schaffen können, weshalb sollte es uns dann nicht auch gelingen? Wir wollen ebenfalls die Zeit überdauern und uns neben-einander Imperien errichten. Wir können es nicht erwarten, dass diejenige von uns, die mehr Erfolg im Leben hat, in ihrer Residenz einen Flügel für die andere einrichtet. (Ja, in Oprahs Haus gibt es einen »Gayle-Flügel«.)

Manchmal fragen wir uns jedoch, ob es für die beiden wirklich so einfach gewesen ist. Vielleicht schon. Aber viel-leicht haben sie auch, während ihre Freundschaft sich über vierzig Jahre allen möglichen Dehnungen und Veränderun-gen anpasste, die Entscheidung getroffen, ein paar dieser Details öffentlich zu teilen und die schmerzhaften Aspek-te für sich zu behalten. Der Punkt ist, wir werden wahr-scheinlich nie erfahren, wo die wunden und empfindlichen Punkte ihrer Freundschaft liegen. Wir idealisieren eine Freundschaft, über die wir so gut wie nichts wissen.

Oprah und Gayle sind ein extremes Beispiel für eine in der Öffentlichkeit gelebte Freundschaft. Aber so gut wie jede Freundschaft hat eine Version ihrer selbst, die die beteiligten Personen nach außen projizieren, selbst wenn ihr Publikum lediglich aus ihrem direkten Kreis gemein-samer Freund*innen besteht. Jede Freundschaft ist auch der Interpretation und Beurteilung durch Außenstehende unterworfen. Und über das Internet kann es viele Angriffs-punkte für Interpretationen geben und zu jedem Zeitpunkt viele Menschen, die eine Freundschaft interpretieren.

Genau wie wir sind auch Isaac und Saeed Freunde, die zu Kollegen geworden sind. Sie moderierten beinahe zwei

Jahre lang gemeinsam eine Morgensendung auf Twitter. Das Publikum lernte sie als formidables Duo kennen: *Isaac und Saeed. Saeed und Isaac.* Ihr entspannter Umgang miteinander sowie ihre offensichtliche Zuneigung füreinander machen es leicht, ihre Beziehung zu idealisieren:»Ich liebe diese Freundschaft so sehr«, erzählte Isaac uns, »daher liebe ich es auch, sie laut auszuleben.« Sie sind sich durchaus der Wirkung bewusst, die ihre Freundschaft auf andere hat. Saeed erklärte: »Was wir als Freunde – als Freunde in der Öffentlichkeit – erreichen wollen, ist, die Menschen zu befreien.« Aber, fragte er: »Wie führt man eine öffentliche Beziehung und lässt zugleich Raum für die Hindernisse und die Auseinandersetzungen?« Einmal unternahmen Saeed und Isaac für die gemeinsame Sendung einen Road Trip, bei dem sie wochenlang zu zweit in einem Wohnwagen im Zickzack durchs Land fuhren, während ein Kamerateam ihre Reise dokumentierte. Ihre Zuschauer*innen sahen ein superspaßiges Abenteuer, ihre Freundschaft jedoch litt darunter. »Das war wirklich anstrengend, denn in so einem Kontext kann man schließlich nur bedingt offen und ehrlich sein, nicht wahr?«, erinnerte sich Saeed. »Während man einen beschissenen Beitrag für Wendy's macht oder so.«

Wir kennen diese Anstrengung auch. Zu verschiedenen Zeitpunkten mussten wir bereits sublimieren, was bei uns gerade los war, ob es nun um unsere psychische oder physische Gesundheit oder um den Zustand unserer Beziehung ging, da wir Profis sein wollen, die sich auf der Arbeit keine Schnitzer erlauben. (Auch wenn der Podcast als Nebenprojekt begann, wurde er rasch zu etwas, das wir beide als »Arbeit« verstanden.) Wir erwähnen vielleicht einmal kurz, dass wir gerade erkältet sind oder in letzter Zeit viel unterwegs waren, aber die intimen Details unseres Privatlebens bildet unsere Sendung nicht ab. Also bekommen unsere Zuhörer*innen eine aufpolierte Version unserer Freundschaft serviert. Die einfachen Seiten.

Genauso, wie wir die Kennenlerngeschichte von Oprah und Gayle nacherzählen und die Lücken darin mithilfe unserer Vorstellungskraft füllen können, wussten echte Fans unseres Podcasts, dass wir beide uns zum ersten Mal auf einem *Gossip Girl*-Fernsehabend begegnet sind. Sie wussten, dass die Jahre, in denen wir weit entfernt voneinander lebten, unsere Freundschaft nicht zerbrechen ließen. Sie wussten, dass wir einander in Krankheiten und beruflichen Aufs und Abs beigestanden hatten. Sie kannten eine großartige Geschichte über jenes eine Thanksgiving-Dinner, das wir auf dem Parkplatz eines Albertsons-Supermarkts in Rancho Cucamonga zu uns nahmen.

Aber es gab noch so vieles, was wir ihnen nicht erzählten. Und einander auch nicht.

Die ersten Jahre unseres Podcasts waren für uns beide aus verschiedenen Gründen persönlich schwierig.

Beruflich lief es für Aminatou gut. Sie reiste durchs Land, um auf Konferenzen zu sprechen, von denen sie zuvor geträumt hatte, lediglich einmal an ihnen teilnehmen zu können. Ihre Arbeit gewann große Marketing-Preise, und sie stand auf diesen Listen der unerträglichen Tech-Wunderkinder. Eine große Technologiefirma klopfte mit einem Jobangebot an, das so gut war, dass sie es in Betracht ziehen musste. Die Stelle war interessant und herausfordernd. Die Firma war eine, mit der ihr Vater stolz prahlen würde (Realität eines Immigrantenkindes). Und die Bezahlung war besser, als sie es je für sich erwartet hätte: 170 000 Dollar.

Es war eine dieser Firmen, bei denen man sich eine Frühstücksbowl mit Quinoa und Kokosblütennektar zubereiten oder mittags einen Gourmet-Seeteufel essen konnte. Alles umsonst! Die Aktienoptionen waren so gut, dass Aminatou über einen Hauskauf nachdenken konnte. Es war eine echte Chance auf finanzielle Stabilität und jene Art von Aufstieg, von der sie sich nie vorgestellt hatte, sie vor ihrem dreißigsten Lebensjahr zu erreichen.

Dieser neue Job bedeutete auch, dass sie auf die andere Seite des Landes nach San Francisco ziehen würde, und das war zugleich die Gelegenheit für einen Neuanfang. Aminatou versicherte sich selbst und ihren Freund*innen an der Ostküste, das Angebot sei zu verlockend, um es auszuschlagen, aber in Wahrheit litt sie noch immer an einem gebrochenen Herzen. Aminatou hatte beinahe ein Jahr lang in einer undefinierten Romanze mit einem Mann gelebt, mit dem sie viele gemeinsame Freund*innen hatte. Es war verwirrend, da sie privat eine heiße, leidenschaftliche Beziehung mit heftigen Auseinandersetzungen und Versöhnungen führten, öffentlich jedoch nie durchblicken ließen, dass sie zusammen waren. Zu Beginn waren das Geheimnisvolle und die Verschwiegenheit aufregend gewesen, bald jedoch rückte an ihre Stelle eine ganze Menge Frustration. Aminatou fand sich in der untypischen Situation wieder, sich mit jemandem auf dem Bürgersteig anzubrüllen oder nach einem Streit beleidigt aus einem Restaurant abzuziehen. Sie waren *so ein* Pärchen.

Wenn Ann zuhörte, wie Aminatou von ihrer wachsenden Frustration über diese Situation berichtete, war sie erbost darüber, wie dieser Kerl ihre Freundin behandelte. *Was glaubt der, wer er ist, dass er die beste Frau auf der Welt auf so eine Weise behandelt?* Das mag zwar unterstützend klingen, gehört aber tatsächlich zu einem negativen Freundschaftsmuster Anns. Wenn eine*r ihrer Freund*innen mit einer Person ausgeht, die sie für deren oder dessen

Zuneigung unwürdig hält, verfällt Ann in diesen Wütende-Bärenmutter-Modus. Sie lässt dann *sehr* deutlich durchblicken, dass sie diese*n romantische*n Partner*in nicht mag. Doch auch wenn Anns Reaktion einem beschützenden Impuls entspringt, fühlt ihr*e Freund*in sich am Ende von ihr nicht unterstützt. Das passierte auch, als Aminatou versuchte, Ann von ihrer verworrenen Romanze zu erzählen. Sie hatte das Gefühl, Ann verurteile sie dafür, die Sache nicht zu beenden, und erzählte ihr nach und nach immer weniger Einzelheiten. Und so wusste Ann zwar in Grundzügen, was los war, hatte jedoch keine Ahnung, wie hässlich es für Aminatou geworden war. Als Aminatou sich endlich entschied, mit dieser Person Schluss zu machen, fühlte sie sich furchtbar einsam. Sie trennte sich von jemandem, mit dem sie noch nicht einmal zusammen gewesen war.

Nach Kalifornien zu ziehen bot Aminatou eine vorübergehende Erleichterung, allerdings wurde sie dort bald mit der Realität ihrer neuen Umgebung konfrontiert. Dieser Traumjob, für den sie umgezogen war? Mitten in der Einarbeitung fand sie heraus, dass ihr neues Team reorganisiert worden war. Das ist Tech-Firmen-Slang für: »Niemand hat sich für die Sache interessiert, an der dieses Team gearbeitet hat, also macht es jetzt etwas ganz anderes. Überraschung!« Der Job, für den sie angestellt worden war, existierte nicht mehr. Wäre schön gewesen, das zu erfahren, bevor sie das Angebot unterschrieben und all ihr Hab und Gut in einem Laster durchs ganze Land geschickt hatte. Dennoch stürzte sie sich auf die neue Aufgabe, die man ihr zugeteilt hatte.

Die Arbeit war auch eine gute Ablenkung von ihrem sich verschlechternden Gesundheitszustand. Sie hatte Schlafprobleme, und selbst wenn sie einmal die ganze Nacht durchschlief, wachte sie unter Schmerzen auf und brauchte ewig, um aus dem Bett zu kommen. Aminatou hatte viele

Schlechte Tage. Die Ärzt*innen hatten noch immer keine konkreten Antworten für sie, also gab sie sich natürlich selbst die Schuld daran, »faul zu sein«, und versuchte, sich noch stärker anzutreiben. Sie hatte sich das Leben, das sie nun endlich führte, so lange gewünscht, und jetzt war alles so anstrengend. Aber sie wollte nie den Eindruck erwecken, dass sie sich beschwerte.

Außerdem fiel es ihr schwer, in San Francisco ihren Platz zu finden. Vom Kopf her wusste Aminatou, dass es mit zunehmendem Alter immer mühsamer wurde, neue Freundschaften zu schließen, aber gefühlsmäßig trifft es einen dann doch noch mal ganz anders. An den meisten Tagen war sie wirklich stolz darauf, wie viel Mühe sie sich gab, neue Menschen kennenzulernen. Aber dann brachte ein flüchtiges Scrollen durch Instagram-Bilder von ihren Freund*innen in ihrer alten Heimat bei gemeinsamen Unternehmungen zutage, und Aminatou wurde daran erinnert, dass sie niemanden hatte, mit dem sie sich zum Abendessen verabreden konnte.

In Aminatous Büro und in ihrer neuen Wohnung hingen überall Erinnerungen an Ann: Bilder über dem Schreibtisch und am Kühlschrank, prominent ausgestellte Andenken und Karten. Wann immer ihre Kolleg*innen oder neuen Freund*innen sie danach fragten, erklärte sie ihnen, wer Ann war: »meine beste Freundin«, angeblich die wichtigste Person in ihrem Leben. Dabei verschwieg sie jedoch stets, dass sie in letzter Zeit kaum noch mit Ann sprach.

Währenddessen hatte Anns großer Chefredakteurinnenposten in einem Desaster geendet, und sie versuchte gerade herauszufinden, was sie als Nächstes tun sollte. Die Inhaber*innen der Zeitschrift hatten sich entschieden, die gesamte Redaktion zu feuern, darunter Menschen, die Ann überredet hatte, ihre sicheren Jobs zu kündigen und quer durchs Land zu ziehen, um für sie zu arbeiten. Nun fühlte sie sich für deren Arbeitslosigkeit verantwortlich und war besorgt, ob sie neue Stellen finden würden. Und zum zweiten Mal in ihrer Karriere arbeitete Ann daran, sich als freiberufliche Autorin selbstständig zu machen. Wie schon beim ersten Mal war ihre Situation finanziell äußerst prekär. Allerdings bekam sie langsam spannende Anfragen und bezahlte ihre Miete mit ein paar wöchentlichen Schreibaufträgen. Ann schwankte zwischen dem Gefühl, endlich das Leben ihrer Träume zu führen, und der Frage, wie lange sie es wohl noch aufrechterhalten konnte.

Außerdem hatte Ann jemanden kennengelernt, mit dem es romantisch wirklich Klick gemacht hatte, und fand sich in einer Beziehung wieder, die ungeahnte Möglichkeiten barg. Jener gutaussehende Ire lebte in London, zehn Flugstunden von Anns kalifornischer Heimat entfernt. In gewisser Hinsicht war das großartig für Ann, da es ihr erlaubte, ihr unabhängiges Leben in Los Angeles weiterzuführen, während sie zugleich die Aufregung einer Liebesaffäre auf Distanz genoss, allerdings ließ es den geringen Betrag, den sie noch auf dem Bankkonto hatte, weiter schmelzen. Irgendwann öffnete Aminatou ihr die Augen darüber, wie ernst die Sache zwischen ihnen geworden war: »Wenn du deinen Geburtstag mit jemandem verbringst, mit dem du Sex hast, dann heißt das, du hast einen Freund.«

Manche Menschen können wirklich gut unterwegs sein und schaffen es, sich ihren Freundeskreis, ihre Terminplanung und ein starkes Selbstverständnis zu bewahren, unabhängig davon, in welcher Zeitzone sie sich aufhalten. Ann gehört nicht zu diesen Menschen. Und sie flog nicht nur immer wieder für ihre Beziehung nach Europa, sie nahm auch Schreibaufträge an, für die sie innerhalb der Vereinigten Staaten reisen musste. Während sowohl die Romanze als auch die Arbeit aufregend waren, war das Nomadinnenleben nichts für sie. Es fiel ihr schwer, den Kontakt zu ihren Freund*innen zu Hause sowie den Kontakt zu sich selbst zu halten. Und um die ganze Sache noch zu verschlimmern, hatte sie seit kurzem wieder angefangen, die Antibabypille zu nehmen, was bedeutete, dass sie manchmal unvermittelt in Tränen ausbrach, bei den geringsten Unannehmlichkeiten Wut und Frustration aufflammen spürte und generell ständig am liebsten aus der Haut fahren wollte.

Als ihr die Flugmeilen ausgingen, rückte der Punkt näher, an dem sie eine Entscheidung über ihre Romanze treffen musste, und das stresste Ann zunehmend. Im Rückblick erschienen ihr die letzten paar Jahre mit Abstand als die besten ihres Lebens, eine Zeit, in der sie extrem unabhängig, emotional versorgt von ihren Freund*innen und angetrieben von ihrer Karriere gewesen war. Sie liebte diese Geschichte über ihr Leben, in der Aminatou eine wichtige Rolle spielte. Ihre neue romantische Beziehung stellte nun eine Bedrohung für diese Geschichte dar. Sie würde für diesen Mann, der bereit war, nach Los Angeles zu ziehen, um mit ihr zusammenzuleben, entweder wirklich Raum in ihrem Leben schaffen oder die Sache abrupt beenden müssen. Ann quälte sich mit dieser Entscheidung, aber sie sprach darüber nicht viel mit ihren Freundinnen. Und sie suchte auch nicht Aminatous Unterstützung. Zum ersten Mal in ihrer Freundschaft zögerte Ann, die Dinge anzusprechen, die sie verunsicherten und empfindlich machten.

Schließlich traf sie die Entscheidung, der romantischen Beziehung eine Chance zu geben. Was bedeutete, dass ihr Freund nach Los Angeles zog. Was bedeutete, dass er ein Visum brauchte. Und einen neuen Job. Die ganze Angelegenheit war extrem teuer und stressig und trat für Ann eine Phase der Neuausrichtung los. Sie wollte auf keinen Fall jene Frau sein, die vom Erdboden verschwindet, sobald sie einen Freund hat. Dennoch war dies eine Zeit, in der sie sich auf untypische Weise selbst isolierte und den Kontakt zu all ihren Freund*innen verlor. Und keine spürte es mehr als Aminatou.

Aber wir unterdrückten diese Gefühle. Wir mussten schließlich einen Podcast aufnehmen.

Im Nachhinein lässt sich leicht erkennen, wie sich die Kluft zwischen unserer privaten und unserer öffentlichen Freundschaft auftat. Die sozialen Medien sind so konzipiert, dass sie einen zu Posts ermuntern, die entweder Positivität ausstrahlen oder Empörung hervorrufen. Und während wir häufig empört über die Nachrichten waren, waren unsere Posts übereinander kompromisslos positiv und scheinbar unkompliziert. Wir sprachen davon, wie stolz wir aufeinander waren, suchten süße Selfies heraus und führten Shine Theory vor. Wenn ihr eine von uns beiden nach ihren Gefühlen für unsere Freundschaft als großes Ganzes gefragt hättet, hätte diese einen Vortrag so voller Liebe und Bewunderung gehalten, dass es euch die Tränen in die Augen getrieben hätte. Wie bei diesem Clip, in dem Oprah vor Rührung über Gayle kein Wort mehr hervorbringt.

Diese Gefühle entsprachen sicher der Wahrheit, insbesondere auf der tiefsten Ebene. Aber es war nicht die einzige Art, wie wir unsere Freundschaft erfuhren. Öffentlich wollten wir nicht darüber ins Detail gehen, wo wir eine Anspannung spürten. Wir sprachen nicht über die kleinen Missverständnisse und Fehltritte, die unser Gefühl von Sicherheit und gegenseitigem Verständnis erschütterten. Wir beschrieben, wie großartig wir reine Frauenausflüge wie Desert Ladies fanden, nicht aber unsere komplizierten Gefühle gegenüber Gerüchten oder unsere nicht übereinstimmenden Erwartungen gegenüber dem Freundesnetz. Wir sprachen über *race*, aber nicht über den akuten, spezifischen Schmerz, den das Thema in unserer Freundschaft auslöste.

»[A]uf den Seiten sozialer Netzwerke wie Facebook glauben wir uns selbst darzustellen, aber unser Profil ist oftmals jemand ganz anderer – häufig der, der wir gern sein würden. Unterschiede verschwimmen«, schreibt die Psychologin Sherry Turkle in ihrem Buch *Verloren unter 100 Freunden*. Sosehr wir uns auch bemühen, nicht in diese Falle zu tappen, ist es doch zu leicht, das Entweder-oder von Positivität und Empörung in den sozialen Medien zu übernehmen.

Und wenn es um die Frage ging, wie wir beide unsere Freundschaft darstellten, entschieden wir uns selbstverständlich wieder und wieder für Positivität. Alles zwischen jenen beiden Polen erschien uns zu persönlich, um es online zu stellen.

Es ist nichts dagegen einzuwenden, mit Konflikten innerhalb einer Freundschaft umzugehen, ohne sie im Internet herauszuposaunen. Das Problem lag darin, dass wir auch offline die unaufgeräumte Zwischenebene kaum ansprachen. Wir taten uns schwer, offen über unsere wunden Punkte zu sprechen. Um ehrlich zu sein, war es schlicht einfacher, einander Beifall zu spenden, über das Zeitgeschehen zu plaudern oder in oberflächliches Gelächter auszubrechen. Uns in jener Phantasievorstellung zusammenzufinden, in unserer Freundschaft sei stets alles leicht und erbaulich.

Da der Podcast gut lief, konnten wir mit Werbeeinnahmen Geld verdienen – was bedeutete, dass wir nun ein Geschäft betrieben. Wir hatten ein gemeinsames Bankkonto. Wir hatten viel zu viele Tabellenkalkulationen. Wir hatten einen Gruppenchat mit Gina, der aus einer Mischung aus logistischen Details und Memes bestand. Wir telefonierten mehrmals pro Woche miteinander, um Geschäftliches zu besprechen, zu entscheiden, welche potenziellen Werbekund*innen wir annehmen sollten, neue Folgen vorzubereiten oder aufzunehmen. Die Dinge entwickelten sich sehr schnell, und wir hatten das Gefühl, unsere Entscheidungen rein nach Bauchgefühl zu treffen. Wir entwarfen zwar schon seit langem gemeinsam Strategien für unsere jeweiligen Karrieren, waren nun aber praktisch über Nacht zu Geschäftspartnerinnen geworden. Und wir nahmen uns nie einen Moment Zeit, um diese Tatsache zu feiern.

Wir waren nun Freundinnen *und* Kolleginnen. Wir reisten, um an Veranstaltungen teilzunehmen, und nahmen die Sendung vor Live-Publikum auf. Und wir reagierten darauf sehr unterschiedlich. Ann sagte Hörer*innen gern nach Veranstaltungen im Foyer hallo, aber sie wollte sich Fremden gegenüber nicht auf Instagram präsentieren. Sie behielt ihren Account auf privat gestellt. Im Gegensatz zum Podcast, wo sie entscheiden konnte, welche Details aus ihrem Leben sie preisgeben wollte, war Instagram für sie ein Ort für ihre Freund*innen aus dem echten Leben. Ihr gefiel die Vorstellung nicht, dass Hörer*innen ein Archiv ihrer Bilder durchforsten konnten, die nicht für sie gedacht gewesen waren. Aminatou hingegen hatte kein Problem damit, dass Hörer*innen ihr online folgten, da sie in Bezug auf Instagram ein viel stärkeres Gefühl von Kontrolle hatte. Allerdings war sie scheu, wenn Menschen persönlich auf sie zukamen. Diese Situationen raubten ihr eine Menge Energie. Ihr war es auch unangenehm, auf der Straße angesprochen oder beim Essen im Restaurant unterbrochen zu werden, was Ann nicht ganz so oft passierte. Diese neuen Erfahrungen waren für uns beide anstrengend, aber auf ganz unterschiedliche Weise.

Es ist seltsam, mit der besten Freundin ein Unternehmen

zu gründen. Ebenso ist es seltsam, von einer bestimmten Gruppe Fremder als Freundinnen in einer Echten Freundschaft erkannt zu werden. Aber das Seltsamste an der ganzen Sache war, dass wir nicht miteinander darüber redeten. Zum ersten Mal in unserer Freundschaft nutzten wir einander nicht als Resonanzboden. Wir beobachteten lediglich, wie die andere auf diese massiven Veränderungen reagierte, und schlossen daraus, sie sei überhaupt nicht gestresst von unserem gemeinsamen geschäftlichen Unterfangen oder von unserem neuen Status als semiöffentliche Personen. Wir sahen jede die Geschichte, die die andere der Welt erzählte, und verliehen ihr unsere eigene Bedeutung. Und wir lagen dabei nicht immer richtig.

Wenn man nicht gut miteinander kommuniziert, liefert das Internet Dutzende und Aberdutzende kleine Gelegenheiten, einander misszuverstehen. Wie jeder Mensch bestätigen kann, der je darüber verzweifelt ist, ein passendes Emoji auszuwählen, können selbst kleine digitale Handlungen übermäßige Bedeutung erlangen, wenn man sich in einer Beziehung unsicher fühlt. Und statt eine*n Freund*in direkt zu bitten, die Sache aufzuklären, ist es viel einfacher, ihren*seinen digitalen Output zu interpretieren. »Das Problem«, erklärte Karen North, Kommunikationsdozentin an der USC Annenberg, gegenüber der *New York Post*, »liegt darin, dass Menschen ›in Kontakt treten‹, indem sie auf die Seite einer*eines Freund*in klicken, sich deren oder dessen Posts durchlesen und daraufhin das Gefühl einer Verbundenheit haben, obwohl diese nur einseitig war. Die Beziehung wird also nicht tatsächlich vorangebracht, man wirft lediglich einen Blick in das Leben der oder des anderen.«

Das Gefühl, wenn man die sozialen Medien nutzt, um »einen Blick zu werfen« in das Leben seiner Freund*innen, unterscheidet sich nicht allzu sehr von der Erfahrung, eine

berühmte Freundschaft wie die von Oprah und Gayle mit-
zuverfolgen: Man sieht ausschließlich die Dinge, die sie
ausgewählt haben, um sie der Öffentlichkeit zu präsentieren, bildet sich aber ein, man würde die ganze Geschichte
kennen. Auf dem Social-Media-Account einer Freundin
herumzuschleichen verschafft einem eine Entschuldigung,
um jene harten, direkten Gespräche zu meiden, die eine
Freundschaft erfordert, um gesund zu bleiben. Digitale
Kommunikation eröffnet nicht nur neue Möglichkeiten, die
halböffentliche Geschichte eurer Freundschaft zu erzählen.
Sie bietet auch etwas noch Verlockenderes: eine Menge an
Details, die man als Stoff nutzen kann, um die Geschichte
jener Freundschaft im eigenen Kopf neu zu schreiben.

Wir schickten uns nach wie vor Fotos von den Körner-
bowls, die wir uns zum Mittagessen machten, kurze Beur-
teilungen der Fernsehserien, die wir gerade schauten, und
reichlich verstörende Selfies, auf denen wir Tuchmasken
tragen. Aber unsere tiefergehende Investition in unsere
Freundschaft hielt nicht Schritt. *Das fühlt sich nicht gut an,
aber gerade hat die Arbeit Priorität*, beruhigte Aminatou
sich. Ann erlaubten es all die Stunden, die wir für den Podcast am Telefon miteinander verbrachten, den Kopf in den
Sand zu stecken. *Wir reden ja immer noch ganz viel miteinander*, sagte sie sich voller Unbehagen.

Wir spürten beide, wie sich die Distanz zwischen uns
vergrößerte, aber zu verschiedenen Zeiten und auf je eigene
Weise. Aminatou war auf einer Party, wo jemand sie fragte,
wie es Ann gehe. Sie stellte fest, dass sie die Antwort gar
nicht genau wusste. »Äh ... ihr geht's gut«, erwiderte sie
vage. Ann wollte ein Geburtstagsgeschenk für Aminatou
besorgen und hatte keine Ahnung, was sie ihr kaufen sollte.
Das war besorgniserregend, denn wenn Ann jemandem nahesteht, dann hat sie normalerweise *zu viele* Geschenkideen.

Wir schickten einander Textnachrichten wie: »Ich vermisse dich!«, oder: »Wir müssen unbedingt bald wieder lange telefonieren.« Aber keine von uns schlug Alarm angesichts der Erkenntnis, wie weit unsere Freundschaft bereits von dem Bild abgedriftet war, das wir im Internet präsentierten.

Die wirkliche Gefahr liegt nicht in der Tatsache, dass man eine öffentliche Geschichte über seine Freundschaft erzählt. Sie liegt darin, dass man die Fähigkeit verliert, auch die private Geschichte zu erzählen. Wenn ihr beide der Außenwelt gegenüber erklärt, dass ihr ein Freundespaar seid, das sicher in seiner Beziehung zueinander und einander hoffnungslos treu ergeben ist, wie sollt ihr dann mit der Tatsache umgehen, dass Freundschaft so gut wie immer etwas weitaus Komplizierteres ist? Wie schützt man sich davor, selbst im Privaten so zu tun, als würde man die ganze Geschichte übereinander kennen?

Oftmals kennt man diese nicht. Wir kannten sie nicht.

NEUN

Zu groß zum Scheitern

Wir sagten einander häufig, wir seien »zu groß zum Scheitern«.

»Too big to fail« bezeichnet die Theorie, nach der manche Banken so mit der Weltwirtschaft verwoben sind, dass ihr Scheitern katastrophale Auswirkungen hätte. Wir scherzten, aber es kam uns wahr vor. Wir hatten ein gemeinsames Unternehmen mit beschränkter Haftung (LLC), ein gemeinsames Bankkonto und eine gemeinsame Marke. Bei den Menschen in unseren Freundesnetzen und mittlerweile auch bei Fremden, die unseren Podcast hörten, waren wir als enge Freundinnen bekannt. Sollte unsere Echte Freundschaft scheitern, müssten wir eine Geschäftspartnerschaft auflösen, die auch Gina, unsere Agent*innen und Auftragnehmer*innen umfasste. Auf Gefühlsebene war ein Scheitern sogar noch unvorstellbarer. Wir hatten Karriereumbrüche, Freundesnetzdramen und Krankheiten gemeinsam durchgestanden. Wir konnten uns nicht vorstellen, unsere Verbindung zu lösen.

Hier kommt die harte, bittere Wahrheit: »Too big to fail« ist eine Lüge. Wir lernten uns inmitten einer Rezession kennen, daher hätten wir es wissen müssen. Wir sahen Bear Stearns untergehen! (Wenn dieser Satz euch nichts sagt, gratulieren wir euch dazu, der finanziellen Katastrophe der späten Nullerjahre entgangen zu sein.) Keine Beziehung ist zu groß zum Scheitern, und Freundschaft ist keine Ausnahme. Das lernten wir auf die harte Tour.

In einer der wenigen Studien über langjährige Freundschaften fanden die Forscher*innen bei einer Befragung von Hunderten Erwachsenen heraus, dass diese nur zu 30 Prozent ihrer engsten Freund*innen auch nach sieben Jahren noch ein enges Verhältnis hatten. Mit Aufmachern wie »Das Sieben-Jahres-Verfallsdatum von Freundschaften« wurde medial über die Studie berichtet. Damit ist eine Parallele zu romantischen Beziehungen hergestellt, bei denen es angeblich »das verflixte siebte Jahr« gibt. Der Begriff geht zurück auf das gleichnamige Theaterstück aus dem Jahr 1952 (aus dem später ein Film mit Marilyn Monroe in der Hauptrolle wurde), und die sieben Jahre spielen auf einen Zeitpunkt an, zu dem die Ehen jener Generation mit größter Wahrscheinlichkeit in die Brüche gingen. Das ergibt Sinn. Sieben Jahre sind lange genug, um das Gefühl zu haben, bereits harte Zeiten gemeinsam überstanden zu haben. Sieben Jahre sind aber auch lange genug, um ein paar wirklich schlechte Kommunikationsgewohnheiten zu entwickeln. Und sieben Jahre sind lange genug, um von der anderen Person zu erwarten, dass sie einen gut genug kennt, um nichts zu tun, was einen verletzen würde.

Unsere schwierige Zeit kam nach sechs Jahren, aber wir sind schon immer mit allem früh dran gewesen.

Wie bei vielen Zusammenbrüchen von Beziehungen kam es dazu aufgrund von Dingen, die wir unabhängig voneinander durchmachten und über die wir nicht miteinander kommunizierten. Unsere Freundschaft strauchelte. Dann wankte sie noch eine Weile, aus dem Gleichgewicht geraten. Und schließlich knallte sie voll aufs Gesicht. Vielleicht wäre dieses Scheitern, das nach Jahren der Sicherheit und Stabilität und Freude kam, leichter zu verstehen gewesen, wenn es einen großen Knall oder einen schweren Verrat gegeben hätte, auf den man hätte verweisen können, das Freundschaftsäquivalent dazu, die*den eigene*n Ehepartner*in im Bett mit jemand anderem zu erwischen. Aber so war es nicht. Es ist nie so dramatisch, wie man es erwartet hätte.

Unsere Probleme erschienen uns extrem spezifisch für uns beide und unmöglich zu benennen. Tatsache ist aber, dass wir die Regel sind und nicht die Ausnahme. Die Linguistin Deborah Tannen, die Hunderte Frauen zu ihren Freundschaften befragt hat, schreibt: »Auch wenn sich das Ende einer Freundschaft auf einen einzelnen Augenblick zurückführen lässt – in dem etwas Grausames gesagt oder etwas Ungeheuerliches getan wurde –, ist diese außerordentlich gut erzählbare Verletzung für gewöhnlich nur der Gipfel eines ganzen Bergs an Frustrationen und Enttäuschungen, der im Laufe der Zeit angewachsen ist.«

Im Rückblick scheint unser Zusammenbruch in zwei Phasen stattgefunden zu haben. Zuerst kam es zu einer Abfolge von Missverständnissen und kleinen, scheinbar belanglosen Momenten. Wie etwa, als Ann zu einem gemeinsamen Abendessen ihren Freund einlud, weil sie dachte, Aminatou könne ihn so besser kennenlernen, und Aminatou glaubte, Ann habe ihn als Puffer mitgebracht, weil sie kein Gespräch unter vier Augen führen wollte. Keine von diesen Begebenheiten war an sich verheerend, allerdings häuften die schlechten Gefühle sich langsam an und ließen uns zögerlicher werden, uns einander anzuvertrauen.

Als wir schließlich nicht mehr in der Lage waren, über die tiefgreifenden, schwierigen Dinge in unserem Leben zu sprechen, traten wir in eine neue, furchtbare Phase ein, in der wir immer wieder unbeabsichtigt die Gefühle der anderen verletzten. Es wurde zu einem Teufelskreis: Aminatou dachte, Ann würde gar nichts kümmern oder aufregen. Ann dachte, Aminatou sei wütend auf sie, konnte sich jedoch nicht erklären, weshalb. Auf diese Weise verunsicherten und manipulierten wir einander, ohne es zu wollen.

Wir sprachen nicht länger eine gemeinsame Sprache. Oftmals, wenn Ann glaubte, wir würden ein angenehmes Gespräch führen, fühlte Aminatou sich dabei schrecklich, und andersherum. Nach einem verletzenden Vorfall sagte keine von uns beiden je zur anderen: »Das hat mir wehgetan«, oder: »Das hat bei mir bestimmte Gefühle ausgelöst.« Stattdessen versteckten wir uns hinter indirekten Aussagen, die leicht missverstanden werden konnten, und legten uns jeweils unsere eigenen Geschichten darüber zurecht, wie es der anderen dabei ging. *Was hat sie damit eigentlich gemeint? Warum macht sie so etwas? Ich bin ihr anscheinend mittlerweile scheißegal.* Wir waren beide ausweichend und defensiv, zu ängstlich und zu stolz, um der anderen direkt mitzuteilen, wie wir uns fühlten oder was wir brauchten.

Das ist ein weiteres Muster, das in vielen Freundschaften vorkommt. In ihrem Buch *You're the Only One I Can Tell* erklärt Tannen, dass ein unterschiedlicher Gesprächsstil – oder die einzigartige Weise, wie eine Person sagt, was sie denkt, und interpretiert, was eine andere Person sagt – oftmals der unsichtbare Schuldige sei, wenn es zwischen Freundinnen Ärger gibt. Das führt sie darauf zurück, dass Frauen in vielen Kulturen dazu erzogen werden, weniger direkt zu sein und Dinge zu sagen wie: »Findest du es kalt hier drinnen?«, statt: »Mir ist kalt. Könntest du die Heizung aufdrehen?«. Außerdem bringe man Frauen bei, Kommunikation als eine Möglichkeit zu schätzen, um sich eng verbunden zu fühlen. Auf uns traf zweifellos zu, dass unsere Nähe zerbrach, als wir nicht mehr miteinander kommunizieren konnten. Unsere gemeinsame stabile Basis und unser sicherer Hafen lösten sich nach und nach auf, ohne dass wir ihr Verschwinden bemerkten.

Es ist kein Wunder, dass wir es nicht haben kommen sehen. In den unbeschwerten Anfangstagen unserer Freundschaft schienen unsere Gesprächsstile völlig miteinander im Einklang zu sein, sodass sie gar nicht wie zwei unterschiedliche Stile wirkten. Wir wussten einfach, welche persönlichen Fragen wir einander stellen durften und welche als zu neugierig empfunden würden. Wir wussten, wie wir einander unsere Aufmerksamkeit zeigten. Wir wussten, wie wir Probleme ansprachen und auch die Sorgen der anderen anhörten. Wir konnten tiefe Gefühle wie Solidarität oder Empathie oder Angst mit den kürzesten Textnachrichten vermitteln. Wir wussten, wie wir vage Aussagen und sogar Schweigen interpretieren konnten. Wir verstanden einander einfach. Aber da wir nie gezwungen gewesen waren, zu artikulieren, was an unserer Kommunikation so gut funktionierte, fanden wir nun, da sie zusammengebrochen war, nicht heraus, wie wir sie reparieren konnten. Wir vermieden es, über die Probleme zu sprechen, die wir beide spüren, aber noch nicht benennen konnten.

Wir zogen uns in unsere jeweilige Ecke zurück und interpretierten das Schweigen der anderen auf unsere eigene Weise, wodurch wir noch unwilliger wurden, Dinge miteinander zu teilen. »Die extreme Form der Indirektheit ist Schweigen: Bedeutung übermitteln, indem man nichts sagt«, schreibt Tannen. »Diese Taktik wenden viele Frauen an, um Konflikte zu vermeiden.« (Männer tun es natürlich auch.) Das Schweigen zwischen uns schien immer größer zu werden, während unser »Kein Drama«-Ethos endlich als das konfliktvermeidende Verhalten enthüllt wurde, das es tatsächlich darstellt. Im Privaten hatten wir uns nie weiter voneinander entfernt gefühlt. In der Öffentlichkeit dagegen boten wir eine Freundschaft dar, die von Fremden idealisiert wurde. Der Podcast lief gut, was ein echter Beleg für unsere Professionalität, unsere verkümmerten Emotionen und Ginas liebevollen Kokon war. Wir waren die Königinnen der Abschottung! Aber oftmals fühlten wir uns wie Betrügerinnen, wenn wir eine Sendung »für beste Fernfreund*innen überall« aufzeichneten, während unsere eigene Fernfreundschaft am seidenen Faden hing. Wir machten einfach weiter und redeten uns ein, nicht zu wollen, dass unsere persönlichen Probleme etwas beeinträchtigten, das zu einer Arbeitsbeziehung geworden war. Insgeheim machten wir uns beide Sorgen, dass der Podcast mittlerweile das Einzige war, was uns noch zusammenhielt.

Tannen bemerkt, dass fest verwurzeltes Schweigen zu einem Phänomen führen kann, das sie als »komplementäre Schismogenese« bezeichnet. Dazu kommt es, wenn zwei Personen am Ende auf eine Weise miteinander kommunizieren, »wie sie es normalerweise nicht tun würden, da jede auf die andere reagiert, indem sie ebenjene Aspekte ihres Stils verstärkt, die ihn überhaupt erst von dem der anderen unterschieden haben«. Man glaubt, man würde versuchen, den Graben zu überwinden, indem man vormacht, wie man gern kommunizieren würde, und dabei zieht man sich in Wirklichkeit noch weiter von der Person zurück, mit der man in Verbindung treten möchte. Tannen zeigt dies am Beispiel von zwei Frauen, Noelle und Tara. Noelle wünscht sich, Tara möge in der Öffentlichkeit etwas leiser sprechen, also macht Noelle das Verhalten vor, das sie gern sehen möchte, und senkt ihre Stimme. Tara hört jedoch nur, dass ihre Freundin zu leise spricht. Also wird sie lauter, womit sie ihren Wunsch impliziert, Noelle möge lauter sprechen. »Am Ende flüstert Noelle praktisch«, schreibt Tannen, »und

Tara schreit praktisch.« Es ist das Gegenteil von dem, was sie zu erreichen gehofft hatten.

Viele der Dinge, die uns zu Beginn einander nähergebracht hatten, hatten sich mittlerweile umgekehrt und waren zu Schwachstellen geworden, die unsere Freundschaft nun gefährdeten. Wir sind beide stolz und stur und zeigen uns nur vor einer Handvoll enger Freund*innen von unserer verletzlichsten Seite. Wir sind beide starke Persönlichkeiten, die sich am besten fühlen, wenn sie sich ehrlich ausdrücken. Aber in dieser Phase schotteten wir uns andauernd ab und ließen Dinge ungesagt.

Aminatou fühlte sich von Ann emotional entfremdet, nachdem diese nicht da gewesen war, um mit ihr über ihren Liebeskummer zu sprechen, Strategien für den neuen Job und ihre Gesundheitsprobleme zu entwerfen oder ihren amüsanten Beobachtungen über San Francisco zu lauschen. Und Ann, die während so vieler vergangener Krisen auf Aminatous Beratung vertraut hatte, fühlte sich ohne sie vollkommen haltlos. Zeitweise dachte Ann, wenn sie nur den Graben zwischen sich und Aminatou überwinden könnte, dann wären all die anderen großen Veränderungen in ihrem Leben nicht mehr so stressig. Ann vermutete, diese Phase ihres Lebens sei nicht deshalb so schwierig, weil sie mit ihrem Freund zusammenzog oder versuchte, ihre Identität von »überzeugter Single!« zu »in einer glücklichen, stabilen romantischen Beziehung« zu verwandeln, sondern aufgrund der schmerzhaften tagtäglichen Belastung, ohne ihre beste Freundin zu leben.

Wir sprachen diese Dinge nicht laut voreinander aus. Wir gaben beide der anderen die Schuld für unseren emotionalen Stillstand und sagten uns: »Ich gebe mir wirklich Mühe. Warum tut sie das nicht?« Irgendwo schreit Deborah Tannen gerade: »Komplementäre Schismogenese!«

Zu unterschiedlichen Zeitpunkten erkannten wir beide, dass wir ein Problem hatten, und versuchten es auf unsere eigene unbeholfene Weise zu lösen. Unsere E-Mails bilden ab, wie sehr wir das Gefühl hatten, uns auf dünnem Eis zu bewegen. Als Ann von einem Schreib-Retreat zurückkehrte, schrieb sie Aminatou per Mail: »Ich habe viel an dich gedacht. Ein paar der Frauen bei dem Retreat haben nach meinem Tattoo gefragt, und als ich ihre Fragen beantwortete, wurde mir noch einmal bewusst, wie froh ich bin, eine körperliche Erinnerung an meinen Wunsch zu haben, wir mögen für immer ein Teil des Lebens der anderen bleiben.« Aminatou antwortete nach wenigen Stunden: »Ich habe auch viel an dich gedacht und wie wir weitermachen sollen (so ~dramatisch~), und ich weiß, dass wir das hinkriegen. Es wird anders werden, aber Veränderung ist gut, oder?«

In diesem E-Mail-Austausch gestanden wir uns ein, dass es zwischen uns ein Problem gab, das wir beide lösen wollten. Und dieses Eingeständnis erschien uns schon wie der erste Schritt in die richtige Richtung. Wir glaubten, um unsere Freundschaft zu reparieren, müssten wir lediglich zurückspulen und dort weitermachen, wo wir aufgehört hatten.

Wir formulierten es damals nicht so, aber wir versuchten, unsere Freundschaft zu retten, indem wir jene Schritte wiederholten, die wir gegangen waren, um sie überhaupt erst aufzubauen: Wir versuchten, einen Funken zu finden, nahmen uns Zeit, uns zu sehen, und zeigten uns voreinander verletzlich. Diesmal war es jedoch weitaus schwerer.

Die Tage, in denen wir nur ein paar Straßen voneinander entfernt gelebt hatten, waren längst vergangen, und nun mussten wir jede persönliche Interaktion planen und in sie investieren. Wir standen in ständigem digitalem Austausch, was großartig war, um einander Memes und heiße Fotos von Keanu zu schicken, aber Textnachrichten sind ein unmögliches Medium für die harten emotionalen Gespräche, von denen uns klar war, dass wir sie führen mussten. Und wir wussten nicht, ob es zwischen uns noch immer einen Funken gab – zumindest nicht in einem positiven Sinne. Das Einzige, was zwischen uns in letzter Zeit Funken gesprüht hatte, waren die negativen Gefühle unserer ständigen Missverständnisse.

Aber wir wollten unsere Freundschaft beide nach wie vor unbedingt reparieren. Ihr erinnert euch, wir hatten uns schließlich geschworen, wir seien »zu groß zum Scheitern«. Zu diesem Zeitpunkt hegten wir daran zwar unsere Zweifel, hofften aber ehrlich, dass wir es hinbekommen würden. Wir waren einander noch immer ungemein wichtig und wollten uns bessern.

In einem Versuch, den Teufelskreis zu durchbrechen, kamen wir zu einer logischen Schlussfolgerung: Wir mussten einfach mehr Zeit miteinander verbringen. So landeten wir in jenem Spa, wo wir unsere Freundschaft retten wollten.

In unserem Spa-Urlaub taten wir dann mechanisch alles, was von uns erwartet wurde, und versuchten, uns einander zu öffnen. Was jedoch vor allem in Erinnerung bleibt, sind das unbehagliche Schweigen, das schwerfällige Pizza-Essen und die exzellenten Wellness-Behandlungen. Wenn ihr euch auf eine traurige Reise zur Beziehungsrettung begeben wollt, können wir ein Thermal-Spa wärmstens empfehlen. Man kann dort zwar nicht die Schutzschichten um sein eiskaltes Herz abpeelen, aber eure äußere Epidermis wird sich danach wunderbar weich anfühlen.

Der Kontrast zwischen jenem Trip und unseren frühesten, ewigen untätigen Sofa-Abenden war deutlich zu spüren. Wir waren beide so lange verletzt gewesen, dass wir uns natürlich nicht einfach noch einmal ganz frisch begegnen konnten, als wäre es zum ersten Mal. Als wir hinterher wieder zu Hause waren, hatten wir nicht das Gefühl, dass sich irgendetwas geändert hätte. Die Mauern standen noch immer.

Am Tiefpunkt unserer Freundschaft begann Aminatou, sich in schlaflosen Nächten auszumalen, wie es zwischen uns enden würde. *Okay, wahrscheinlich müssen wir darüber reden. Puh, wir sind beide so schlecht darin, darüber zu reden. Wir müssen den Podcast aufgeben und unsere LLC auflösen, und das bedeutet so viel Papierkram. O Mann, ich hasse Papierkram. Höchstwahrscheinlich müssen wir auch mit all unseren anderen Freund*innen darüber reden. Ich kann die Vorstellung kaum ertragen. Und was ist danach? Es ist ja nicht so, als würde ich Ann nie wiedersehen. Wenn wir uns auf einer Party begegnen, reden wir dann nicht mehr miteinander? Ich glaube, das würde mich umbringen.*

Uns ist bewusst, dass unser Zusammenbruch ebenso gut das Ende unserer Beziehung hätte bedeuten können, da wir beide viele Stunden damit verbrachten, über diese Möglichkeit nachzudenken. Mit anderen Freund*innen in unserer jeweiligen Vergangenheit hatten wir bereits genügend Kurzzeitbeziehungen erlebt, einst enge Bindungen, die im Sande verliefen oder abrupt und schmerzhaft getrennt wurden. Die Möglichkeit eines Beziehungsendes war das Gespenst, das durch unsere schwierige Phase spukte. Die Wahrheit ist, dass Freundschaften andauernd auseinanderbrechen. Sie funktionieren gut in einem bestimmten Kontext und enden, wenn sich der Kontext verändert und eine oder beide beteiligten Personen aus ihnen herauswachsen. Die eine Person hört auf, sich zu dehnen, die andere hört auf, die Hand auszustrecken, und bald schon haben sie sechs Monate nicht mehr miteinander gesprochen ... oder sechs Jahre.

Bei vielen Freundschaften ergibt das auch Sinn. Menschen verändern sich. Gefühlsmäßig fällt es jedoch schwerer, zu akzeptieren, dass nicht alle unsere Freundschaften ewig halten – insbesondere, wenn nur eine Person die Beziehung beenden möchte. Im Kern vieler Freundschaften steckt eine Zwickmühle. Wir erwarten, dass die wichtigen für immer halten (das letzte *F* in »BFF« steht schließlich für »Forever«). Gleichzeitig bringt man uns bei, dass es völlig akzeptabel sei, eine Freundschaft zu beenden, wenn sie nicht funktioniert – manchmal sogar ohne ein Wort, um dieses Ende auszusprechen.

Eine Person kann nicht allein beschließen, eine Freundschaft zu reparieren. Diese Entscheidung müssen beide Beteiligte treffen. Wir empfinden es als ein großes Glück, dass wir beide bereit waren, an unseren Problemen zu arbeiten, da wir wissen, dass dies nicht in vielen Freundschaften der Fall ist. Die Menschen, die unseren Podcast verfolgen, hören uns oft über Freundschaft sprechen, weshalb unser E-Mail-Postfach zu einem Archiv für einseitige Geschichten vom Scheitern von Freundschaften geworden ist. Wer sollte besser geeignet sein, heikle Freundschaftsfragen zu beantworten, als wir, zwei Menschen, die sich angeblich in einer *äußerst stabilen Freundschaft* befanden? Wenn ihr gerade den Kopf schüttelt, solltet ihr wissen, dass wir mit euch gleichzeitig lachen und schluchzen. Und auch wenn wir oftmals keine Ahnung hatten, wie wir diese E-Mails beantworten sollten, sorgten die Geschichten dafür, dass wir uns in jenen Monaten, in denen unsere eigene Freundschaft auf der Kippe stand, weniger allein fühlten. Hier sind ein paar Kostproben:

Ich glaube, eine meiner besten Freundinnen hat mit mir Schluss gemacht. Früher haben wir uns ständig gesehen und pausenlos auf WhatsApp gechattet – das Übliche eben. Ich habe mich ihr im Grunde näher gefühlt als jedem anderen Menschen. Dann ist sie im November fest mit ihrem Freund zusammengekommen, und in den Monaten seitdem ist sie langsam aus meinem Leben verschwunden.

Ich habe ihr gesagt, dass ich nicht so behandelt werden möchte; ich war noch immer verletzt und brauchte mehr Zeit, um mich zu erholen. Ich habe die Tür für sie offen gelassen, damit sie daran arbeiten kann, unsere Beziehung zu reparieren, aber sie antwortete mit einer E-Mail voller Beleidigungen, die ich hier frei zitieren werde: »ICH HAB DOCH GESAGT, ES TUT MIR LEID, BITCH.«

Als ich sie anrief, um herauszufinden, wieso sie mich in letzter Zeit links liegen lassen hat, ließ sie alles heraus. Machte mich zur Sau wegen Verletzungen, die sie bis zu zehn Jahre für sich behalten hat. Nach einer ganzen Reihe von Beleidigungen von ihr und vielen Tränen und Entschuldigungen von mir beendete sie unsere Freundschaft, stellte einfach fest, dass sie vorbei sei. Und hier sitze ich nun. Die letzten paar Tage bin ich ein Häufchen Elend gewesen und habe den Verlust einer Freundschaft betrauert, die zum Kern meines Wesens gehörte.

Ich habe ein schlechtes Gewissen, weil ich [meine Freund*innen] aus meinem Leben ausgeschlossen habe, und fand es furchtbar, in den letzten paar Monaten kein Teil ihres Lebens zu sein. Aber ich bemühe mich auch gerade, für das einzutreten, was ich in Beziehungen brauche.

Wir haben in letzter Zeit E-Mails über alle möglichen Arten gelesen, wie Freundschaften enden können: Das langsame Verblassen. Der nie beigelegte große Streit. Die lange schwelenden Verstimmungen. Die einseitig getroffene Entscheidung, getrennte Wege zu gehen. Jede einzelne Kategorie wirft eine Reihe von Fragen auf: Hat die Freundschaft wirklich ihren Endpunkt erreicht, oder lässt man sie einfach nur für eine neue Beziehung sausen? Verlangt man zu viel, oder steht man bloß für seine eigenen Bedürfnisse ein? Welche Verjährungsfrist gilt für Verstöße gegen eine Freundschaft? Wird man vergiftet, oder ist man *selbst* die*der toxische Freund*in? Meistens versuchen Menschen, sich allein durch diese Fragen hindurchzuwursteln, und nicht im Dialog mit der Person, die den Anlass für sie gegeben hat.

In einem romantischen Kontext ist es nicht in Ordnung, jemanden mit einer knappen Textnachricht abzuservieren, nachdem man mehrere Monate zusammen war. Und die meisten Menschen stimmen überein, dass Ghosting – einfach zu verschwinden, ohne Anrufe oder Nachrichten zu beantworten – zwar verbreitet, aber unsensibel ist. Für das angemessene Beenden einer Freundschaft gibt es solche Regeln oder Formeln jedoch nicht. Das erwartete Vorgehen besteht darin, dass man einfach aus dem Leben der oder des anderen verschwindet, selbst wenn man zuvor jahrelang eng befreundet gewesen ist, als würde dies stets auf natürliche Weise und schmerzfrei geschehen.

Tatsächlich ist das Verschwinden von Freundschaften oft einseitig und ähnelt mehr dem Ghosting als einem gegenseitigen Im-Stich-Lassen in Zeitlupe. Wenn eine Person die Freundschaft fallenlässt, bleibt die andere Hälfte des Duos mit der Frage allein, ob ihr*e Freund*in ihr jetzt für immer den Rücken gekehrt hat oder ob sie oder er gerade einfach nur beschäftigt ist. Und auch nachdem sie sich an die Realität gewöhnt hat, dass jene*r Freund*in nicht zurückkommen wird, bleiben noch viele Fragen danach offen, was genau eigentlich schiefgelaufen ist.

Die Person, die gegangen ist, hat oft das Gefühl, endlich eine Freundschaft los zu sein, die ihrem Leben nichts mehr gegeben hat – oder die es tatsächlich vergiftete. Dr. Miriam Kirmayer, eine klinische Psychologin und Freundschaftsexpertin, bekommt viele einseitige Trennungsgeschichten zu hören. Kirmayer ist zwar auch offen dafür, einem Freundespaar gemeinsam dabei zu helfen, seine Probleme zu lösen, allerdings hat sie bislang nur Klient*innen behandelt, die allein zu ihr kommen, um ihre Probleme mit einer Freundschaft zu besprechen. In ihrer Arbeit begegnet Kirmayer häufig der Vorstellung einer*eines toxischen Freund*in. »Wann immer ich einen Workshop leite oder einen Vortrag halte, scheint dieses Thema auf die größte Resonanz zu stoßen«, sagt sie.

Jede*r hatte schon einmal eine*n toxische*n Freund*in. Macht einfach die Augen zu, und schon könnt ihr euch diese Person in all ihrer theatralischen Pracht vorstellen. Eine Freundschaft aufgrund von Toxizität zu beenden, erscheint extrem sinnvoll – als gesunde Erwachsene wissen wir doch schließlich, wie wichtig es ist, Grenzen zu setzen, nicht wahr? Kirmayer rät ihren Klient*innen jedoch, dieses Konstrukt noch einmal zu überdenken. Ihr zufolge verwenden Menschen das Wort »toxisch« für viele verschiedene Freundschaftssituationen, die nicht alle dieses Etikett verdient haben. »In Wahrheit verschleiert es einfach die Tatsache, dass Konflikte in jeglichen Beziehungen unvermeidbar sind, Freundschaften inbegriffen«, erklärt Kirmayer. »Insbesondere enge Freundschaften.«

Manche Freundschaften schaden einem tatsächlich, aber

es stimmt auch, dass Menschen sich teilweise zu schnell zurücklehnen und behaupten: »Wir haben uns auseinandergelebt«, wenn sie einfach nur aufgehört haben, sich Mühe zu geben, oder dass sie einen Begriff wie »toxisch« auf eine Freundschaft anwenden, die es eigentlich wert sein könnte, gerettet zu werden. »Meine Arbeit besteht zu einem großen Teil darin, dass ich Menschen helfe, ein bisschen flexibler zu denken und das Beenden nicht als die einzig mögliche oder vernünftige Handlung angesichts einer schwierigen Freundschaft anzusehen«, sagt Kirmayer. Darüber hinaus fordert sie ihre Klient*innen auf, Muster in jenen Freundschaften zu erkennen, die sie abschreiben wollen, und sich auch ihr eigenes Verhalten genau anzuschauen.

Über all das dachten wir nach, als wir überlegten, ob wir unsere eigene Echte Freundschaft hinter uns lassen sollten. Wir wussten, dass wir damit nicht nur unsere Erwartungen an die Zukunft umschreiben würden, sondern auch alles infrage stellen, was wir in der Vergangenheit für unsere Freundschaft empfunden hatten. *Standen wir uns wirklich so nah, wie ich dachte?* Es war auch klar, dass wir uns entblößt fühlen würden. *Eine Person, die so viel über mich weiß, hat mir gegenüber dann keinerlei Verpflichtungen mehr.*

Eine Freundschaftstrennung vernünftig zu begründen, ist nicht einfach. Man kann nicht ein verloschenes Sexleben dafür verantwortlich machen oder die Tatsache, sich von einer*einem neuen Partner*in angezogen zu fühlen. Man kann nicht einmal auf den klassischen halbherzigen Trost des »Lass uns befreundet bleiben« zurückgreifen. Daher können Freundschaftstrennungen sogar noch schmerzhafter sein als romantische. »Wir haben fast immer das Gefühl: Nein, nein, das sagt etwas über mich aus – nicht nur als Freund*in, sondern als *Person*«, sagt Kirmayer.

Aus diesem Grund fällt es so schwer, über gescheiterte Freundschaften zu sprechen. Sie sind umweht von Scham und Verwirrung. In ihrem Buch *You're the Only One I Can Tell* schreibt Tannen, die herzzerreißendsten Geschichten habe sie über Frauenfreundschaften gehört, die abrupt endeten: »Wenn eine Person, die einem nahegestanden hat, die ein Teil des eigenen Lebens gewesen ist, sich auf einmal weigert, einen zu treffen oder mit einem zu reden, dann hinterlässt ihr Verschwinden eine Leerstelle im eigenen Leben und Herzen und konfrontiert einen mit der Frage, was man getan habe, um das Verlassenwerden herbeizuführen«, erklärt sie. »Vielleicht vermutet man dann, man berge in seinem Inneren einen fatalen Makel, der einen freundschaftsunfähig macht.«

Eine unserer Hörerinnen schrieb uns über das plötzliche Ende ihrer Freundschaft: »Ich fühle mich schlechter als nach jeder Trennung, jedem Jobverlust, jedem familiären Trauerfall, den ich je erlebt habe.« Wenn eine romantische Beziehung in die Brüche geht oder ein*e Angehörige*r stirbt, ist es hinnehmbar, sich ein paar Tage freizunehmen, ganze Wochenenden im Pyjama zu verbringen, von den Menschen in seinem Leben zu erwarten, dass sie einen mit Samthandschuhen anfassen. Aber man versuche mal, seine*n Chef*in anzurufen und mitzuteilen, man habe eine fürchterliche Freundschaftstrennung erlebt und müsse sich nun einen Tag freinehmen, um zu trauern. Eine unmögliche Vorstellung. Wenn eine Freundschaft kaputtgeht, lautet die Reaktion meistens eher: »Na ja, vielleicht war es an der Zeit, die Sache zu beenden.« Das macht die Trennung nur noch schlimmer.

»Was Freundschaftstrennungen angeht, finde ich zuerst einmal, dass man sie ernst nehmen sollte«, sagt Kayleen Schaefer, die Autorin von *Text Me When You Get Home.*

»Und wenn man deswegen niedergeschlagen ist, die eigenen anderen Freund*innen aber nicht darüber reden wollen, dann muss man ihnen mitteilen, wie sehr es einen aus der Fassung bringt. Denn wenn man nicht darüber sprechen kann, wird man auch nicht in der Lage sein, es zu verarbeiten.«

Aber man wird es verarbeiten müssen. Wenn man das Potenzial von Freundschaft als eine der tiefsten und machtvollsten Beziehungen in unserem Leben betrachtet, dann gibt man damit zugleich etwas noch viel Schwierigeres zu: dass ihr Ende einen so tief verletzen kann, dass die Narben womöglich niemals völlig heilen werden. Das ist ja unter anderem gerade das Schöne daran, wenn man beschließt, eine Echte Freundschaft einzugehen: Man nimmt ein emotionales Risiko in Kauf. Und zwar sogar ein noch größeres Risiko, als Menschen es eingehen, wenn sie sich ineinander verlieben, da es nur so wenige Regeln gibt, die einen durch schwierige Zeiten leiten. Wenn die Freundschaft zerbricht, gibt es keine Rituale, die einem helfen, zu heilen und weiterzumachen. Und das, betont Kirmayer, »kann den Herzschmerz, den Menschen bei Freundschaftstrennungen empfinden, noch verlängern und intensivieren.«

Je größer die Freundschaft, desto schmerzhafter ist ihr Ende. So toxisch unsere Freundschaft sich in manchen Augenblicken auch anfühlen mochte, noch schlimmer war die Vorstellung, uns irgendwann, Jahre nach unserer Trennung, über den Weg zu laufen, während im Hintergrund dieses schreckliche Lied »Somebody That I Used to Know« gespielt wird. Das wäre die Hölle gewesen. Außerdem war unser Freundesnetz so engmaschig, dass es nahezu unvermeidbar war, dass wir der anderen weiterhin persönlich und online begegnen würden, im Feed der anderen auftauchen als Erinnerung an das, was wir verloren hatten.

Auch wenn wir das Gefühl hatten, wiederholt daran gescheitert zu sein, die Dinge zwischen uns zu klären, waren wir doch noch nicht bereit, Schluss zu machen. Wir fanden beide aus unterschiedlichen Gründen, unsere Freundschaft sei es wert, für sie zu kämpfen. Aminatou quälte die Angst, der Status der Freundschaft würde eine tiefere Wahrheit über sie selbst und ihre Unfähigkeit, zu kommunizieren, enthüllen. *Was stimmt nicht mit mir? Bin ich kaputt?*, waren Fragen, die sie sich wieder und wieder stellte. Vielleicht hatte jemand anders Antworten darauf. Wie Aminatou stellte auch Ann sich selbst infrage: *Bin ich einfach eine schlechte Freundin?* Und es stand viel auf dem Spiel. Während Ann ihr Tagebuch vollkritzelte und im Kopf immer wieder alle Einzelheiten durchging, kehrte sie stets zu dem Gedanken zurück: *Es wäre so schwer, zu gehen. Es wird auch schwer sein, zu bleiben und zu versuchen, es wieder hinzubekommen. Beides ist schmerzhaft, warum dann nicht bleiben?*

Wir hatten unterschiedliche Gründe, landeten jedoch bei dem gleichen Ergebnis: Wir konnten einander noch nicht aufgeben.

Man erwartet vielleicht, dass Freundschaft im Leben etwas Einfaches sei. Ausschließlich Unterstützung, keine Konflikte. Wenn es kompliziert wird? Na ja, dann hat es eben nicht sein sollen. Während es stapelweise Bücher gibt, die einem durch eine Ehekrise helfen und Ratschläge liefern, um entfremdete Familienbeziehungen zu kitten, fehlen weitgehend Anleitungen für beste Freund*innen, die spüren, dass sie auseinanderdrifteten, aber nicht wissen, wie sie wieder zueinanderfinden sollen. Unsere Google-Suchanfragen nach »Hilfe, ich glaube, meine Freundin macht mit mir Schluss« brachten mehr Angst als Antworten zutage. Wir fanden eine Menge Artikel darüber, wie schmerzhaft

Trennungen unter Freund*innen sein können, und in allen war ein überwältigendes Gefühl von Fatalismus spürbar, als wäre dies der einzige natürliche Ausgang für eine Freundschaft auf der Kippe.

Aber wie geht man vor, wenn man eine Freundschaft *retten* möchte? Ein optimistischer wikiHow-Eintrag schlägt Folgendes vor: »Zum Glück kann man eine verlöschende Freundschaft wiederbeleben, indem man sich bei der*dem Freund*in meldet und ihr*ihm zeigt, wie wichtig sie*er einem ist. Wenn ihr einen Streit mit eurer*eurem Freund*in hattet, entschuldigt euch für eure Rolle in dem Streit und sprecht euch aus. Helft eurer Freundschaft zusätzlich beim Wachsen, indem ihr neue Erinnerungen mit eurer*eurem Freund*in schafft und lernt, Kompromisse zu schließen.« Die Illustration dazu zeigt zwei düster blickende Menschen auf einem Sofa.

Dieser Mangel an Ressourcen ist geradezu lächerlich, wenn man bedenkt, dass Freundschaften zu den wichtigsten engen Beziehungen im Leben gehören können. Sicher, manche »Freund*innen« sind ehemalige Klassenkamerad*innen, mit denen man nur mühsam Kontakt hält, oder Menschen, die man vielleicht zweimal im Jahr zum Abendessen trifft. Diese sind womöglich leicht zu vergessen. Aber wir sprechen hier von echten Freund*innen. Von *Echten Freundschaften*. Von Freund*innen, die eure schlimmsten Seiten kennen und trotzdem bei euch geblieben sind. Von Freund*innen, die zugesehen haben, wie ihr wachst und euch verändert, und zugehört haben, wenn ihr dieselben Geschichten wieder und wieder erzählt habt. Wenn Intimität Familien und romantische Beziehungen so lohnenswert und zugleich auch so kompliziert macht, warum sollte das für eine Echte Freundschaft nicht gelten? Wenn zwei Menschen ihr Gefühlsleben miteinander verstricken, wird

es unweigerlich manchmal schwierig. Nicht alle Freundschaften sehen auf lange Sicht gleich aus, aber eins ist sicher: Jede Echte Freundschaft wird existenziellen Gefahren
ausgesetzt sein.

Wir können nicht glauben, dass wir nie darüber nachgedacht hatten! Unsere »Zu groß zum Scheitern«-Überheb-
lichkeit ist wirklich erstaunlich. Als wir uns dann in einer
Phase der emotionalen Entfremdung wiederfanden, aus der
wir nicht mehr herauszukommen schienen, empfanden wir
eine ganze Menge Dinge: Scham. Den Wunsch, wegzuren-
nen. Den Wunsch, es einfach auszusitzen und zu hoffen,
dass es besser wird. Frustration. Verwirrung. Viel Verletzt-
heit. Wir hatten so viele Gefühle. Was uns fehlte, war der
Weg nach vorn. Wir wussten nicht, wie es aussah, wenn
man um eine Freundschaft kämpfte. Wir würden unseren
eigenen Weg finden müssen.

Und wir erkannten, dass wir es nicht allein schaffen
konnten.

Bei Hochzeiten ist es üblich, auch die anwesenden
Freund*innen und Familienmitglieder »Ja, ich will« sagen
und versprechen zu lassen, dem Paar durch schwere Zeiten
hindurchzuhelfen. Die Tatsache, dass wir denselben Freundeskreis hatten, machte die Sache für uns in dieser schwierigen Phase jedoch nicht einfacher, sondern noch schwerer.
Weil unser Freundesnetz so eng verwoben war, wollten wir
nicht, dass unsere ehrlichen Versuche, unsere zusammen-
gebrochene Kommunikation wiederherzustellen, als Klatsch
wahrgenommen würden. Wir wollten uns bei keiner und
keinem unserer gemeinsamen Freund*innen Unterstützung
suchen, da wir sie nicht zwingen wollten, sich für eine
Seite zu entscheiden. Das führte dazu, dass wir beide die
Sache wieder und wieder im Kopf herumwälzten, uns ohne
eine Realitätsprüfung über wahrgenommene Verletzungen

aufregten und uns immer isolierter fühlten, während wir allein versuchten, die Probleme zu lösen, die zwischen uns gewachsen waren. Unsere Tagebücher aus dieser Zeit sind das reinste Chaos.

Die Tatsache, dass wir zusammen arbeiteten, eröffnete uns am Ende einen Weg, um unsere Situation langsam zu verbessern. Es gibt zwar kaum kulturelle Unterstützung, um eine kränkelnde Freundschaft zu retten, aber selbstverständlich möchte das kapitalistische Amerika, dass man sein Start-up oder sein kleines Unternehmen rettet. Unser gemeinsames Unternehmen erleichterte es uns sehr, uns einzugestehen, dass wir professionelle Hilfe brauchten. Wie *NPR* 2015 berichtete: »Geschäftspartner*innen im Silicon Valley suchen sich vermehrt Hilfe, bevor die Dinge den Bach hinuntergehen – sie melden sich für eine Paartherapie an.« Mitgründer*innen suchten Therapeut*innen auf, um ihre zwischenmenschlichen Konflikte zu lösen, die ihr Geschäft beeinträchtigten. Und auch wenn wir nicht der Meinung waren, unsere Probleme rührten von der Arbeit her, ließ uns die Tatsache, dass wir ebenfalls Kolleginnen waren, das seltsame Gefühl überwinden, uns zur Rettung unserer Freundschaft in Therapie zu begeben.

Eines Tages hatten wir uns zu einem Telefonat verabredet, um geschäftlich über Shine Theory zu sprechen. Unser Konzept war so populär geworden, dass die Menschen anfingen, uns zu fragen: »Wo bleibt das Buch über Shine Theory?« In gewisser Hinsicht erschien ein Buch wie der logische nächste Schritt für diese Idee. Aber keine von uns war sich sicher, ob wir über die nötigen emotionalen Kapazitäten verfügten.

Bei jenem Telefongespräch wirkte Ann verschlossen, und auf Aminatous Nachhaken hin gab sie zu: »Ich fühle mich furchtbar.« Vielleicht erschuf die Tatsache, dass wir uns am Telefon unterhielten, eine andere Art von Offenheit zwischen uns als all die zuvor ausgetauschten E-Mails und Textnachrichten, in denen wir nur behutsam angedeutet hatten, dass unsere Freundschaft sich nicht unbedingt in der besten Verfassung befand. Wir hatten keine Übung mehr darin, ein echtes Gespräch miteinander zu führen, aber auf eine Sache konnten wir uns verständigen: Wir wussten nicht, wie wir aus dieser Situation wieder hinausfinden sollten. Wir hatten bereits mit dem Wochenende im Thermalbad versucht, »den Zauber zurückzuholen«, und waren gescheitert. Zwischen uns lief es nun schon so lange schlecht, dass uns klar war, es würde nicht von selbst besser werden.

Dann schlug Ann vor, gemeinsam zu einer*einem Therapeut*in zu gehen. Da dies von einer waschechten Frau aus dem Mittleren Westen kam, die noch nie in Therapie gewesen war, wusste Aminatou, dass der Vorschlag ernst gemeint war.

Ganz richtig. Wir machten eine Paartherapie.

Sobald wir uns darauf verständigt hatten, waren wir beide Feuer und Flamme. Wir koordinierten uns, um ein paar Bekannte anzuschreiben, die uns Therapeut*innen empfehlen konnten. Wir einigten uns auf ein paar Kriterien, nach denen wir suchten: Es sollte eine Person of Color oder jemand mit reichlich Erfahrung mit nichtweißen Klient*innen sein. Jemand mit feministischen Ansichten. Eine Person, die sofort verstand, dass wir eine platonische Beziehung führten, und sie nicht mit einer romantischen oder einer reinen Geschäftsbeziehung verwechselte. Sie musste bereit sein, aus der Ferne mit uns zu arbeiten, da wir immer noch in unterschiedlichen Städten lebten. Wir fanden jemanden, bei dem wir ein paar Sitzungen hatten, aber eines Tages, als wir zufällig gerade gemeinsam dort waren, blickten wir uns auf dem Weg aus seiner Praxis im Fahrstuhl an und sprachen es beide laut aus: Dieser Typ war nicht der Richtige für uns. Wir begannen den Suchprozess von vorn.

Eine Freundin empfahl uns eine Therapeutin, die sie kannte, die Emotionsfokussierte Paartherapie anbot, ein Kurzzeitansatz (für gewöhnlich acht bis zwanzig Sitzungen), um intime Beziehungen zu reparieren. Ann googelte diese Therapie und dachte: *O mein Gott, es ist ein mehrstufiges Programm.* Sie verspürte Hoffnung. Unser Problem war heilbar! Jemand hatte einen Plan! Wir würden uns regelmäßig zu 75- bis 90-minütigen Sitzungen treffen, um unseren emotionalen Ballast loszuwerden.

Unsere neue Therapeutin schlug vor, wir sollten mit ein paar Terminen beginnen, bei denen wir persönlich anwesend waren, also zog Aminatou für eine Weile nach Los Angeles. Keine von uns hatte eine Versicherung, die Therapiekosten erstattete. Die Sache wurde äußerst kostspielig, aber wir waren fest entschlossen, es durchzuziehen, und entschieden, das Geld sei eine Investition in unsere Beziehung.

Für die ersten paar Therapiesitzungen trafen wir uns vorher bei Ann zu Hause und fuhren von dort aus gemeinsam hin. Aus irgendeinem Grund überraschte es uns, dass unsere Outfits manchmal aufeinander abgestimmt waren. Wir stellten sicher, dass wir beide etwas gegessen hatten, da wir mit leerem Magen keine emotionale Arbeit verrichten können, und schauten noch einmal nach, ob wir auch beide unsere Wasserflaschen dabeihatten. Fremde, die uns auf der Straße sahen, dachten wahrscheinlich, wir seien auf dem Weg zu irgendeinem kräftezehrenden Training, und damit lagen sie auch nicht falsch.

Bei jenen persönlichen Terminen saßen wir betreten nebeneinander im Sprechzimmer unserer Therapeutin und vermieden es, einander anzusehen. Die Therapeutin saß uns gegenüber und stellte fest, wir seien beide dort, weil es zwischen uns noch so viel Liebe gebe. Zu Beginn würde der Großteil der Arbeit darin bestehen, dass wir herausfanden, wie wir einander verletzten und was wir einander nicht erzählten. Anns Anfängerinnenoptimismus, dies sei ein konkreter Plan zur Reparatur einer Freundschaft, löste sich in Luft auf. (Aminatou, die in Sachen Therapie viel erfahrener war, lehnte höflich ab, die Therapeutin bei ihrem Vornamen zu nennen, bis wir einen Durchbruch erreicht hatten.) Wir hatten so viele Stunden entfremdet voneinander verbracht, nun würden wir noch einmal mindestens so viele Stunden damit verbringen müssen, einander wieder nahezukommen.

Die Sitzungen begannen sich auszuzahlen, als unsere Therapeutin uns zeigte, wo die Risse in unserer Beziehung waren. Sie erklärte, wir seien in einem Kreislauf gefangen, der jede intime Beziehung gefährden kann. Ann verarbeitet Dinge langsam und mag manchmal nicht so aussehen, als würde sie in dem Moment emotional reagieren, allerdings verbringt sie im Nachhinein Stunden damit, über die Situation nachzudenken. Aminatou bevorzugt die unmittelbarere Erkenntnis, dass etwas Schwieriges vorgefallen ist, und fühlt sich am besten, wenn es einen klaren Plan und Zeitrahmen für die Nachbereitung gibt. Aufgrund dieser großen Unterschiede zwischen uns sowie weiterer, die wir zuvor nicht identifiziert hatten, war unsere Verbundenheit zerbrochen. Wir waren nicht länger eine stabile Basis und ein sicherer Hafen füreinander, weshalb wir zögerten, uns voreinander verletzlich zu zeigen. Und weshalb wir, obwohl wir beide verzweifelt wieder zueinanderfinden wollten, uns einfach nicht imstande dazu fühlten. Einmal wirkte unsere Therapeutin wie eine zufriedene Detektivin, die gerade einen Fall gelöst hat, und legte unser destruktives emotionales Muster offen: Ann hatte so viel Angst davor,

Aminatou zu verletzen, dass sie sich zurückhielt. Und Aminatou, die spürte, dass Ann sich zurückzog, rückte selbst weiter von ihr ab. Ann, die wiederum Aminatous Rückzug spüren konnte, glaubte, sie hätte etwas getan, das diese verletzt hatte, und trat noch einen Schritt zurück. »Und deshalb heißt das Kreislauf«, erklärte unsere Therapeutin.

Über dem Bezahlautomaten des Parkhauses in der Nähe der Praxis unserer Therapeutin prangte prominent ein Zitat: »Erfolg ist, wie hoch man zurückprallt, nachdem man auf dem Boden aufgetroffen ist – George Patton.« Ausgerechnet ein Kriegstreiber sollte unseren Kampf um die Erneuerung unserer emotionalen Verbindung präzise beschreiben. An noch so schwierigen Tagen mussten wir jedes Mal darüber lachen, wenn wir aus dem Parkhaus fuhren.

Die Therapie hat unsere Beziehung gerettet, insofern sie uns einen Raum bot, in dem wir in Anwesenheit einer zertifizierten Erwachsenen über unseren persönlichen Mist reden und lernen konnten, gemeinsam damit umzugehen. Wer selbst schon einmal in Therapie gewesen ist, wird wissen, dass ein großer Teil des Prozesses darin besteht, dass die Therapeutin Dinge wiederholt, die man selbst gesagt hat. »Ich denke, ich höre Sie sagen …«, ist eine Satzkonstruktion, bei der es Aminatou noch immer schüttelt. Es hat Wucht, das Echo der eigenen Gedanken zu vernehmen. Manchmal traf die Therapeutin den Nagel auf den Kopf, in anderen Momenten rangen wir darum, uns noch besser zu erklären. Für zwei Menschen, die besessen davon sind, Gedanken in Worte zu verwandeln, war es erhellend zu hören, wann wir übereinstimmten und wann wir daran scheiterten, unsere Gefühle zu übermitteln. Unsere Therapeutin forderte uns häufig auf, uns einander zuzuwenden und Gefühle zum Ausdruck zu bringen, die wir für offensichtlich hielten.

»Ich habe Angst, dich zu verlieren.«

»Ich dachte, ich hätte dich bereits verloren.«

Wir konnten nicht glauben, wie viele große, wichtige Dinge – wie etwa Bedürfnisse und Erwartungen und bevorzugte Weisen, Beziehungen zu anderen herzustellen – wir einander niemals explizit mitgeteilt hatten. In unserem Therapieprozess mussten wir vor allem lernen, unsere machtvolle Geschichte der Gleichheit auseinanderzunehmen. Wir mussten vor Augen geführt bekommen, wie unterschiedlich wir tatsächlich waren, ehe wir anfangen konnten, das Verhalten der anderen zu verstehen. Wir hatten so viele unausgesprochene Vermutungen angestellt, die meisten davon reichten zurück bis zu der Leichtigkeit der ersten Tage unserer Freundschaft. Und wir sind immer noch dabei, zu lernen, wie wir diese Vermutungen wieder zurücknehmen können.

In unserem Freundeskreis scheinen alle eine*n Therapeut*in zu haben. Wir kennen eine Menge Leute, die mit einer*einem romantischen Partner*in in Therapie waren. Wir kennen auch einige, die eine Familientherapie gemacht haben. Aber mit einer Freundin in die Paartherapie zu gehen, wirkt … exzentrisch. Radikal und extravagant. Wir erzählten nur wenigen davon.

Es hört sich immer noch seltsam an, wenn man sagt: »Wir waren in Therapie, um unsere Freundschaft zu retten.« Allerdings klingt es weniger lächerlich, wenn die Kehrseite so leicht lauten könnte: »Wir haben nicht alles getan, was möglich war, um unsere Freundschaft zu retten.« Eine großartige Eigenschaft von Freundschaften ist, dass sie es einem erlauben, nicht-exklusiv in das Leben eines anderen Menschen einzutauchen, aufs Engste mit einer Person vertraut zu sein, ohne dabei den Launen des sexuellen Begehrens oder den Zwängen der Familie ausgesetzt zu sein. Sie bieten eine wunderbare Mischung aus Unabhängigkeit und Abhängigkeit, und beide Parteien müssen sich immer wieder aufs Neue für sie entscheiden. Und genau diese Aspekte können sie auch von innen heraus zerstören. Wenn jede Freundschaft von ihren eigenen stillschweigenden Vereinbarungen beherrscht wird, die Umstände sich jedoch unweigerlich ändern und die alten Vereinbarungen nutzlos werden lassen, dann kann man sich nur weiterentwickeln, indem man sie explizit neu schreibt. Das haben wir getan und tun es noch immer.

Wir wissen, dass eine Therapie teuer ist, und betrachten es nicht als selbstverständlich, dass sie für uns überhaupt eine Option war. In einer früheren Phase unseres Lebens wären wir definitiv nicht in der Lage gewesen, sie uns zu leisten, ganz zu schweigen davon, sie emotional durchzustehen. Aber auf diese Weise verpflichteten wir uns dazu, tatsächlich an unserer Beziehung zu arbeiten, statt nur zu behaupten, wir wären offen dafür. Auf diese Weise investierten wir – im wahrsten Sinne des Wortes – in unsere Freundschaft. Vielleicht lassen sich manche Echten Freundschaften durch einen Wochenendtrip und ein paar gute Absichten retten. Auf unsere traf das nicht zu. Wir schafften es nicht allein. Wir benötigten eine professionelle Intervention, und wir sind tatsächlich ziemlich stolz darauf, das herausgefunden zu haben.

Heute bricht es uns nicht mehr das Herz, dass wir eine schwierige Phase hatten oder dass wir einander so lange verletzt und aneinander vorbeigeredet haben. Das Traurigste daran ist die Zeit, die wir nie wieder zurückbekommen. Die Momente im Leben der anderen, die wir damals verpassten. Die Schwierigkeiten, bei denen wir einander nicht beistanden, die Insider-Witze, die wir uns nie ausdachten, und all die Arten, wie unsere Freundschaft nun anders aussehen könnte, wenn sie niemals zerbrochen wäre.

Die gute Nachricht ist, dass wir immer noch da sind. Wir sind immer noch groß. Wir wissen bloß, wie viel Arbeit es bedeutet, nicht zu scheitern.

ZEHN

Die Langstrecke

Seit unserem Kennenlernen ist nun ein volles Jahrzehnt verstrichen. Wir haben mehr als doppelt so lange entfernt voneinander gelebt wie in derselben Stadt. Wir sehen uns noch immer häufig und sprechen jeden Tag miteinander, auch wenn sich die Jahre, in denen wir jede Woche gemeinsam auf dem Sofa fernsahen oder bei der Happy Hour versackten, weit weg anfühlen. In Wirklichkeit fällt es uns schwerer als früher, im Leben der anderen Platz zu finden – dabei arbeiten wir sogar zusammen.

In den letzten Jahren sind bei den meisten unserer Freund*innen die persönlichen und beruflichen Verpflichtungen gewachsen. Zeit war noch nie so kostbar oder so knapp. Laut Expert*innen stellen die Jahre zwischen dreißig und fünfzig in Sachen Freundschaft meist einen Tiefpunkt dar. In dieser Zeit erscheinen ziellos mit Freund*innen verbrachte Stunden, etwas, das sich in jüngeren Jahren vollkommen natürlich anfühlt, auf einmal wie der reinste Luxus. Oder gar wie Verschwendung. Wenn ihr wie wir Glück habt, könnt ihr im jungen Erwachsenenalter viel Zeit mit euren Freund*innen verbringen. Diese Freundschaften helfen einem dabei herauszufinden, wer man ist, wer man sein möchte und was man von der Welt verlangen sollte. Und wenn man dann endlich anfängt, sich in seiner Identität zu Hause und in seinen Ambitionen erfüllt zu fühlen, hat man kaum noch Zeit für die

Menschen, die einem geholfen haben, dorthin zu gelangen.

In einem Essay, der im Jahr unseres Kennenlernens im *New Yorker* veröffentlicht wurde, schrieb der Humorist David Sedaris über die »Vier Herdplatten«-Theorie der Lebensprioritäten. Diese Metapher lernte er von einer Frau, die erfolgreich und glücklich auf ihn wirkte. Diese Frau erklärte ihm, das Leben sei wie ein Küchenherd: »Eine Platte steht für deine Familie, eine für deine Freundschaften, die dritte ist deine Gesundheit und die vierte deine Arbeit.« In dieser Metapher läuft der Herd nicht lange, wenn alle vier Platten angeschaltet sind. Um erfolgreich zu sein, muss man also eine der Herdplatten ausschalten. Und wenn man *wirklich* erfolgreich sein will, muss man sich für nur zwei entscheiden, die angeschaltet bleiben. Nur wenige von uns können sich den Luxus leisten, die Arbeit auszuschalten. Die Familie auszuschalten, ist für die meisten Menschen undenkbar. Und die Gesundheit auszuschalten ist gelinde gesagt nicht nachhaltig. Daher ist bei den meisten Menschen die »Freundschaft«-Herdplatte die erste, die dran glauben muss.

Die Herdplattenmetapher mag beschreiben, wie manche gehetzte Erwachsene ihr Leben betrachten, nimmt dabei jedoch nur die abgegebene Energiemenge in den Blick und nicht das, was man im Gegenzug von jedem dieser wichtigen Lebensbereiche *bekommt*. Auch wenn es in dieser Metapher ganz klar erscheint, lässt sich unser Leben nicht so einfach auf unterschiedliche Töpfe aufteilen, die dann auf unterschiedliche Herdplatten gestellt werden können. Eine erloschene Freundschaft hat Auswirkungen auf alle anderen Aspekte des Lebens. Ohne Shine Theory fällt es schwerer, die Arbeitsherdplatte heiß zu halten oder Unterstützung zu finden, wenn man beruflich aufsteigt oder einen Rückschlag erleidet. Ohne Freundschaften ist es viel schwerer, Phasen des Übergangs in der Familie durchzustehen, wie etwa den Tod eines Elternteils, die Geburt eines Babys oder die Entfremdung von einem Geschwisterteil.

Was die Gesundheit anbelangt, haben Freundschaften einen größeren Einfluss auf das psychische Wohlbefinden einer Person als deren Familienbeziehungen. Ihre Abwesenheit hat auch physische Auswirkungen. »In all den Jahren, in denen ich mich um Patient*innen gekümmert habe, war das Krankheitsbild, dem ich am häufigsten begegnete, weder Herzerkrankungen noch Diabetes; es war Einsamkeit«, schrieb Vivek Murthy, der ehemalige Surgeon General der Vereinigten Staaten, in der *Harvard Business Review*. »Einsamkeit und schwache soziale Bindungen tragen zu einer Reduzierung der Lebensdauer bei, die etwa der von fünfzehn am Tag gerauchten Zigaretten entspricht.« Er fährt fort, verschiedene weitere negative Auswirkungen sozialer Isolation aufzulisten. Und nicht nur Ärzt*innen sind besorgt. Im Jahr 2018 ernannte die Regierung des Vereinigten Königreichs eine Ministerin für Einsamkeit, und die Australier*innen forderten ihre Regierung auf, dasselbe zu tun.

Einsamkeit ist nicht nur der Zustand des Alleinseins. Laut *Washington Post* lässt sie sich korrekter definieren als »der Schmerz, den Menschen verspüren, wenn die Wirklichkeit ihrer Idealvorstellung von sozialen Bindungen nicht entspricht«. Mit anderen Worten, es fehlt einsamen Menschen nicht unbedingt an Freundschaften. Obwohl die Sorge über »die Epidemie der Einsamkeit« gewachsen ist, ist der Prozentsatz an Amerikaner*innen, die angeben, sie hätten keine Freund*innen, konstant winzig, im einstelligen Bereich. Vielleicht sind deshalb mehr Menschen einsam, weil sie sich nicht die Zeit nehmen, um mit ihren Freund*innen langfristig tiefergehend in Kontakt zu bleiben. Auch die sozialen Medien spielen eine Rolle dabei, da sie es den Menschen ermöglichen, einen Blick in das Leben jener zu werfen, zu denen sie einst eine echte Verbindung spürten. Damit vergrößern sie die Kluft zwischen ihren Wünschen an diese Freundschaften und der dürftigeren Realität: dass diese Freund*innen keine Mitreisenden sind, mit denen man Höhen und Tiefen, Freude und Kummer teilt. Sie sind nur dem Namen nach Freund*innen.

Der Kommunikationswissenschaftler William K. Rawlins teilt Freundschaften in drei Kategorien ein: aktive, ruhende und gedenkende. Die aktiven sind aktuell wichtige Verbindungen im eigenen Leben. Man investiert in diese Freund*innen, indem man Zeit mit ihnen verbringt, man kennt die Alltagsdetails ihres Lebens, und wahrscheinlich sieht man sie recht häufig. Echte Freundschaften gehören in diese Kategorie. Die ruhenden Freundschaften waren einmal aktiv, sind jedoch aufgrund von äußeren Umständen im Alltag nicht mehr so stark präsent. Bei ruhenden Freundschaften – die Kategorie, die wohl am ehesten mit der heruntergestellten hinteren Herdplatte assoziiert wird – besteht der Eindruck, sie könnten jeden Augenblick wieder zum Leben erweckt werden, wenn man einfach »da weitermacht, wo man aufgehört hat«. Schließlich sind da noch die gedenkenden Freundschaften, die abrupt geendet haben oder langsam verblichen sind und von denen man nicht erwartet, je wieder zu ihnen zurückzukehren. Es ist leicht vorstellbar, wie jemand sich einsam fühlen könnte, wenn sie oder er nur Freundschaften der ruhenden oder gedenkenden Kategorie hat.

Man darf jederzeit die Regeln einer Freundschaft umschreiben und die Kategorien verschieben. Manchmal werden neue Regeln impliziert, wenn eine oder beide Parteien eine große Veränderung erleben, die die eigenen Prioritäten neu mischt, dann dehnt man sich und passt seine Erwartungen gemeinsam an. Manchmal ist es aber auch eine einseitige Verschiebung von aktiv zu ruhend, und besonders wenn man nie darüber gesprochen hat, kann man nicht sicher sein, dass die Freundschaft noch da sein und auf einen warten wird, wenn man bereit ist, sie wieder aufleben zu lassen. Wie alle wissen, die sich eine Zeit lang aus dem Arbeitsleben zurückgezogen haben, um in Vollzeit jemanden zu betreuen, ist es nicht immer leicht, eine Herdplatte wieder anzuschalten, nachdem sie lange ausgeschaltet war.

Die bessere Frage lautet vielleicht: Wie sorgt man dafür, dass eine Freundschaft nicht erkaltet?

Als unsere Freundschaft gerade in ihrer schlimmsten Phase war, lag Ann oft schlaflos im Bett und verlor sich wie Aminatou in der düsteren Vorstellung, dass wir einander nie wieder nah sein würden. In jenen Augenblicken tröstete Ann sich häufig mit einem Bild: Aminatou und sie, wie sie sich Jahrzehnte in der Zukunft bei irgendeiner beruflichen Veranstaltung oder bei der Verabschiedung in den Ruhestand einer gemeinsamen Freundin über den Weg laufen. (Als ob irgendjemand aus unserer Generation jemals in den Ruhestand treten würde.) In dieser Zukunftsvorstellung haben wir in unseren Dreißigern unsere Freundschaft nicht repariert und sind weiter auseinandergedriftet. Jahrzehnte sind vergangen. Die ältere Aminatou verströmt eine Art Toni-Morrison-Vibe – mit Wangenknochen, die so spitz sind wie eh und je –, während die ältere Ann aussieht wie eine Bibliothekarin aus einem Comic. Wir tragen beide jene Art von bequemer, fließender Leinenkleidung, die wir heute schon bevorzugen. (Die Eileen-Fisher-Jahre holen einen rasch ein.) Aber nun, mit dem Vorteil des vorgerückten

Alters, sind unsere Verbitterung und Verlegenheit auf magische Weise verflogen. Wir stehlen uns zusammen von der Veranstaltung, woraufhin wir uns bei einem langen gemeinsamen Essen, womöglich gefolgt von ein paar starken Cocktails, wie wir sie mittlerweile kaum noch trinken – Daiquiri für Aminatou, trockener Gin-Martini für Ann –, ehrlich erzählen, was wir in den vergangenen Jahren alles verpasst haben. Dabei spüren wir erneut jene Nähe, oder zumindest die Möglichkeit zu jener Nähe der ersten paar Monate unserer Freundschaft. Es ist genug Zeit vergangen, sodass wir erneut besessen voneinander sein können. Nur sind wir mittlerweile älter, weiser und wissen besser, was wirklich zählt. Eine absurde Phantasie!

Es ist ein verlockender Gedanke, dass wir einen bestimmten Punkt in unserem Leben erreichen werden – der zehn oder vielleicht zwanzig Jahre in der Zukunft liegt –, an dem wir alles im Griff haben. An dem wir uns souverän in unserer Karriere, vollkommen sicher in unserem Selbstverständnis und erfüllt in unseren Beziehungen fühlen. Keine Kommunikationsfehltritte mehr. Kein Ignorieren unserer Probleme, indem wir high werden und Serien bingewatchen. Ein perfekt dekoriertes Zuhause, das uns selbst gehört. Stabile Sparkonten. Die Fähigkeit, seit langem zerbrochene oder vernachlässigte Freundschaften mit einem einzigen Abend voller Gespräche umgehend zu reparieren.

In der frühsten Phase unserer Freundschaft stellte es unser Ideal dar, einander für immer nah zu bleiben, ohne auch nur einen Anflug von Streit zwischen uns. Das Ziel war, den Status von Oprah und Gayle zu erreichen und uns mühelos auf dem schmalen Grat zwischen Aufeinander-angewiesen-Sein und vollkommener Unabhängigkeit zu bewegen. Unsere Freundschaft sollte stets ein Zufluchtsort der Unterstützung und der Liebe sowie der unglaublich lustigen ausgefeilten Insider-Witze sein, und wir würden einander niemals verletzen – ob beabsichtigt oder unbeabsichtigt.

Zum Teil hört sich das immer noch großartig an, allerdings sind Perfektion und Mühelosigkeit nicht länger unsere Ideale. Wir interessieren uns mehr für Widerstandsfähigkeit. Durch die Arbeit an unserer Freundschaft, um diese zu retten, hat sich herausgestellt, wie lächerlich Anns Phantasie von einer Wiedervereinigung im Alter war. Man kann nicht wahrhaftig miteinander verbunden bleiben, ohne dass ein bestimmtes Ausmaß an Missverständnissen oder Konflikten auftritt, und man bekommt die Jahre nicht zurück, die man im Leben der anderen nicht präsent war. Das eigentliche Ziel einer Echten Freundschaft ist also, ein Teil von ihr zu bleiben. Statt so zu tun, als würden uns keine Herausforderungen begegnen, wünschen wir uns vielmehr die Fähigkeit, wieder auf die Beine zu kommen und unsere unvermeidlichen Wunden zu heilen.

Für eine Echte Freundschaft gibt es keinen Autopilot-Modus. Man muss sich einfach immer wieder für sie einsetzen. Aktive Freundschaften erfordern aktive Pflege. Man kann sich nicht einfach zurücklehnen, nichts tun und die Vorteile einer tiefen Beziehung genießen – und das gilt für jede Beziehung. Aber ein Handeln ist insbesondere bei einer Freundschaft nötig, da diese keine familiären Erwartungen und keine Heiratsurkunde mit sich bringt. Wenn man nicht aktiv wird, um sie als wichtig zu kennzeichnen und lebendig zu halten, wird eine Freundschaft nicht überleben.

Genauso wie es Bedingungen gibt, um eine Echte Freundschaft zu erschaffen, gibt es auch verschiedene Möglichkeiten, um sicherzustellen, dass sie über viele Jahre hinweg groß bleibt. Emily Langan, die Kommunikationswissenschaftlerin, die die Bindungstheorie auf enge Freundschaften anwendete, erklärte uns, mit einer nahen Freundin verbunden zu bleiben laufe hauptsächlich auf drei Dinge hinaus: Rituale, Zusicherungen und Offenheit.

Der Grund für das Erste, die Rituale, liege darin, dass »wir gemeinsame Erinnerungen aufbauen müssen«, sagt Langan. Deshalb verlassen Familien sich auf Feiertage, um zusammenzukommen, und deshalb werden noch immer Hochzeitstage begangen, um die Jahre des Investierens in eine Ehe zu feiern. »Freundschaften fehlen diese wichtigen Momente«, fügt Langan hinzu. »Ihnen fehlen die Meilensteine.« Es liegt also an den Personen in der Freundschaft, diese selbst zu erzeugen.

Unser Freundschaftsjahrestag ist als jährlich wiederkehrendes Ereignis in unsere Kalender eingetragen. In den vergangenen Jahren haben wir einander zur Feier des Tages Geschenke geschickt, sind essen gegangen oder haben uns Zeit für lange Telefonate genommen. In unseren Social-Media-Archiven findet man überschwängliche Jahrestagsposts über die jeweils andere. Wir waren zwar so beschäftigt damit, dieses Buch zu schreiben, dass wir den Meilenstein unseres zehnten Jahrestags nicht gefeiert haben, aber keine Sorge, wir werden es für den elften nachholen.

Auch ohne an ein bestimmtes Datum gebunden zu sein, ist ein gemeinsamer Trip mit Freund*innen eine verlässliche Form des Rituals. An denselben Punkt auf der Weltkugel zu reisen ist, insbesondere, wenn man weit voneinander entfernt lebt, mehr als ein belangloser Urlaub. Damit verpflichten sich alle Beteiligten erneut, im Leben der anderen zu bleiben. Trotz aller Unzulänglichkeiten ist Desert Ladies ein hervorragendes Beispiel dafür: Der Ausflug findet jeden Januar statt, stets im goldenen Licht der südkalifornischen Wüste. Es gibt Essenstraditionen (wir bestellen bei einem nahöstlichen Restaurant ein Catering-Buffet namens »Business Lunch«), Insider-Witze und eine wiederkehrende

Gästeliste. Für Ann hat das neue Jahr eigentlich erst richtig begonnen, wenn der Desert-Ladies-Ausflug abgeschlossen ist.

Auch Feiertage können eine Gelegenheit für ein Ritual bieten. Aminatou hat Thanksgiving in den letzten paar Jahren stets mit derselben Gruppe Freundinnen verbracht. Sie treffen sich jedes Mal an einem abgelegenen Ort. Während das Leben immer geschäftiger wird, hat sie wirklich schätzen gelernt, welch ein Geschenk es ist, dass von ihr geliebte Menschen zwei Flüge und eine dreistündige Autofahrt auf sich nehmen, um die Feiertage gemeinsam zu verbringen. Das Menü ändert sich jedes Jahr, aber bei Tisch sagen alle immer der Reihe nach, wofür sie dankbar sind. Auf diese Weise erfahren sie, was im Leben der anderen gerade los ist, und fassen zugleich kollektiv Vorsätze für das kommende Jahr. Feiertagsrituale sorgen in Familien für ein Gefühl von Identität und Zugehörigkeit. Durch sie lassen sich Werte, Geschichte und Kultur von einer Generation an die nächste weitergeben, und für Freundschaften können sie denselben Zweck erfüllen.

Aber nicht alle Rituale sind große Ereignisse. Manchmal sind es die kleinen Gesten, mit denen man einander daran erinnert, wie wichtig die Freundschaft ist. Aminatou freut sich, jeden Tag beim Aufwachen ein Gedicht von ihrer Freundin Sarah zu lesen. Es erinnert sie an Sarahs radikale Sanftheit und Güte, ihre Fähigkeit, an jedem Tag etwas Schönes zu finden, ganz gleich was in der Welt gerade los ist. Oft sagt diese zu Aminatou: »Sanft und liebenswürdig ist ein Lebensstil«, und mittlerweile weiß Aminatou, dass das stimmt. Wann immer Ann ihren Freund Josh besucht – seit über fünfundzwanzig Jahren einer ihrer besten Freunde –, gehen sie an ihrem ersten Abend in der Stadt stets in dasselbe Restaurant. Und dort bestellen sie auch jedes Mal dasselbe: zwei Veggie-Burger mit Speck (dass Ann die Regeln ihres Vegetarismus bricht, ist ein Aspekt dessen, was dieses Ritual zum Ritual macht) und zwei Gläser des roten Hausweins. Es ist eine winzige private Routine, die ausschließlich dieser Freundschaft vorbehalten ist, nicht nur eine Geschichte, die sie und Josh erzählen, sondern etwas, das sie *tun*. Gemeinsam.

Selbst wenn man durch mehrere Zeitzonen voneinander getrennt ist, ermöglicht einem auch die digitale Verbindung Rituale, zum Beispiel dass man einander jedes Mal eine Textnachricht schickt, wenn man eine bestimmte Sache tut, oder dass man sich verabredet, getrennt voneinander jede Woche zur selben Zeit eine Serie zu schauen. Wir haben einen Foto-Stream, den wir mit etwa einem Dutzend verstreut lebender Freundinnen teilen, um Outfit-Selfies zu posten, wann immer wir uns hübsch finden. Mehrmals pro Woche schickt Bridget, Anns beste Freundin aus der Highschool, ihr am Ende des Tages einfach ein »Gute Nacht!«. Und wann immer sie fliegt, sendet Aminatou ihrer Freundin Shani die Informationen zu ihrer Flugroute. Shani, die weiß, dass fliegen Aminatou nervös macht, schreibt ihr dann sofort zurück und erinnert sie behutsam: »Das Flugzeug weiß, was zu tun ist.« Dadurch fühlt Aminatou sich wahrgenommen und getröstet. Jemand interessiert sich dafür, dass sie sich zwölftausend Meter über der Erde in einer Metallröhre befindet. Das Ritual erinnert sie auch daran, dass sie immer auf Shani zählen kann.

Rituale allein genügen jedoch nicht. Dann kommen die Zusicherungen ins Spiel. Auch die engsten Freund*innen müssen einander zusichern, dass die Freundschaft ihnen wichtig ist. Langan sagt, ein weiterer Schlüssel dazu, miteinander verbunden zu bleiben, liege in der Suche nach verbalen und nonverbalen Wegen, einander mitzuteilen, dass man vorhat, auch in Zukunft füreinander da zu sein. Sie erzählte uns ein Beispiel aus ihrem eigenen Leben: »Ich sage zu meiner Freundin Jill: ›Stell dir mal vor, wir sind fünfundsechzig. Machen wir dann immer noch Witze über unseren furchtbaren Urlaub in Cancún?‹ Damit gebe ich einen verbalen Hinweis darauf, dass ich uns auch noch mit fünfundsechzig als Freundinnen sehe.« Das ist nicht gerade ein Ehegelübde, aber es legt eine langfristige Verpflichtung nahe.

Wenn wir beide scherzen, wie wir einmal farblich abgestimmte Kaftane tragend nebeneinander auf unserer Terrasse sitzen werden wie die *Golden Girls*, ist das auf eine ähnliche Weise mehr als nur ein Witz. Es ist die Zusicherung, dass wir so lange im Leben der anderen bleiben wollen. Zusicherungen funktionieren auch auf kurzfristigere Weise, etwa wenn man die Rechnung für ein Abendessen übernimmt und zu seiner Freundin sagt: »Keine Sorge, du kannst mich ja nächstes Mal einladen.« Eine der größten Zusicherungen, die wir einander machten, war die Entscheidung, uns aufeinander abgestimmte Tattoos stechen zu lassen, was bedeutet, dass wir nun für immer als Frosch und Kröte herumlaufen. Wir mögen niemals körperliche Merkmale teilen, wie es bei Blutsverwandten der Fall ist, aber wir können uns zueinander passende Tattoos zulegen, die die sichtbare Botschaft an die Welt sowie an uns selbst senden, dass wir beide zusammengehören.

Manchmal lässt sich eine Echte Freundschaft auch auf der Ebene von Dokumenten zusichern. Die meisten Verpflichtungen auf Papier sind für Familien und romantische Beziehungen reserviert. Dinge wie Heiratsurkunden, Geburtsurkunden oder Adoptionspapiere haben für Freundschaften kein Äquivalent. Allerdings lassen sich auch Freundschaften auf eine Weise verkünden, die große Institutionen anerkennen. Als Ann vor Jahren ihr Testament aufsetzen ließ, nannte sie Bridget als Empfängerin all ihres weltlichen Besitzes. Als der Anwalt sie fragte, wer Bridget sei, und Ann antwortete: »Meine älteste, beste Freundin«, schossen seine Augenbrauen in die Höhe. Aminatou ernannte Shani zu ihrem Notfallkontakt, zu der Person, die gesundheitliche Entscheidungen für sie trifft, wenn sie nicht selbst dazu in der Lage ist. Konkreter lassen sich in einer Freundschaft wohl kaum Zusicherungen aussprechen.

Und schließlich waren wir nicht überrascht, als Langan uns erklärte, ein weiterer wichtiger Aspekt, um in einer Freundschaft verbunden zu bleiben, sei Offenheit. Das Bedürfnis nach Transparenz kommt auf, wenn ein*e Freund*in sich aufgrund einer die Freundschaft beeinflussenden Veränderung gedehnt oder überdehnt fühlt. Für gewöhnlich übersteht man so etwas nur, indem man anerkennt, dass es passiert. Und ja, das ist schwer. Ganz besonders, wenn ein eisiges Schweigen zur Norm in der Freundschaft geworden ist, kann es sich extrem riskant anfühlen, ein klassisches Über-die-Beziehung-reden-Gespräch darüber zu initiieren, dass man das Gefühl hat, die Freundschaft sei aus dem Gleichgewicht geraten.

»Meine*n Ehepartner*in kann ich wegen einer Sache zur Rede stellen, weil ich annehme, dass er*sie bleiben muss«, sagt Langan. »In Freundschaften herrscht eine ziemlich große Angst vor dem Verlassenwerden, vor dem Verlust, weil einen nichts in ihnen hält. Also sind viele Menschen zögerlich, weil man nicht unbedingt weiß, ob die Person bei einem bleiben wird. Schließlich muss sie es nicht.« Sich verletzlich zu zeigen in all den Dingen, wegen denen man sich in einer Freundschaft enttäuscht oder unglücklich fühlt, gibt der*dem Freund*in auch die Gelegenheit, zu sagen: »Weißt du was? Ich bin deshalb nicht für diese Freundschaft da gewesen, weil ich tatsächlich kein Teil von ihr mehr sein möchte.« Und was könnte schmerzhafter sein? Kein Wunder also, dass sich die meisten von uns für das Schweigen entscheiden und die Freundschaft in die ruhende oder gedenkende Kategorie hinübergleiten lassen.

Damit wir anfingen, unsere eigenen die Freundschaft bedrohenden Probleme anzugehen, musste für uns das Gefühl unseres Schweigens erst so schlimm werden, dass wir sicher waren, von nun an könne es nur noch bergauf gehen. Das war nötig, um ein transparentes Gespräch zu erzwingen. Heute sind wir uns ziemlich sicher, hätten wir unsere Probleme niemals beleuchtet, dann hätten diese an unserer Freundschaft genagt, bis nichts mehr von ihr übrig geblieben wäre. Das soll nicht heißen, dass der Prozess leicht ist. Aber wir sind, wie wir es einander in vielen schwierigen Zeiten gesagt haben, noch immer füreinander da.

Langan fügt hinzu, zur Transparenz gehöre auch, dass man der anderen Person mitteilt, wie wichtig sie einem als Freund*in ist – dass man darauf achtet, ihr zu *sagen*, wie sehr man ihre Gegenwart im eigenen Leben schätzt. Denkt nicht nur gelegentlich liebevoll an eure Freund*innen. Teilt ihnen mit, dass euer Leben an Bedeutung verlöre, wenn sie daraus verschwänden. Sagt ihnen, dass ihr sie gernhabt. Erzählt ihnen im Detail, weshalb ihr an dieser Freundschaft festhalten und sie dauerhaft aufrechterhalten wollt.

Die eigene Freundschaft soll nicht nur widerstandsfähig sein, damit sie hält. Man wünscht sich eine echte, robuste Freundschaft, damit man selbst als Mensch widerstandsfähig sein kann, wenn man all der schrecklichen Scheiße begegnet, die das Leben mit Sicherheit für einen bereithält. Wir sehen Echte Freundschaften als eine Möglichkeit an, jene unterstützende Gemeinschaft, die uns durch harte Zeiten bringt, zu vertiefen und vielfältiger zu gestalten. Wenn man ausschließlich romantischen Beziehungen Priorität gibt, wer hält einem dann nach einer Trennung die Hand? Und wenn man alles von seiner*seinem Ehepartner*in erwartet, zerstört das definitiv die Ehe. Kein einzelner Mensch kann jedes einzelne emotionale Bedürfnis eines anderen stillen. Wenn man sich nur um seine Kinder kümmert, was passiert, wenn diese erwachsen sind, weit entfernt leben und mit ihrem eigenen Leben genug zu tun haben? Oder wenn man nur auf die Arbeit setzt? Wow, das ist zu traurig, um es überhaupt in Betracht zu ziehen.

Freundschaften können definitiv überleben, während sie auf der hinteren Herdplatte simmern, wie es für andere Beziehungen unmöglich ist. Aber auch nicht endlos lange. Was hat ein*e Freund*in davon, wenn man nicht genauso viel investiert wie sie*er? Wenn man sich erst nach einer Scheidung wieder meldet, oder sobald die Kinder in die Vorschule gehen? Willst du was gelten, mach dich *nicht* selten. Sonst riskiert man die Erkenntnis, dass nicht mehr so viel übrig ist, wie man dachte.

Wir verleihen Beziehungen Bedeutung durch die Menge an Aufmerksamkeit und Arbeit, die wir in sie stecken. So wie wir uns entscheiden können, unsere Freundschaften zu vernachlässigen und dabei zu hoffen, sie mögen warm bleiben, können wir auch beschließen, unsere wichtigsten Freundschaften zu einem Status anzuheben, der dem von Ehe, Familie und Karriere entspricht. Wir können beschließen, sie aktiv zu halten, weiter in sie zu investieren.

Wenn wir das tun, werden wir dafür reich belohnt. Einer Studie aus dem Jahr 2017 zufolge werden Freundschaften mit dem Alter immer wichtiger – das zeigte sich so deutlich, dass selbst die Forscher*innen davon überrascht waren. »Vor dieser Studie war ich sozusagen Agnostiker, was die Rolle von Freundschaften angeht«, erklärte der Verfasser der Studie, der Psychologiedozent William Chopik, dem *Time Magazine*. »Wirklich überraschend war jedoch die Tatsache, dass Beziehungen zu Freund*innen in vielerlei Hinsicht eine ähnliche Wirkung hatten wie jene zur Familie – und sie in mancher sogar übertrafen.« Er stellte fest, dass oberflächliche und durch die Umstände bedingte Freundschaften im hohen Alter verblasst sind. Die Freundschaften, die bis zum Ende halten, sind meist »die wirklich einflussreichen« – die Echten Freundschaften.

Am Ende unseres Lebens, wann immer es kommen mag, wollen wir unsere Freund*innen definitiv um uns haben. Bronnie Ware, eine australische Krankenschwester, die sich mehrere Jahre lang um Patient*innen in den letzten zwölf Wochen ihres Lebens kümmerte, hat deren Erkenntnisse kurz vor ihrem Tod aufgezeichnet und in einem Buch veröffentlicht. Eins der fünf Dinge, die die Patient*innen am meisten bedauerten, war, dass sie den Kontakt zu ihren Freund*innen verloren hatten. »Manchmal erkannten sie den wahren Gewinn alter Freundschaften erst in den letzten Wochen vor ihrem Tod, und dann war es nicht immer möglich, diese Freund*innen ausfindig zu machen«, schreibt Ware. »Viele waren mit ihrem eigenen Leben so beschäftigt gewesen, dass sie großartige Freundschaften über die Jahre haben davontreiben lassen. Die meisten bedauerten zutiefst, ihren Freundschaften nicht die Zeit und Mühe geschenkt zu haben, die sie verdient hätten. Alle vermissen ihre Freund*innen, wenn sie sterben.«

Weint ihr schon? Wir weinen.

Die meisten von uns werden die Unterstützung durch eine*n Freund*in benötigen, lange bevor wir uns auf dem Sterbebett wiederfinden. »Wenn das Universum einem einen Crashkurs in Verletzlichkeit gibt, wird man erkennen, wie unerlässlich und lebensrettend gute Freundschaften sind«, erklärte die Psychologin Harriet Lerner gegenüber der *New York Times*. Es ist sicher wenig überraschend, dass Lerner die Autorin von *Magie der Worte* ist, einem Buch darüber, wie enge Beziehungen einen Zusammenbruch der Kommunikation überleben können, das uns im Regal unserer Therapeutin definitiv aufgefallen war.

Ann macht sich nun schon seit Jahren auf ihren persönlichen Crashkurs in Verletzlichkeit gefasst. In mehreren Jahrzehnten auf diesem Planeten hat sie noch nie den Tod einer oder eines geliebten Angehörigen, wirkliche finanzielle Nöte, eine schwere Krankheit, ein tiefes emotionales Trauma oder eine Entfremdung von der Familie erlebt. Für sie unterstreicht diese Abwesenheit von Schmerz nur die Wichtigkeit von Freundschaft. Aufgrund der Erfahrungen ihrer Freund*innen ist ihr klar, wie qualvoll das Leben werden kann, und deshalb investiert sie bewusst in jene Menschen, von denen sie weiß, dass sie ihr helfen werden, schlimme Zeiten zu überstehen. Ann weiß, dass der Schmerz auch ihr irgendwann begegnen wird. Und wenn dieser Tag kommt, wird sie ihre Freund*innen wirklich brauchen.

Aminatou, der Trauer und schwere Krankheit nicht fremd sind, hat wieder und wieder erlebt, wie ihre Freund*innen für sie da waren. Sie haben sie auf beiden Seiten des Landes ins Krankenhaus gefahren, sind bei ihr geblieben, haben sich Notizen gemacht, wenn die Ärzt*innen Aminatou Instruktionen gaben, die diese überforderten, und sind für sie eingetreten, wenn sie es brauchte. Im Laufe der Jahre hatten sich ihre chronischen Krankheitssymptome verschlimmert. Es kamen neue hinzu, und es war schwer zu sagen, ob sie miteinander in Zusammenhang standen. Sie vertiefte sich auf der Suche nach Antworten in medizinische Handbücher.

Als ihre neue Gynäkologin ihr bestätigte, dass sie Krebs hatte, war es natürlich ein Schock für sie, aber sie war auch nicht überrascht. In gewisser Hinsicht war es eine Erleichterung, einen Namen für diese Ansammlung an Symptomen zu haben, die sie seit Jahren gespürt hatte. Nun zu wissen, dass es sich um ein Endometriumkarzinom handelte, bedeutete, dass sie sich darauf konzentrieren konnte, einen Plan zu erstellen, und dieser Plan beinhaltete das Bitten um Hilfe, wenn sie sich in Behandlung begab und operieren ließ. Sie stützte sich dabei insbesondere auf Shani. Shani sollte die Person sein, die das Freundesnetz auf dem aktuellen Stand hielt, und auch diejenige, die Aminatou zu den Eingriffen brachte und sie wieder abholte. Als Aminatou nach einer langen Operation zur Entfernung des Tumors im Aufwachraum zu sich kam, erinnert sie sich nur noch daran, dass die Ärztin sie fragte: »Soll ich Shani hereinholen? Sie ist die ganze Zeit hier gewesen.«

Aminatou bat Ann, einen Plan für ihre Freund*innen zu erstellen, wann diese ihr während ihrer Genesungsphase nach der OP Essen vorbeibringen sollten, und Ann nahm diesen Auftrag gern entgegen. Damals verspürte Ann ein neues Ausmaß an Dankbarkeit für all die Stunden, die wir gemeinsam in der Therapie verbracht hatten. Sie wusste nicht, wie sie hätte versuchen sollen, Aminatou zu unterstützen, wenn wir beide nach wie vor emotional entfremdet gewesen wären. Noch währenddessen wurde ihr bewusst, dass dies eine jener großen Dehnungen war, die sie und Aminatou gemeinsam durchstehen mussten, andernfalls würde sich ihre Beziehung niemals davon erholen. Als Aminatou ihr sagte, sie solle nicht zu ihr fliegen, um bei ihr zu sein, während sie sich von der Operation erholte, fragte Ann sich dennoch, ob es etwas damit zu tun hatte, dass sie Aminatou nicht mehr so nahestand wie einst. Aber sie lenkte ihre Energie darauf, zur Unterstützung ihrer Freundin aus der Ferne alles zu tun, was sie konnte. Gemeinsam mit ein paar anderen Freund*innen Aminatous organisierte sie in mehreren Städten Solidaritätsblutspendenaktionen. Blut zu spenden, um anderen Patient*innen zu helfen, war etwas, worum Aminatou ausdrücklich gebeten hatte, und Ann wollte dafür sorgen, dass alle es auch durchzogen.

Freundschaft ist eine wahrhaftige Versicherung gegen die Hurrikane des Lebens – und es gibt sozialwissenschaftliche Belege dafür, dass Schwierigkeiten weniger schwierig erscheinen, wenn man eine*n gute*n Freund*in an seiner Seite hat. In einer Studie sollten die Teilnehmer*innen abschätzen, wie steil ein Hügel war. Jene, die gemeinsam mit einer*einem Freund*in teilnahmen, hielten den Hügel für weniger einschüchternd als Menschen, die allein teilnahmen. Eine Echte Freundschaft kann einen halten, wenn man Angst hat, alles andere könne auseinanderbrechen. Sie kann ein Raum der Bestätigung sein, wenn man sich ganz allein auf der Welt fühlt. Sie kann die Erleichterung bieten, sich gesehen zu fühlen, ohne sich mit zu vielen Worten erklären zu müssen. Und sie schenkt einem die Sicherheit, dass man den unvermeidlichen Herausforderungen des Lebens nicht allein begegnen muss.

Es ist von unschätzbarem Wert, eine*n Zeug*in für das eigene einzigartige Leben zu haben. Wir alle wollen verstanden werden. Und über einen längeren Zeitraum verstanden zu werden, ist ein unglaubliches Gefühl. Aminatous Freund Antoine brachte in einer E-Mail eine Empfindung zum Ausdruck, die sie teilt: »Ich liebe es, dass du jede Version von mir kennst. Du warst ganz am Anfang da, und ich wünsche mir, dass du auch ganz am Ende da sein wirst.«

Diese Vorstellung ist bereits uralt, wirkt aber noch immer frisch und inspirierend. Die griechischen Philosophen waren besessen von Freundschaft als essenzieller Tugend und Säule eines guten Lebens. Ohne Freundschaft, argumentierten sie, gebe es weder Vergnügen noch Erfüllung oder Bedeutung. Aristoteles zufolge halten Freund*innen einander einen Spiegel vor. Dieser Spiegel erlaube es ihnen, Dinge zu sehen, die sie nicht wahrnehmen könnten, wenn sie den Spiegel selbst hielten. (Wir stellen es uns vor wie der Unterschied zwischen einem verwackelten Selfie und einem wirklich klaren Porträt, das jemand anders aufgenommen hat.) Uns selbst in dem Spiegel einer oder eines anderen zu betrachten, lässt uns zu besseren Menschen werden. Wir können unsere Fehler auf eine neue Weise beleuchtet sehen, aber auch die vielen guten Dinge erkennen, von deren Existenz wir bislang nichts wussten. Bevor eine Freundin ausdrücklich darum bittet, dass man seine Zitronen-Baiser-Torte zum Brunch mitbringt, hat man vielleicht gar nicht bemerkt, dass man eine exzellente Bäckerin geworden ist. Bevor eine Freundin den Mut zusammennimmt, um einem zu sagen, dass sie nie das Gefühl habe, man würde ihr zuhören, ist einem womöglich gar nicht bewusst gewesen, wie andere die eigene Tendenz zur Quasselstrippe wahrnehmen. Nachdem einen bereits die dritte Freundin angerufen und vor einer Gehaltsverhandlung um Rat gebeten hat, billigt man sich selbst vielleicht endlich zu, eine ziemlich gute Verhandlungsführerin zu sein. Wenn man sich einmal im Spiegel der Freundschaft wahrgenommen hat – sowohl auf positive als auch auf herausfordernde Weise –, lässt sich das Gesehene nicht mehr ungesehen machen.

Unsere Vermittlerinnenfreundin Dayo verwendet eine andere Metapher, um dieselbe Idee auszudrücken: »Freundschaften sind so eine Art Echolot«, erklärt sie. »Man lässt seine Persönlichkeit von Dingen und Menschen abprallen, sodass sie zu einem zurückreflektiert wird. Gute Freundschaften produzieren ein wahrhaftiges Wissen über einen selbst, und wenn auch nur unterbewusst.« Es ergibt Sinn, dass die meisten von uns die Intensität unserer Freundschaften am stärksten spüren, wenn wir jung sind und unser Selbstgefühl erst ausprägen, oder auch in anderen Phasen, in denen unsere Identität großen Veränderungen unterliegt. So erklärt sich auch, weshalb wir uns manchmal veranlasst sehen, Freundschaften loszulassen, wenn sich unsere Identitäten verändern. Unser Echolot kann sie einfach nicht mehr ausfindig machen. Oder, um die Metapher der Griechen zu verwenden, wir lehnen ihren Spiegel ab. Das Ich, das wir darin reflektiert sehen, passt nicht mehr zu uns.

Wir haben das Gefühl, in unseren zehn Jahren bereits mehrere unterschiedliche Freundschaften geführt zu haben. Wir sind noch immer beeindruckt von jenen Frauen – die eine befeuert durch den Schmerz nach einer Trennung, die andere durch Solidarität –, die eine schwere Kommode mehrere Stockwerke nach oben schleppten. Wir schütteln noch immer unseren Kopf über die beiden Frauen in ihren jeweiligen Kammern, Tausende Meilen voneinander entfernt, die sich bemühen, mit ihren Aufnahmegeräten zurechtzukommen. Wir haben unendlich viel Mitgefühl für die Frauen, die nebeneinander in Schlammbädern sitzen, an einem Wochenende, das zwischen ihnen »das Feuer neu entfachen« sollte, jedoch nicht imstande war, ihre erlahmende Freundschaft wiederzubeleben. Wir sind stolz auf die Frauen, die dieses Buch schreiben und jeden Tag zur Arbeit erscheinen, um über ihre Gefühle ehrlich Bericht zu erstatten und einander besser zu verstehen.

Und einige Dinge haben sich nicht verändert: Wir haben noch immer viele Anschlusspunkte in unseren Freundesnetzen. Wir praktizieren noch immer Shine Theory. Wir müssen nach wie vor lernen, in Echtzeit über unsere Gefühle zu sprechen, auch wenn wir uns nicht jeden Tag sehen. Wir dehnen uns noch immer füreinander. Wir produzieren bis heute gemeinsam einen Podcast, was bedeutet, dass wir weiterhin einen Weg finden müssen, Freundinnen *und* Kolleginnen zu sein. Wir sind fortwährend dabei, unsere Beziehung zu reparieren, nach dem, was Aminatou »unsere emotionale Katrina« genannt hat – eine unnatürliche Katastrophe epischen Ausmaßes. Aber wir sind immer noch da.

So schwer es fällt, uns daran zu erinnern, wer wir waren, bevor wir Freundinnen wurden, so unmöglich erscheint es uns auch, die beiden Frauen zu erklären, die wir heute sind. Wir schämen uns zuzugeben, dass wir nach all diesen Worten über Freundschaft noch immer so vieles übereinander lernen müssen. Und doch haben wir durch diese Freundschaft mehr über uns selbst, unsere schlechten Muster, unsere Liebeskapazität und unsere Anpassungsfähigkeit gelernt als durch so ziemlich alle anderen Beziehungen, die wir je geführt haben. Wir sind stolz darauf, dass wir unsere Freundschaft so groß haben werden lassen und dann auch darum gekämpft haben, sie so groß zu halten. Wir können uns nicht vorstellen, wer wir heute andernfalls wären.

Es mag sein, dass manche raren Echten Freundschaften ohne jegliche Konflikte bis zum Ende überleben und gedeihen. Ohne schwere Zeiten. Mühelos von ruhend wieder zurück zu aktiv springen, ohne dass Gefühle verletzt werden. Aber das erscheint uns höchst unwahrscheinlich. Könnt ihr eine tiefe, bedeutende Beziehung in eurem Leben nennen, die zu hundert Prozent locker und leicht verläuft? Wir können es nicht.

Die meisten von uns werden sich anstrengen müssen, um in einer Echten Freundschaft zu bleiben. Wir werden Phasen durchleben, in denen wir uns bis zur Überdehnung strecken, und Phasen, in denen wir darauf angewiesen sind, dass unser*e Freund*in das Dehnen übernimmt. Wir werden Momente erleben, in denen wir uns aus dem Gleichgewicht geraten fühlen. Zeiten, in denen wir uns weder verstanden noch gesehen fühlen. Situationen, in denen wir von unseren Freund*innen enttäuscht sind, und andere Situationen, in denen wir sie enttäuschen. Alle Rituale und Zusicherungen und Offenheit der Welt können nicht bewirken, dass Echte Freundschaft sich stets leicht anfühlt. Und wenn es schwer wird, kann Echte Freundschaft nur überleben, sofern beide Parteien beschließen, dass sie überleben wird. Da sein, in guten wie in schlechten Zeiten, ist der einzige Weg, um in dieser Freundschaft zu bleiben.

Das Gute daran ist, dass man als der Mensch gesehen wird, der man wirklich ist. Man erhält den Schutz eines sicheren Hafens. Man bekommt das befriedigende Gefühl, zu wissen, dass man einander ausgewählt hat und einander jeden Tag aufs Neue auswählt. Dank dieses externen Spiegels in Form seiner Freund*innen lernt man sich selbst besser kennen, als man es je für möglich gehalten hätte. Und man bekommt eine ganze Menge wirklich guter Insider-Witze.

Nicht alle Freundschaften bieten einem diese Dinge. Wenn ihr also eine Echte Freundschaft findet, die es tut, dann haltet an ihr fest. Investiert in sie. Dehnt euch für sie. Auch wenn die Welt euch weismacht, es sei vööööl-lig in Ordnung, sie verkümmern zu lassen. Auch wenn ihr zu beschäftigt seid. Trefft die Entscheidung, eine Welt zu erschaffen, in der Echte Freundschaften als die identitäts-bildenden, lebensverändernden Beziehungen anerkannt werden, die sie tatsächlich sind. Fangt an, eure eigenen Freundschaften wertzuschätzen – nicht nur für das Ver-gnügen, das sie euch bieten, sondern auch für die Heraus-forderungen, vor die sie euch stellen.

Wir können euch nicht genau sagen, wie das auszusehen hat, da jede Echte Freundschaft anders ist. Wir können euch nicht einmal versprechen, dass es sich am Ende auszahlen wird und eure Freundschaft tatsächlich für immer Bestand hat. Wir sind uns da noch nicht einmal bei unserer eigenen sicher. Aber wir können euch definitiv aus eigener Erfahrung sagen: Wenn ihr eure Freundschaften ernst nehmt, werdet ihr es nicht bereuen. Wir haben es nie bereut.

Danksagung

Willkommen, begierige Leser*innen!

Priscilla Painton und Julianna Haubner, wir danken euch dafür, dass ihr an dieses Projekt von Beginn an geglaubt, es als ein Buch der großen Ideen gesehen und ihm auf die Welt geholfen habt. Dank auch an Caitlyn Reuss, Elise Ringo, Hana Park und das gesamte Team von Simon & Schuster. Wir sind stolz darauf, unser erstes Buch bei euch zu veröffentlichen.

Carrie Frye! Heilige Scheiße. Von dir haben wir so viel darüber gelernt, wie man schwierige, komplexe Ideen und Geschichten in ein kohärentes Ganzes übersetzt, das man in die Hand nehmen und lesen kann. Du bist eine Meisterin deines Fachs, und wir haben uns demütig gefühlt als deine Zwillingseicheln. In diesem Prozess bist du zu unserer Freundin geworden, wofür wir unendlich dankbar sind.

Elizabeth Spiridakis Olson, vielen Dank, dass du auf unserer Wellenlänge bist und dich um das Geschäft gekümmert hast. Milan Zmic und De Marquis McDaniels, danke, dass ihr es zum Laufen gebracht habt.

An unsere ersten Leser*innen, wir danken euch für den behutsamen Umgang mit unserem Manuskript und das großzügige Feedback. Euer Rat war so wertvoll, und dieses Buch ist so viel besser geworden, weil ihr euch die Zeit genommen habt, uns zu helfen. Jocelyn Hayes Simpson, wir lieben deinen Verstand! Danke, dass du uns beigebracht hast, die »Anmerkung hinter der Anmerkung« zu erkennen, und uns angetrieben hast, unsere Geschichte bestmöglich zu schreiben. Tamara K. Nopper, danke für deine Klarheit und Präzision. Brandon Taylor, dein Rat, die Erzählung von den Ideen zu trennen und am Ende wieder alles zusammenzuführen, war legendär. Zum Glück bringst du den Kindern bei, wie man schreibt. Wir danken auch allen, die dieses Buch durch einen Klappentext, eine öffentliche Empfehlung oder ein privates Wort der Ermutigung unterstützt haben.

Beth Pickens, du warst vom ersten Tag an unsere Cheerleaderin, ohne dich hätten wir es nicht geschafft. Ein Dank an Claire Mazur und Erica Cerulo, Helaine Olen und Harold Pollack, und an Glynnis MacNicol, für die Offenheit und Großzügigkeit, mit der ihr eure Erfahrungen mit dem Einreichen von Manuskripten und dem gemeinsamen Verfassen von Texten mit uns geteilt habt. Aubri Juhasz, danke für die Hilfe bei der Recherche, fürs Faktenchecken und Zurechtfinden in unserem Google-Docs-Labyrinth. Davis Bynum, vielen Dank, dass du so viele Stunden damit verbracht hast, unsere Interviews und Gespräche zu transkribieren. Du kennst all unsere Geheimnisse!!

Sarah Sophie Flicker und Jesse Peretz, Michael und Annette Stauning Flicker, Lauri und Doug Freedman, Zara Rahim und Ruth Ann und Bill Harnisch, wir danken euch für die Beherbergung, während wir an diesem Buch schrieben. Eure Großzügigkeit hat unser Leben verändert, und wir schätzen uns glücklich, euch zu kennen und von euch gekannt zu werden. Danke auch an Warren und Beryl, die in Freeport rundum für unser Wohlergehen gesorgt haben.

Team CYG, ihr seid die Allerbesten! Ein Gruß an Jordan Bailey, Carly Knowles, Brijae Morris und Laura Bertocci. Quinn Heraty, danke, dass du unsere Ideen geschützt und so viele strenge E-Mails für uns verschickt hast.

Gina Delvac, ohne dich wären wir heute nirgendwo, absolut nirgendwo. Wir lieben dich für deinen brillanten Verstand, dein ruhiges Vorgehen im Angesicht einer Katastrophe und deine unerschütterliche selbstlose Unterstützung. Du bist die beste Mitarbeiterin, die wir uns überhaupt hätten wünschen können.

Dayo, vielen Dank, dass du uns einander vorgestellt hast. Du *wusstest* es einfach. Wir können uns unser Leben nicht vorstellen ohne deine jahrelange Freundschaft. Danke, dass du immer wieder nachfragst, wie es uns geht. Danke, dass du zu den ersten Leserinnen dieses Buches gehört hast. Danke, dass du stets unsere Fürsprecherin bist.

Aminatou möchte gern danken:

Ich kann nicht glauben, dass ich mich in die Position geschwindelt habe (oder bin ich angeschwindelt worden?), ein Buch zu schreiben.

Jay Mandel, ich bin in dein Büro gekommen, ohne eine Vorstellung davon zu haben, was ein Agent ist oder was er macht, aber als ich es wieder verließ, hatte ich das Gefühl, viele meiner Träume könnten Wirklichkeit werden. Danke, dass du mir immer reinen Wein eingeschenkt hast. Ich bin so dankbar für alle bei WME, die hinter den Kulissen arbeiten, um mein Leben ein wenig einfacher zu machen, insbesondere Sian-Ashleigh Edwards. Doug Singer, ich bin so froh über deinen Rat und deine Freundschaft. Deborah McIntosh, meine liebe Freundin, danke, dass du an mich glaubst.

Lauren Shonkoff, danke für deine Hilfe, als wir dieses Buch verkauft haben, und danke für deine Hilfe heute. Ich liebe Geld, und du sorgst dafür, dass ich bezahlt werde!

Ich komme aus einem Teil der Welt, in dem es Töchtern nicht immer erlaubt wird, vollwertige menschliche Wesen zu sein. Meine beiden Großmütter gingen nie zur Schule und wurden beide sehr früh verheiratet. Mein Vater hat die Entscheidung getroffen, mir ein ganz anderes Leben zu ermöglichen. Papa, ich danke dir dafür, dass du mich immer ernst genommen hast. Marly und Alpha, ich genieße es sehr, mich mit euch anzufreunden, und ich wünschte wirklich, unsere Mom wäre noch da, um es mitzuerleben.

Es ist ein zugleich extravagantes wie auch zutiefst beschämendes Gefühl, sich auf diese Dankbarkeitsübung einzulassen, also werde ich nun meinerseits die folgenden Leute beschämen, die geholfen haben, dieses Buch und die Ideen darin zu formen, im Großen wie im Kleinen:

Brittany, du kennst all meine Geheimnisse und verurteilst mich nie. Danke, dass du mich die wahre Bedeutung von Freude gelehrt hast. Mercedes, danke, dass du so ein grundsolider Mensch bist, beständig und gütig. Oh, und dafür, dass du Ryan und Judd in mein Leben gebracht hast, weil sie es wirklich heller machen. RJS, du bist zauberhaft. Einfach zauberhaft. Camilla, ich stehe jeden Morgen auf und versuche, so gut zu leben wie du und meine Leute so sehr zu lieben, wie du deine Leute liebst. Aiesha, du bist meine Schwester. Danke, dass du behutsam mit mir umgehst.

Bobby, Caity, Daria, Goldie, Josie, Lindsey, Phill, Zara: Ihr seid den ganzen Tag über die Stimmen in meinem Kopf. Danke, dass ihr mich zum Lachen bringt.

Irin, Rebecca: Alles Schlaue, was ich je laut gesagt habe, habe ich von euch gelernt. Danke, dass ihr mich gelehrt habt, in Integrität zu leben.

Sarah, Jesse, Jocelyn, Brad, Jenni, Richard, Molly, John: Danke, dass ich bei euch wohnen durfte und dass ihr meine beständigen Dinner-Begleitungen an beiden Küsten seid.

Greta, ich lese immer wieder, es sei unmöglich, in unserem Alter noch bedeutsame neue Freundschaften zu schließen, daher danke ich dir dafür, in deinem Leben Raum für mich zu schaffen.

Samin, deine Großzügigkeit kennt keine Grenzen. Du gibst so viel mehr, als du nimmst, und ich kann dir gar nicht genug danken.

Cord, danke, dass du immer die richtige Flasche Wein aussuchst und schwierige Gespräche mit mir führst.

Alexis, du hast behauptet, ich würde das hier hinbekommen, und ich war so naiv, dir zu glauben. Danke, dass du Anthony und Poppy in unsere Familie gebracht hast. Die beiden sind super.

Shani, wie soll man einer Person genügend danken, die einen gerettet hat? Ich weiß es nicht, aber ich weiß, dass du mein Zuhause bist.

Zuletzt Ann. Wir haben es geschafft. Natürlich haben wir es geschafft.

Ich bin überwältigt, *wirklich überwältigt* von der Liebe meiner Freund*innen. Ihr seid zu viele, um alle mit Namen zu nennen, aber ich werde jede und jeden von euch aufsuchen, um euch zu sagen, dass ihr mir alles bedeutet. Ich kann mein pures Glück nicht glauben, zur selben Zeit leben zu dürfen wie ihr. Ich liebe euch alle so unglaublich.

Ann möchte gern danken:

Gail Ross, danke, dass du mich so früh (2009!) aufgenommen und mich jahrelang dazu aufgefordert hast, dir ein Exposé zu schicken, das du verkaufen kannst, um dich dann, als ich es endlich tat, so begeistert dafür einzusetzen. Ich stehe wahrhaft in der Schuld aller, die mich jemals lektoriert und zu der Autorin gemacht haben, die ich heute bin: Ein Dank an die Originalbesetzung von *Feministing* und meine Crew beim *Tomorrow Magazine*, die mich die Macht der Kollaboration gelehrt haben. Danke, Laura Bertocci, für die redaktionelle Unterstützung, und Jacque Boltik, für deine technische Brillanz.

Bridget, wie kann ich dir jemals dafür danken, dass du meine am tiefsten verwurzelte Freundin bist, die mich jederzeit bedingungslos und vorurteilsfrei unterstützt? Josh, du hast stets Magie mitgebracht und bist seit einem Vierteljahrhundert ein wahres Licht in meinem Leben. Lara, ich liebe die Tatsache, dass wir es beide ernst meinten, als wir lallten: »Ich bekenne mich zu DIR.« Sarah, deine Großzügigkeit kennt keine Grenzen, und ich bewundere, wie du gleichzeitig so wunderbar spontan und so felsenfest verlässlich sein kannst. Beth, danke, dass du mir vorlebst, wie man die Gemeinschaften, die einem am Herzen liegen, wahrhaftig unterstützt – es ist mir eine Ehre, Teil deiner Gemeinschaft zu sein. CPR, danke, dass du für immer FSE bist, und Nikki, danke, dass du auf die großartigste Weise schräg bleibst. Hilda, ich bin dir dankbar für die Gespräche vor meinem Haus im Auto, während der Motor im Leerlauf war. J. Ryan, danke, dass du mich in deine Gemeinschaft von Autor*innen aufgenommen hast. Tamara, danke, dass du die besten Fragen stellst und mir immer einen Platz frei hältst. Jade, ich liebe es, mit dir Pläne zu schmieden. Kenesha, Stacy, Mercedes, Ryan, Aiesha, Colleen, Jorge, Ben, Amelia, Lauren, George!, Jen, Samhita, Erin, Anna, Jessica, Glynnis und so viele weitere geliebte Freund*innen: Danke für all die Spaziergänge und Mahlzeiten und Textnachrichten zum perfekten Zeitpunkt. Seid gewiss, dass diese kleinen Dinge überhaupt nicht klein sind. Seid gewiss, wie tiefgreifend ihr mich geprägt habt.

Ich bin dankbar für meine Familie. Mom und Dad, ihr habt mir gezeigt, dass das Wertvolle nicht immer nur einfach ist, ihr habt mich so zutiefst geliebt, mir Großzügigkeit vorgelebt und mir beigebracht, mich anzustrengen, um den

Menschen nah zu bleiben, die mir wichtig sind, für all das danke ich euch.

Will, danke, dass du noch begeisterter von meiner Arbeit bist als ich selbst (wie ist das überhaupt möglich?), dass du mehr als deinen Anteil des Organisatorischen erledigst, dass du mich runterbringst und hochjubelst, dass du immer vorheizt und selbst in den chaotischsten Momenten stets gelassen bleibst. Ich bin so froh, dass wir unser Leben miteinander teilen.

Amina, du gehörst zu meinem Innersten. Ich danke dir für alles.

Ich liebe euch alle so sehr.

Anmerkungen

Prolog

12 *Kennt ihr diesen Clip, in dem Oprah über Gayle redet?*:
Oprah Winfrey, interviewt von Barbara Walters, *A Barbara
Walters Special: Oprah, the Next Chapter*, ausgestrahlt am
9. Dezember 2010 auf ABC, https://www.youtube.com/
watch?v=D01rpXCP3Fs

13 *Außerdem hatten wir einen gemeinsamen Podcast gestartet*:
Call Your Girlfriend, https://www.callyourgirlfriend.com

15 *Er lautet »Shine Theory!«*: https://www.shinetheory.com

15 *von Victoria's Secret bis zu Reese Witherspoon alle versucht haben, es zu vereinnahmen*: Victoria's Secret benutzte
den Begriff in einem Post auf Instagram, der glänzende
Bademode bewarb, allerdings ist dieser Post nach einer
Unterlassungsanordnung durch unseren Anwalt mittlerweile gelöscht. (Danke, Quinn!) Außerdem lautete der
Arbeitstitel einer Fernsehsendung von Reese Witherspoon
Shine Theory, bis wir unsere Namensnennung forderten
und der Titel geändert wurde. Kacey Musgraves, ein Gast
in der Sendung, erklärte im März 2018, diese basiere
»auf der Idee, dass Frauen, die einander unterstützen,
wahrscheinlich heller strahlen«. Myles Tanzer, »Kacey
Musgraves Knows Love Makes the World Go Round«, *The
Fader*, 22. März 2018.

1 Der Funke

19 *Okay, eigentlich war es die Abschlussballfolge von* Gossip
Girl: Streng genommen gab es in der Serie mehrere Ab-

schlussballfolgen, aber diese wurde gegen Ende der zweiten Staffel gesendet. *Gossip Girl*, Staffel 2, Folge 24, »Wie alles anfing«, Regie: Mark Piznarski, Drehbuch: Josh Schwartz und Stephanie Savage, ausgestrahlt am 11. Mai 2009 auf The CW, https://www.imdb.com/title/tt1393347

23 *Ich würde Aminatou Sow wahnsinnig gern kennenlernen*: Aminatou Sows Name wird ah-mie-NAH-tu soh aus-gesprochen. Dayos wird DAI-oh ausgesprochen. Und Ann Friedmans Name wird än FRIED-män ausgesprochen, und zwar mit einem ordentlich nasalen »ä«-Laut, wenn man ihn mit einem Akzent aus dem Mittleren Westen ausspricht.

26 *Er erhielt seine verdiente Strafe viele Jahre später, als eine gesamte Folge der Radiosendung* This American Life *sich seinem Fehlverhalten widmete*: *This American Life*, Folge 640, »Five Women«, produziert von Chana Joffe-Walt, ausgestrahlt am 2. März 2018, https://www.thisamericanlife.org/640/five-women

35 *Orszagasm.com*: Leider ist er nicht mehr online, aber *The Economist* beschrieb ihn als »einen Blog [...], der sich einer Chronik der Affären dieses unwahrscheinlichen Casanovas mit Taschenrechner widmet, der nicht nur eine, sondern gleich zwei BlackBerry-Gürteltaschen hatte«. »American Politics: Something Rotten«, *The Economist*, 24. August 2013, https://www.economist.com/books-and-arts/2013/08/24/something-rotten

38 *Emily Langan* ist eine Dozentin für Kommunikationswis-senschaften am Wheaton College. https://www.wheaton.edu/academics/faculty/emily-langan

39 *Dieselbe Kombination aus Gefühlen kann auf verschiedene Weise eingeordnet werden*: Angela Chen, *Ace: What Asexuality Reveals About Desire, Society and the Meaning of Sex*, Boston: Beacon Press 2020. Angela Chen ist leitende Redakteurin bei *MIT Technology Review* und freiberufliche Journalistin, http://www.angelachen.org

2 Besessen

46 *»Must-have-Jeansrock des Frühlings«*: »Spring's Must-Have Denim Skirt: Time to Sharpen Your Pencils«, Refinery29, 2. März 2009, https://www.refinery29.com/en-us/springs-musthave-denim-skirt-t

48 *Manche Forscher*innen werden euch erzählen, Männer seien so sozialisiert, dass sie Freundschaften um gemeinsame Aktivitäten herum bilden, während für viele Frauen Aktivitäten weniger wichtig seien*: Jacob M. Vigil, »Asymmetries in the Friendship Preferences and Social Styles of Men and Women«, *Human Nature* 18 (Juni 2007): S. 143–61.

49 *Ihr habt wahrscheinlich schon mal von der 10 000-Stunden-Regel gehört*: Malcolm Gladwell, »Complexity and the Ten-Thousand-Hour Rule«, *The New Yorker*, 21. August 2013, https://www.newyorker.com/sports/sporting-scene/complexity-and-the-ten-thousand-hour-rule

50 *Die Zahl basiert auf der Forschung von K. Anders Ericsson*: K. Anders Ericsson, Ralf Th. Krampe und Clemens Tesch-Römer, »The Role of Deliberate Practice in the Acquisition of Expert Performance«, *Psychological Review* 100, Nr. 3 (1993): S. 363–406.

50 *der später behauptet hat – überraschende Wendung! –, Gladwell habe seine Arbeit missverstanden*: The Learning Leader Show, Folge 147, »Anders Ericsson – What Malcolm Gladwell Got Wrong About the 10,000 Hour Rule«, moderiert von Ryan Hawk, ausgestrahlt am 3. August 2016, https://learningleader.com/episode-147-anders-ericsson

50 *Jeffrey A. Hall, ein Wissenschaftler an der University of Kansas, der sich einer Vereinnahmung durch Gladwell bislang entziehen konnte, hat die frühen Stadien von Freundschaften tatsächlich bemessen*: Jeffrey Hall, »How Many Hours Does It Take to Make a Friend?«, *Journal of Social and Personal Relationships* 36, Nr. 4 (März 2018): S. 1278–96.

68   *Wir erschufen unsere »Geschichte der Gleichheit«*: Debo-
rah Tannen, *You're the Only One I Can Tell: Inside the
Language of Women's Friendships*, New York: Ballantine
Books 2017.

3 Wahlfamilie

71   *Die Kommunikationswissenschaftlerin Emily Langan aller-
dings untersuchte in ihrer Dissertation über beste Freund-
schaften, ob sich die Bindungstheorie – die beschreibt, wie
Kinder eine Beziehung zu ihren Eltern aufbauen – auch
auf intime platonische Beziehungen anwenden ließe*: Emily
Langan, *A Friend Like You: Attachment and Maintenance
Strategies in Young Adult Friendships*, PhD-Dissertation,
Arizona State University 2001.

79   *Die Verwendung des Begriffs »Wahlfamilie« wurde als
Erstes von der Anthropologin Kath Weston studiert*: Kath
Weston, *Families We Choose: Lesbians, Gays, Kinship*
(1991), überarbeitete Ausgabe, New York: Columbia University Press 1997.

79   *dass die Entscheidung, alternative Bindungen außerhalb
der eigenen biologischen Familie einzugehen, für queere
Menschen Ende des zwanzigsten Jahrhunderts oftmals »aus
der Notwendigkeit geboren« sei*: Brianna Sharpe, »›Chosen
Families‹ Give LGBTQ Parents and Kids the Support They
May Lack«, *HuffPost Canada*, 12. November 2018,
https://www.huffingtonpost.ca/entry/chosen-
families-lgbtq_ca_5cd575e3e4b07bc729784bee

81   *»Wenn später noch Liebe hinzukam, war das schön, aber sie
wurde nicht als ein guter Grund für eine Ehe betrachtet«*:
Stephanie Coontz, »Marriage vs. Friendship«, 2. August
2019, im Podcast *Call Your Girlfriend* von Aminatou Sow
und Ann Friedman, produziert von Gina Delvac,
https://www.callyourgirlfriend.com/episodes/2019/08/02/
marriage-vs-friendship
Stephanie Coontz ist Leiterin der Forschung und öffentlichen Bildung für den Council on Contemporary Fami-

lies und emeritiertes Mitglied der Fakultät für Geschichte und Familienforschung am Evergreen State College in Olympia, Washington, https://www.stephaniecoontz.com

4 Ich kann nicht glänzen, wenn du nicht glänzt

88 *geben 63 Prozent aller Frauen an, sie hätten nie eine*n Mentor*in gehabt*: Stephanie Neal, Jazmine Boatman und Linda Miller, *Women As Mentors: Does She or Doesn't She?*, Pittsburgh: DDI 2013, https://www.ddiworld.com/ddi/media/trend-research/womenasmentors_rr_ddi.pdf?ext=.pdf

88 *»Jede Person über vierzig, mit der wir sprachen, konnte eine*n Mentor*in in ihrem Berufsleben nennen, während jüngere Menschen dazu häufig nicht in der Lage waren.«* Thomas J. DeLong, John J. Gabarro und Robert J. Lees, »Why Mentoring Matters in a Hypercompetitive World«, *Harvard Business Review*, Januar 2008, https://hbr.org/2008/01/why-mentoring-matters-in-a-hypercompetitive-world

89 *da etwa ab dem Alter von fünfunddreißig Jahren – und mit Sicherheit, sobald man Kinder bekommt – der Einkommensunterschied zu den Männern rasant wächst*: Elise Gould, Jessica Schieder und Kathleen Geier, *What Is the Gender Pay Gap and Is It Real?*, Washington, DC: Economic Policy Institute, 20. Oktober 2016, https://www.epi.org/publication/what-is-the-gender-pay-gap-and-is-it-real

94 *dass Frauen mit geringerer Wahrscheinlichkeit intern befördert werden als Männer*: Jess Huang et al., *Women in the Workplace 2019*, New York: McKinsey & Company 2019, https://www.mckinsey.com/featured-insights/gender-equality/women-in-the-workplace-2019

104 *dass Menschen, die sich nicht davor scheuen, ihr Wissen und ihre Ressourcen mit anderen in ihrer Community zu teilen, langfristig mit größter Wahrscheinlichkeit erfolgreich sind*: Adam Grant, *Give and Take: Why Helping Others Drives Our Success*, New York: Penguin Books 2013.

105 *Die* New York Times *nannte es den »Shalane-Effekt«*:
Lindsay Crouse, »How the ›Shalane Flanagan Effect‹
Works«, *New York Times*, 11. November 2017,
https://www.nytimes.com/2017/11/11/opinion/sunday/
shalane-flanagan-marathon-running.html

106 *dass Menschen bevorzugt Freundschaften mit anderen ein-*
gehen, die ihnen dabei helfen können, ihre eigenen Ziele zu
erreichen: Eric B. Slotter und Wendi L. Gardner, »Can You
Help Me Become the ›Me‹ I Want to Be? The Role of Goal
Pursuit in Friendship Formation«, *Self and Identity* 10,
Nr. 2 (2011), S. 231–47.

108 *Natalia Oberti Noguera* ist die Gründerin und CEO von
Pipeline Angels.

108 *Dazu wurde sogar ein Fall vor dem Supreme Court aus-*
gefochten: *Ledbetter v. Goodyear Tire & Rubber Co.*,
550 U. S. 618 (2007).

109 *Der erste Gesetzesentwurf, den Präsident Obama durch sei-*
ne Unterschrift zum Gesetz machte, war der Lilly Ledbetter
Fair Pay Act: Megan Slack, »From the Archives: President
Obama Signs the Lilly Ledbetter Fair Pay Act«, *The White*
House (Blog), 30. Januar 2012, https://obamawhitehouse.
archives.gov/blog/2012/01/30/archives-president-obama-
signs-lilly-ledbetter-fair-pay-act

109 *Jahrzehnte bevor »Me Too« zu einem weitverbreiteten Kür-*
zel wurde: Die »Me Too«-Bewegung wurde 2006 von der
Aktivistin Tarana Burke gegründet, die den Begriff bereits
seit Jahren nutzte, um Überlebenden sexueller Belästigung
und Gewalt eine Stimme zu geben, insbesondere Schwarzen Frauen und Mädchen und anderen jungen Frauen of
Color. Ab 2017 fand »Me Too« breitere Anwendung.
»History & Inception«, Me-Too-Website, 2018. https://
metoomvmt.org/get-to-know-us/history-inception

109 *Ann teilte mit ein paar anderen Frauen in Medienberufen*
einen detaillierten Insider-»Witz«: Die Mitschöpferinnen
von »Die Insel« sind Deanna Zandt, Esther Kaplan und
Tracy Van Slyke.

110   *Alyssa Mastromonaco* ist eine ehemalige Beraterin Präsident Obamas, https://speakerhub.com/speaker/alyssa-mastromonaco

111   *Die Frauen des Stabs entwickelten auch eine Strategie, die sie »gegenseitige Verstärkung« nannten*: Juliet Eilperin, »How a White House Women's Office Strategy Went Viral«, *Washington Post*, 25. Oktober 2016, https://www.washingtonpost.com/news/powerpost/wp/2016/10/25/how-a-white-house-womens-office-strategy-went-viral

111   *schrieb Ann eine Kolumne, in der sie der ganzen Welt das Konzept erklärte*: Ann Friedman, »Shine Theory: Why Powerful Women Make the Greatest Friends«, *The Cut*, 31. Mai 2013, https://www.thecut.com/2013/05/shine-theory-how-to-stop-female-competition.html

111   *Shine Theory wurde zu einem zugkräftigen Hashtag*: Um einen Eindruck von der öffentlichen Diskussion über Shine Theory zu erhalten, empfehlen wir, auf Twitter, Facebook oder Instagram nach #ShineTheory zu suchen.

113   *Die New Yorker Abgeordnete Alexandria Ocasio-Cortez twitterte*: Alexandria Ocasio-Cortez (@AOC), »I am so incredibly proud of @AyannaPressley«, Twitter, 11. Dezember 2018, https://twitter.com/AOC/status/1072690288102137856

113   *Darauf antwortete Pressley, indem sie Ocasio-Cortez dafür dankte, »#shinetheory laut auszuleben«*: Ayanna Pressley (@AyannaPressley), »And I of you. Thank you for living #shinetheory out loud, for sparking a movement, inspiring a generation & leading the charge on a #GreenNewDeal Select Cmte @sunrisemvmt«, Twitter, 11. Dezember 2018, https://twitter.com/ayannapressley/status/1072700652319580160?lang=en

114   *Ilhan Omar, eine Abgeordnete aus Minnesota und die erste somalischstämmige Amerikanerin, die in den Kongress gewählt wurde, bezeichnet Ocasio-Cortez als ihre »Komplizin für Gerechtigkeit«*: Ilhan Omar (@IlhanMN), »with my

partner in justice @Ocasio2018 #doubletrouble«, Twitter, 27. November 2018, https://twitter.com/IlhanMN/status/1067596311577468930

114 *In einem Interview darüber, dass diese Gruppe neuer Kongressabgeordneten bereits früh die Prüfung eines Amtsenthebungsverfahrens gegen Präsident Trump forderte, sagte Omar: »Ich glaube, dass er sich vor allen Frauen fürchtet, die Shine Theory praktizieren, die einander den Rücken stärken.«:* Full Frontal with Samantha Bee, »Ilhan Omar: Impeachment Pioneer«, produziert von Razan Ghalayini mit Julie Levitsky, ausgestrahlt am 2. Oktober 2019 auf TBS, https://www.youtube.com/watch?v=lr2tBmNbjbw

5 Die Dehnung

115 *Man kann einen Tampon nicht so tief in seinem Körper verlieren, dass er für immer verschwunden bleibt*: »Help! I Think I Might Have Lost My Tampon Inside My Vagina«, Planned-Parenthood-Website, 13. Januar 2012, https://www.plannedparenthood.org/learn/teens/ask-experts/help-i-think-i-might-have-lost-my-tampon-inside-my-vagina

128 *Jordan Pickell* ist eine professionelle klinische Beraterin und Traumatherapeutin in Vancouver, British Columbia, http://jordanpickellcounselling.ca

6 Das Freundesnetz

135 *Damals lernten wir die entfernt lebenden Freund*innen der anderen in den Kommentaren unter geteilten Google-Reader-Posts kennen*: Google Reader war aktiv vom 7. Oktober 2005 bis zum 1. Juli 2013. Auf der Google-Reader-Website (https://www.google.com/reader/about) steht heute: »Wir verstehen, dass Sie dieser Entscheidung womöglich nicht zustimmen, aber wir hoffen, Sie werden diese Alternativen genauso lieben lernen, wie Sie Reader geliebt haben.« Wir haben keine dieser Alternativen lieben gelernt.

136 *#SquadGoals, ein attraktives Konzept dafür, wie man seine Crew an Freund*innen wahrgenommen wissen möchte, wurde durch Taylor Swift populär gemacht*: Eine Google-Suche nach »Taylor Swift + Squad« liefert eine Menge ikonischer Bilder sowie graphische Darstellungen der derzeitigen und ehemaligen Mitglieder: https://www.vulture.com/2019/08/taylor-swift-squad-timeline-katy-perry-karlie-kloss.html

138 *Nach ein paar Jahren betrachtete sogar Swift selbst die Squads kritisch*: Taylor Swift, »30 Things I Learned Before Turning 30«, *Elle*, 6. März 2019, https://www.elle.com/culture/celebrities/a26628467/taylor-swift-30th-birthday-lessons

139 *Manche Netze von Schwarzen Witwen sind so elastisch, dass man an den Fäden zupfen kann wie an Gitarrensaiten*: Science-Redaktion, »Black Widows Spin Super Silk«, *Science*, 31. Dezember 1996, https://www.sciencemag.org/news/1996/12/black-widows-spin-super-silk

139 *Mancher Spinnenfaden kann um bis zu 300 Prozent mehr Energie aufnehmen als Kevlar, bevor er reißt!*: Ingi Agnarsson, Matjaž Kuntner und Todd A. Blackledge, »Bioprospecting Finds the Toughest Biological Material: Extraordinary Silk from a Giant Riverine Orb Spider«, *PLoS ONE* 5, Nr. 9 (16. September 2010): S. e11234.

140 *»Jedes Individuum wird als Knotenpunkt in einem größeren Netzwerk verstanden«*: Lydia Denworth, *Friendship: The Evolution, Biology, and Extraordinary Power of Life's Fundamental Bond*, New York: W. W. Norton & Company 2020.

140 *dass die wahrscheinlich erste Karte sozialer Netzwerke 1938 gezeichnet wurde:* Denworth, *Friendship*.

141 *2013 erstellte das Medienlabor des Massachusetts Institute of Technology ein Tool*: Immersion-Website, MIT Media Lab 2013, https://immersion.media.mit.edu (das Immersion-Projekt ist nicht mehr aktiv).

142 *Dunbar-Zahl*: Robin Ian MacDonald Dunbar, »Coevolution of Neocortical Size, Group Size and Language in Humans«,

Behavioral and Brain Sciences 16, Nr. 4 (Dezember 1993): S. 681–735.

143 *William K. Rawlins* ist Stocker Professor of Interpersonal Communications der School of Communication Studies an der Ohio University, https://www.ohio.edu/scripps-college/comm-studies/about/faculty-student/rawlins

143 *es gebe wenig bis gar keine Untersuchungen zu den Dynamiken innerhalb von Freundeskreisen*: In einer E-Mail vom 2. Februar 2020 bestätigte Rawlins, dass bislang nur wenig über das Thema Freundesgruppen geschrieben wurde und auch er selbst sich noch nicht damit beschäftigt habe.

7 Die Falltür

156 *die Falltür des Rassismus*: Wesley Morris, »Dumber Than Your Average Bear«, *Grantland*, 24. Juni 2015, https://grantland.com/features/dumber-than-your-average-bear. Wesley Morris arbeitet als Kulturkritiker für die *New York Times*, https://www.nytimes.com/by/wesley-morris

161 *Get Out* ist ein Film von Jordan Peele (Drehbuch und Regie) aus dem Jahr 2017, in dem ein Schwarzer Mann seine weiße Freundin nach Hause begleitet, um ihre Familie kennenzulernen. SPOILER: Er entdeckt, dass ihre Familie Schwarze Menschen hypnotisiert, um eine Lobotomie an ihnen vorzunehmen – worauf sie sich im »versunkenen Bereich« befinden.

164 *Broken-Windows-Theorie*: George L. Kelling und James Q. Wilson, »Broken Windows«, *The Atlantic*, März 1982. Wilson und Kelling benutzten eingeschlagene Fenster als eine Metapher für chaotische Zustände in einer Wohngegend. Sie argumentierten, wenn ein zerbrochenes Fenster nicht repariert werde, seien bald alle Fenster im Gebäude zerbrochen.

168 *Ihre Heimatstadt war zu 98 Prozent weiß*: Isabel Wilkerson, »Seeking a Racial Mix, Dubuque Finds Tension«, *New York Times*, 3. November 1991. Dubuque wird beschrieben

als eine »nahezu vollständig weiße Stadt mit 58 000 Einwohner*innen. [... E]ine traditionsbewusste Stadt im Zentrum des Landes, die hauptsächlich von irischen und deutschen Katholik*innen bewohnt wird, in der ethnische Minderheiten 2 Prozent der Bevölkerung ausmachen und es über die Stadt verteilt nur 331 Schwarze Einwohner*innen gibt«.

169   *Immerhin werden 42 Prozent aller Todesstrafen über Schwarze Amerikaner verhängt*: »NAACP Death Penalty Fact Sheet«, NAACP-Website, 17. Januar 2017, https://www.naacp.org/latest/naacp-death-penalty-fact-sheet

171   *Dieses hasserfüllte Stereotyp geht zurück auf die Minstrel-Shows des 19. Jahrhunderts*: Blair L. M. Kelley, »Here's Some History Behind That ›Angry Black Woman‹ Riff the NY Times Tossed Around«, *The Root*, 25. September 2014, https://www.theroot.com/here-s-some-history-behind-that-angry-black-woman-rif-1790877149

171   *Als wütend bezeichnet zu werden sorgt dafür, dass Schwarzen Frauen nicht gestattet wird, eine ganze Bandbreite an Emotionen zu erfahren*: Brittney Cooper, *Eloquent Rage: A Black Feminist Discovers Her Superpower*, New York: St. Martin's Press 2018.

171   *Brittney Cooper, Historikerin und Autorin von* Eloquent Rage: A Black Feminist Discovers Her Superpower, *erklärte gegenüber dem nicht-kommerziellen Radiosender* NPR: Mayowa Aina, »Harnessing the Power of ›The Angry Black Woman‹«, *All Things Considered*, NPR, 24. Februar 2019, https://www.npr.org/2019/02/24/689925868/harnessing-the-power-of-the-angry-black-woman

173   *Pat Parkers Gedicht*: Pat Parker, »For the white person who wants to know how to be my friend«, in: *Movement in Black*, Ithaca, NY: Firebrand Books 1978, https://lithub.com/three-poems-by-pat-parker

174   *Als Ann jenen Artikel verfasste, in dem sie die Shine Theory beschrieb*: Friedman, »Shine Theory«, *The Cut*.

175 »dem gesamten Komplex aus Beziehungen zwischen den Menschen in einer Gesellschaft«: Merriam-Webster, unter dem Eintrag »politics«, https://www.merriam-webster. com/dictionary/politics

175 »Sowohl weiße als auch Schwarze Amerikaner*innen zeigen sich eher optimistisch als exakt, wenn sie ihre persönlichen Beziehungen in Bezug auf race beschreiben«: Kathleen Korgen, Crossing the Racial Divide: Close Friendships Between Black and White Americans, Westport, CT: Praeger 2002.

175 in der 42 Prozent der weißen Menschen aussagten, enge Freund*innen of Color zu haben: Tom W. Smith, Measuring Interracial Friendships: Experimental Comparisons, Chicago: National Opinion Research Center, University of Chicago 1999.

176 Zu behaupten, dass Berrys Erkenntnisse einem die Augen öffnen, wäre noch stark untertrieben: Brent Berry, »Friends for Better or for Worse: Interracial Friendship in the United States as Seen through Wedding Party Photos«, Demography 43, Nr. 3 (August 2006), S. 491–510.

176 Studien haben ergeben, dass Schwarze Kinder sich als Maßnahme zum Selbstschutz segregieren: Cinzia Pica-Smith, »Ask Code Switch: What About Your Friends«, 22. Januar 2020, im Podcast Code Switch von Shereen Marisol Meraji und Gene Demby, https://www.npr.org/transcripts/798367810
Cinzia Pica Smith ist außerordentliche Professorin für Human Services & Rehabilitation Studies am Assumption College.

178 fasste die Schriftstellerin Toni Morrison die wahre Funktion des Rassismus zusammen: Toni Morrison, »Black Studies Center public dialogue. Pt. 2«, Portland State University, Special Collections: Oregon Public Speakers, 30. Mai 1975, https://pdxscholar.library.pdx.edu/orspeakers/90

179 *»Freiheit ist, wie ein Bad zu nehmen. Man muss es jeden
Tag aufs Neue tun«*: Suzanne Braun Levine und Mary
Thom (Hg.), *Bella Abzug: How One Tough Broad from
the Bronx Fought Jim Crow and Joe McCarthy, Pissed
Off Jimmy Carter, Battled for the Rights of Women and
Workers, Rallied Against War and for the Planet, and
Shook Up Politics Along the Way*, New York: Farrar, Straus
and Giroux 2008, S. 124. Flo Kennedy war berühmt für ihre
knappen, treffenden Bemerkungen.

179 *Wissenschaftler*innen fanden heraus, dass Freundschaften
zwischen People of Color und weißen Personen schneller in
die Brüche gehen als andere, wenn es sich dabei für beide
Parteien um die einzige interethnische Beziehung handelt*:
Ray Reagans, »Differences in Social Difference: Examining
Third Party Effects on Relationship Stability«, *Social
Networks* 20, Nr. 2 (April 1998), S. 143–57.

180 *dieses Unbehagen sei auch ein »potenzielles Tor«*: Robin
DiAngelo, »White Fragility«, 31. August 2018, im Podcast
Call Your Girlfriend von Ann Friedman und Aminatou
Sow, produziert von Gina Delvac, https://www.callyour-
girlfriend.com/episodes/2018/8/31/white-fragility
Robin DiAngelo ist Affiliate Associate Professor für
Bildung an der University of Washington,
https://robindiangelo.com

8 Wir sehen uns im Internet

183 *Es war die ansprechendste Version unserer Freundschaft,
übersetzt ins Audioformat*: *Call Your Girlfriend* Episoden-
archiv, https://www.callyourgirlfriend.com/episodes

183 *jener frivole Blog, den wir in den frühen Tagen unserer
Freundschaft gemeinsam gestartet hatten*: Er hieß *Instabo-
ner*. LOL. https://instaboner.wordpress.com

185 *Wir starteten sechs Monate bevor* Serial *zum ersten Audio-
Megahit wurde*: *Serial* startete im Oktober 2014 und wurde
bis zum Ende des Jahres vierzig Millionen Mal herun-
tergeladen. Amy Roberts, »The ›Serial‹ Podcast: By the

Numbers«, CNN, 23. Dezember 2014, https://www.cnn.com/2014/12/18/showbiz/feat-serial-podcast-btn/index.html

188 *Die Dinge, die viele Teenager mit ihren Telefonen tun – sich Nachrichten schicken oder Selfies teilen –, haben dasselbe Ziel und umfassen dieselben »Kerneigenschaften von persönlichen Begegnungen«*: Joanna C. Yau und Stephanie M. Reich, »Are the Qualities of Adolescents' Offline Friendships Present in Digital Interactions?«, *Adolescent Research Review* 3 (Mai 2017), S. 339–50.

188 *Die Autorinnen der Studie spekulieren, dies könnte damit zusammenhängen, dass unterschiedliche Generationen unterschiedliche Apps auf unterschiedliche Weise nutzen*: Denworth, *Friendship*.

189 *Aminatou hat ihr Telefon seit 2012 in den Ruhemodus gestellt*: Zum Zeitpunkt der Veröffentlichung befindet sich Aminatous Telefon nicht mehr im Ruhemodus. Auch sie lebt nun im Licht.

189 *Bringt soziale Technologie uns unseren Freund*innen näher, oder isoliert sie uns?*: Robert Kraut und Moira Burke, »Internet Use and Psychological Well-Being: Effects of Activity and Audience«, *Communications of the ACM* 58, Nr. 12 (Dezember 2015), S. 94–100.

192 *entstand der Trend, dass Leute ihren Status zu »in einer Beziehung mit« ihrer platonischen besten Freundin änderten*: Katie Notopoulos, »No One Wants to Admit They're in a Relationship on Facebook Anymore«, *BuzzFeed*, 6. Januar 2015, https://www.buzzfeednews.com/article/katienotopoulos/the-demise-of-making-it-facebook-official

193 *Sie sind bekanntermaßen seit über vierzig Jahren miteinander befreundet und rufen einander viermal am Tag an*: Lisa Kogan, »The O Interview: Gayle and Oprah, Uncensored«, *O, The Oprah Magazine*, August 2006, https://www.oprah.com/omagazine/gayle-king-and-oprah-uncensored-the-o-magazine-interview

193 *Im Jahr 1976 arbeiteten sie beide bei einem Fernsehsender in Baltimore*: McKenzie Jean-Philippe, »How Oprah and Gayle's Near 40-Year Friendship Began – and Why Its Lasted«, *O, The Oprah Magazine*, 23. Mai 2019, https://www.oprahmag.com/life/relationships-love/a26965035/oprah-and-gayle-friendship

193 *Oprah lieh ihr Unterwäsche*: »Gayle King: ›The Night I Wore Oprah's Underwear‹«, FORA.tv, YouTube, 30. Juni 2011, https://www.youtube.com/watch?v=jGs__gVzkeA

193 *»Wir waren zwei Schwarze junge Frauen, die es liebten, Schwarz zu sein«*: Amy Chozick, »Gayle King Has the Spotlight All to Herself«, *New York Times*, 31. Oktober 2018, https://www.nytimes.com/2018/10/31/business/media/gayle-king-has-the-spotlight-all-to-herself.html

194 *auch wenn es einen Videobeweis dafür gibt, wie sie nach zu vielen gemeinsam im Auto verbrachten Stunden unleidlich und genervt werden*: The Oprah Winfrey Show, Staffel 21, Folgen 1, 7, 12, 17, 22, »Oprah and Gayle's Big Adventure«, Erstausstrahlung zwischen dem 18. September und dem 17. Oktober 2006.

204 *»[A]uf den Seiten sozialer Netzwerke wie Facebook glauben wir uns selbst darzustellen, aber unser Profil ist oftmals jemand ganz anderer – häufig der, der wir gern sein würden. Unterschiede verschwimmen«*: Sherry Turkle, *Verloren unter 100 Freunden: Wie wir in der digitalen Welt seelisch verkümmern*, aus dem Englischen von Joannis Stefanidis, München: Riemann 2012, S. 263.

206 *»Das Problem«, erklärte Karen North, Kommunikationsdozentin an der USC Annenberg, gegenüber der* New York Post: Gabriela Barkho, »Nobody Has Real Friends Anymore«, *New York Post*, 17. November 2016, https://nypost.com/2016/11/17/social-media-is-making-you-a-bad-friend

9 Zu groß zum Scheitern

210 *fanden die Forscher*innen bei einer Befragung von Hunderten Erwachsenen heraus*: Gerald Mollenhorst, Beate Völker und Henk Flap, »Social Contexts and Core Discussion Networks: Using a Choice-Constraint Approach to Study Similarity in Intimate Relationships«, *Social Forces* 86, Nr. 3 (März 2008), S. 937–65.

211 *»Auch wenn sich das Ende einer Freundschaft auf einen einzelnen Augenblick zurückführen lässt – in dem etwas Grausames gesagt oder etwas Ungeheuerliches getan wurde –, ist diese außerordentlich gut erzählbare Verletzung für gewöhnlich nur der Gipfel eines ganzen Bergs an Frustrationen und Enttäuschungen, der im Laufe der Zeit angewachsen ist.«* Tannen, *You're the Only One I Can Tell*.

222 *Miriam Kirmayer* ist klinische Psychologin und Freundschaftsexpertin, https://www.miriamkirmayer.com

224 *Kayleen Schaefer* ist die Autorin von *Text Me When You Get Home: The Evolution and Triumph of Modern Female Friendships*, New York: Dutton 2018.

227 *Ein optimistischer wikiHow-Eintrag*: Adam Dorsay, »How to Save a Friendship«, wikiHow-Website, 18. November 2019, https://www.wikihow.com/Save-a-Friendship

229 *»Geschäftspartner*innen im Silicon Valley suchen sich vermehrt Hilfe, bevor die Dinge den Bach hinuntergehen – sie melden sich für eine Paartherapie an.«* April Dembosky, »Couples Counseling Catches On With Tech Co-Founders«, *All Things Considered*, *NPR*, 23. April 2015, https://www.npr.org/sections/healthshots/2015/04/23/401720041/couples-counseling-catches-on-with-tech-co-founders

233 *»Erfolg ist, wie hoch man zurückprallt, nachdem man auf dem Boden aufgetroffen ist – George Patton«*: So steht es auf dem Schild im Parkhaus unserer Therapeutin, das eigentliche Zitat lautet jedoch: »Erfolg ist, wie hoch man abprallt, wenn man auf dem Boden auftrifft.«

10 Die Langstrecke

237 *Laut Expert*innen stellen die Jahre zwischen dreißig und fünfzig in Sachen Freundschaft meist einen Tiefpunkt dar*: Kunal Bhattacharya et al., »Sex Differences in Social Focus Across the Life Cycle in Humans«, *Royal Society Open Science* 3, Nr. 4 (April 2016).

238 *In einem Essay, der im Jahr unseres Kennenlernens im* New Yorker *veröffentlicht wurde, schrieb der Humorist David Sedaris über die »Vier Herdplatten«-Theorie der Lebensprioritäten*: David Sedaris, »Laugh, Kookaburra«, *The New Yorker*, 17. August 2009, https://www.newyorker.com/magazine/2009/08/24/laugh-kookaburra

239 *»In all den Jahren, in denen ich mich um Patient*innen gekümmert habe, war das Krankheitsbild, dem ich am häufigsten begegnete, weder Herzerkrankungen noch Diabetes; es war Einsamkeit«*: Vivek Murthy, »Work and the Loneliness Epidemic«, *Harvard Business Review*, 27. September 2017, https://hbr.org/cover-story/2017/09/work-and-the-loneliness-epidemic

239 *Im Jahr 2018 ernannte die Regierung des Vereinigten Königreichs eine Ministerin für Einsamkeit*: Ceylan Yeginsu, »U. K. Appoints a Minister for Loneliness«, *New York Times*, 17. Januar 2018, https://www.nytimes.com/2018/01/17/world/europe/uk-britain-loneliness.html

239 *und die Australier*innen forderten ihre Regierung auf, dasselbe zu tun*: Calla Wahlquist, »›Loneliness Minister‹ Proposed to Tackle Australian Social Isolation«, *The Guardian*, 18. Oktober 2018, https://www.theguardian.com/society/2018/oct/19/loneliness-minister-proposed-to-tackle-australian-social-isolation

239 *»der Schmerz, den Menschen verspüren, wenn die Wirklichkeit ihrer Idealvorstellung von sozialen Verbindungen nicht entspricht«*: Amy Ellis Nutt, »Loneliness Grows from Individual Ache to Public Health Hazard«, *Washington Post*, 31. Januar 2016, https://www.washingtonpost.com/national/health-science/loneliness-grows-from-individual-

ache-to-public-health-hazard/2016/01/31/cf246c56-
ba20-11e5-99f3-184bc379b12d_story.html

240　*Der Kommunikationswissenschaftler William K. Rawlins*
steckt Freundschaften in drei Kategorien: »Being There and
Growing Apart: Sustaining Friendships During Adult-
hood«, in D. J. Canary und L. Stafford (Hg.), *Communication
and Relational Maintenance*, San Diego: Academic Press
1994, S. 275–94.

250　*werden Freundschaften mit dem Alter immer wichtiger*:
William J. Chopik, »Associations among Relational Values,
Support, Health, and Well-Being across the Adult Life-
span«, *Personal Relationships* 24, Nr. 2 (April 2017),
S. 408–22.

250　*»Vor dieser Studie war ich sozusagen Agnostiker, was die*
Rolle von Freundschaften angeht«: Amanda MacMillan,
»Why Friends May Be More Important Than Family«,
Time, 7. Juni 2017, https://time.com/4809325/friends-
friendship-health-family

251　*Bronnie Ware, eine australische Krankenschwester, die*
sich mehrere Jahre lang um Patient*innen in den letzten
zwölf Wochen ihres Lebens kümmerte, hat deren Erkennt-
nisse kurz vor ihrem Tod aufgezeichnet und in einem Buch
veröffentlicht: Bronnie Ware, *5 Dinge, die Sterbende am*
meisten bereuen: Einsichten, die Ihr Leben verändern
werden, aus dem Englischen von Wibke Kuhn, München:
Arkana 2013.

251　*»Wenn das Universum einem einen Crashkurs in Ver-*
letzlichkeit gibt, wird man entdecken, wie unerlässlich
und lebensrettend gute Freundschaften sind«, erklärte
die Psychologin Harriet Lerner gegenüber der New York
Times: Mary Duenwald, »Some Friends, Indeed, Do More
Harm Than Good«, *New York Times*, 10. September 2002,
https://www.nytimes.com/2002/09/10/health/some-friends-
indeed-do-more-harm-than-good.html

252 *dass Lerner die Autorin von* Magie der Worte: Harriet
Lerner, *Magie der Worte: Vom gegeneinander Schweigen
zum miteinander Reden*, aus dem Amerikanischen von
Gisela Merz-Busch, Frankfurt am Main: Krüger 2002.

254 *In einer Studie sollten die Teilnehmer*innen abschätzen, wie
steil ein Hügel war*: Simone Schnall et al., »Social Support and the Perception of Geographical Slant«, *Journal of
Experimental Social Psychology* 44, Nr. 5 (September 2008),
S. 1246–55.

255 *Aristoteles zufolge halten Freund*innen einander einen
Spiegel vor*: Aristoteles: *Nikomachische Ethik*, aus dem
Griechischen übersetzt und herausgegeben von Ursula
Wolf, Reinbek bei Hamburg: Rowohlt 2006.